8 L 29 147 5

Paris · Nancy
1893-1899

Ardouin-Dumazet

Voyage en France

Iles françaises de la Manche et Bretagne péninsulaire

Tome 5

ARDOUIN-DUMAZET

Voyage en France

5ème Série

ILES DE LA MANCHE
ET BRETAGNE PÉNINSULAIRE

PARIS
BERGER-LEVRAULT & Cie, ÉDITEURS

Voyage en France

OUVRAGES DU MÊME AUTEUR

L'Armée et la flotte en 1895. — Grandes manœuvres des Vosges. — L'expédition de Madagascar. — Manœuvres navales. 1896. — 1 volume in-12, avec nombreuses cartes. 5 fr.

L'Armée et la flotte en 1894. Manœuvres navales. — Grandes manœuvres de Beauce. — Manœuvres de forteresse. 1895. — 1 volume in-12, avec illustrations de Paul Léonnec et de nombreux croquis et cartes. 5 fr.

L'Armée navale en 1893. — *L'Escadre russe en Provence.* — *La Défense de la Corse.* 1894. — 1 volume in-12 avec 37 croquis ou vues et une carte de la Corse. 5 fr.

Au Régiment. — En Escadre, préface de M. Meilhac, de l'Académie française. 1894, 1 volume grand in-8°, avec 200 photographies instantanées de M. Paul Gers. 10 fr.

Le Colonel Bourras. Suivi du Rapport sur les opérations du corps franc des Vosges du colonel Bourras. 1889. Brochure in-12 avec un portrait et couverture illustrée. 50 centimes.

Le Nord de la France en 1789. — Flandre. — Artois. — Hainaut. — 1 volume in-12. (Maurice Dreyfous.)

La Frontière du Nord et les défenses belges de la Meuse. — 1 volume in-8°. (Baudoin.)

Une Armée dans les neiges, journal d'un volontaire du corps franc des Vosges. — 1 volume in-8° illustré. (Rouam.)

Études algériennes. — 1 volume in-8°. (Guillaumin et Cie.)

Les grandes Manœuvres de 1882 à 1892. — 1 volume in-12 par année. (Baudoin et Rouam.)

Voyage en France. Ouvrage couronné par l'Académie française. Série d'élégants volumes in-12 à 3 fr. 50 c.

— 1re Série : Morvan. — Nivernais. — Sologne. — Beauce. — Gâtinais. — Orléanais. — Maine. — Perche. — Touraine. — 1893. 1 volume. 3 fr. 50 c.

— 2e Série : Anjou. — Bas-Maine. — Nantes. — Basse-Loire. — Alpes mancelles. — Suisse normande. — 1894. 1 volume. 3 fr. 50 c.

— 3e Série : Les Iles de l'Atlantique : I. — *Ile aux Oiseaux* (Arcachon). *La Seudre et les îles de Marennes. Ile d'Oleron. Ile d'Aix. Iles Madame et Brouage. Ile de Ré. Ile d'Yeu. Ile de Noirmoutier. De l'île de Bouin à Saint-Nazaire. L'archipel de la Grande-Brière. L'île Dumet et la presqu'île du Croisic. Belle-Isle.* 1895. 1 volume avec de nombreuses cartes dans le texte. 3 fr. 50 c.

— 4e Série : Les Iles de l'Atlantique : II. — *Iles d'Houat. La Chartre des îles bretonnes. Ile d'Houëdic. Le Morbihan et la presqu'île de Rhuys. Ile aux Moines. Petites îles du Morbihan. Iles d'Arz et Ilur. Ile de Groix. Ile Chevalier et île Tudy. Archipel des Glénans. Ile de Sein. La ville close de Concarneau. Archipel d'Ouessant : I. De Beniguet à Molène. — II. L'île d'Ouessant. Iles de la rade de Brest.* 1895. 1 volume avec de nombreuses cartes dans le texte. 3 fr. 50 c.

[Les Iles de la Méditerranée, la Corse, celles du groupe d'Hyères, etc., sont décrites dans le volume : *L'Armée navale en 1893.*]

POUR PARAITRE PROCHAINEMENT

— 6e Série : Cotentin. Campagne de Caen. Pays d'Auge et Seine maritime.

— 7e Série : Lyon, les monts du Lyonnais, la vallée du Rhône de Seyssel à la mer. (*Sous presse.*)

14 autres volumes compléteront ce grand travail activement poursuivi par l'auteur.

ARDOUIN-DUMAZET

Voyage en France

5ᵉ SÉRIE
ILES FRANÇAISES
DE LA MANCHE
ET BRETAGNE PÉNINSULAIRE
Avec 28 cartes ou croquis.

BERGER-LEVRAULT ET Cⁱᵉ, ÉDITEURS

PARIS | NANCY
5, RUE DES BEAUX-ARTS | 18, RUE DES GLACIS

1896

Tous droits réservés

Tous les croquis sans titre compris dans ce volume sont extraits de la carte d'état-major au $\frac{1}{80,000}$.

VOYAGE EN FRANCE

I

ILES DE L'ABER VRAC'H

Les îles du Finistère : Segal, Melon, le Four, Ioch, Carn, Garro, Trévors et Guennoc. — L'Aber-Vrac'h. — De Brest à Lannilis. — Le port de l'Aber-Vrac'h. — Ile et fort Cezon. — Ile d'Erch. — Ile Vrac'h. — Ile Lech h'Vens. — Ile Stagadon. — Ile Vatan. — Ile Venan. — Ile Vierge. — Pen Enès et Enès Bihan. — Le port du Corréjou. — La récolte du goëmon. — Comment on extrait l'iode, la potasse et le brome.

Baie des Anges, décembre.

Cette côte du Finistère est semée de tant d'îles, d'îlots, de rochers que je devrais renoncer à les visiter tous. Il faut compter avec les vents, la marée, la brume, le manque d'embarcations parfois. Ainsi j'ai dû déjà abandonner mon voyage aux îlots du pays de Saint-Renan et de Ploudalmézeau : l'ILE DE SEIGLE ou Segal, mince rocher au large de Lampaul, l'île MELON, à l'embouchure de l'Aber-Ildut, sur laquelle se dresse un moulin. C'est la plus considérable de ces parages de l'Océan, mais elle n'a pas quatre cents mètres dans sa plus grande étendue.

Vers Porspoder commence, d'après les habitants, indiquée par le rocher du Four, la mer de la Manche. Là se dresse, en face du port d'Argenton, l'île d'Ioch, haute de 25 mètres, rattachée à marée basse à la terre ferme et formant alors la pointe de séparation entre les deux mers. A marée haute, il y a cinq cents mètres entre les deux pointes extrêmes.

Plus au nord, parmi les innombrables rochers de Porsal, la petite île Verte et l'île Carn servent de foyer aux brûleurs de goëmon ; à l'entrée de l'estuaire de l'Aber-Benoît d'autres rochers couvrent les abords de la côte. Quelques-uns : Garro, Trévors, Guennoc portent aussi le nom ambitieux d'îles.

Ces rochers sont particulièrement nombreux à l'entrée de l'estuaire de l'Aber-Vrac'h. Il y a là un véritable archipel d'une importance militaire et économique assez considérable, car il commande l'ouverture de l'Aber-Vrac'h, un des meilleurs ports naturels de nos côtes. L'ouverture du petit chemin de fer de Brest à Lannilis a rendu ce pays accessible en peu de temps aujourd'hui. Il sera bien plus visité encore lorsque les voies ferrées du Finistère aboutiront à la côte même, au lieu d'obliger à poursuivre en voiture jusqu'à Porsal ou la baie des Anges.

Le chemin de fer de Lannilis part d'une gare spéciale voisine de la gare de Brest, pour pénétrer dans les fossés de la place et les suivre jusqu'au-dessus de l'estuaire de la Penfeld. Un instant, à une grande profondeur, on aperçoit l'arsenal, ses vastes ateliers, des navires abandonnés ou en réparation, puis l'on pénètre dans ces campagnes vertes et fraîches dominées par la haute et élégante flèche de Lambézellec; tout autour ce gros village, presque une ville, habité en partie par les ouvriers de l'arsenal, étage ses maisons blanches. Le train court ensuite par des terres grasses et fertiles où les choux de pâture ont les proportions d'arbustes. Beaucoup de prairies arrosées par le clair ruisseau de la Penfeld, dont la marée fait plus bas un fleuve profond. Mais le paysage manque de relief et d'horizon. A Gouesnou, dont la jolie flèche se voit de fort loin, le chemin de fer passe au bord d'une de ces belles fontaines enfermées dans un bassin de granit et qu'un saint de pierre, debout dans sa niche, semble bénir. On court ensuite à travers de tristes landes marécageuses dont les eaux, versées dans une infinité de ruisseaux, vont d'un côté à l'Océan par la Penfeld, de l'autre à la Manche par l'Aber-Benoît. Nulle part les eaux fluviales ne sourdent en plus grande abondance et ne creusent plus de vallons, c'est que cette extrême péninsule de la France, la *fin des terres* — d'où Finistère — ne voit guère de journées sans brumes ou sans ondées.

Aux abords de Plabennec, de maigres chênaies, des genêtières, des champs d'ajoncs, quelques pins de mauvaise venue gagnent sur la lande. L'Aber-Benoît coule ici dans une dépression profonde qui draine rapidement les eaux et permet des cultures et des prairies. Le petit fleuve est né depuis peu de temps, et déjà il roule rapidement d'abondantes et claires ondes que viennent encore accroître les ruisseaux descendus des landes de Plouvien. Près de Lannilis la mer remonte et fait du fleuve un vaste estuaire. Trois kilomètres à peine le séparent de l'Aber-Vrac'h, autre estuaire plus profond encore. La petite et calme ville de Lannilis est entre les deux fleuves. Sur chacun elle a un port où viennent en multitude les bateaux chargés du goëmon destiné à fertiliser ces campagnes qui, sans lui, seraient encore des landes. Ici, près de la mer, à portée du précieux varech, les cultures sont assez belles, mais bien plus jalousement closes que dans les autres parties de la Bretagne; les talus de terre sont de véritables remparts couverts de hauts fourrés d'ajoncs. Une ouverture étroite y donne accès, elle est remplie d'énormes blocs de granit; pour pénétrer dans le champ il faut ôter ces cailloux un à un. Fermée par ces retranchements barbares, la campagne est invisible, mais en approchant de l'estuaire on a, un instant, une belle échappée sur la Manche semée d'îles. En quelques minutes on atteint le fjord, large et profond, près d'une usine à traiter les cendres de goëmon et du petit port abrité par une cale. Quelques maisons, le bureau de l'inscription maritime, celui des douanes s'échelonnent jusqu'à la baie des Anges et constituent le village de l'Aber-Vrac'h, dépendant de la commune de Landéda. Ce port n'est pas même indiqué sur les cartes[1].

Malgré décembre « le triste Aber-Vrac'h environné de brumes », dont Brizeux a fait un mélancolique tableau, était ce soir, quand je l'atteignis, très clair et lumineux. Au delà de l'entrée, les îles sombres se détachaient nettement sur les eaux calmes. La brumeuse Bretagne a de ces surprises.

---

1. On le trouvera placé près du mot la Palue, sur le croquis qui accompagne ce chapitre.

Une jolie route en corniche suit le rivage jusqu'à la baie des Anges, au bord de laquelle sont encore quelques débris d'une abbaye célèbre, haut pignon de granit qui ne manque pas de grandeur. Le climat est très doux dans la baie, les maisons sont entourées de plantes méridionales en pleine floraison, il ne serait pas impossible de faire ici la culture des primeurs comme à Roscoff, ce serait la fortune pour cette pauvre population de pêcheurs et de goëmonniers.

Un chemin monte sur la colline, où, à 49 mètres d'altitude, a été installé un sémaphore. De là on découvre en entier le petit archipel, le large bassin de l'Aber-Vrac'h en ce moment rempli par le flot et les campagnes sauvages de Plouguerneau. Ce port de l'Aber-Vrac'h, abrité par les flots, est vraiment merveilleux. Même à mer basse la rade comprise entre l'île d'Erch et le môle de la Palue offre toujours des profondeurs de plus de 10 mètres. Les navires de 600 tonneaux peuvent monter jusqu'au pont suspendu de la route de Plouguerneau. Il est étonnant qu'il ne se soit pas créé là un centre d'habitation plus considérable. La pauvreté du pays voisin, l'absence d'industrie sont la cause de cet abandon. Toutefois l'importance de ce merveilleux port naturel à l'entrée de la Manche en a fait un abri pour les torpilleurs. Un vieux navire de guerre, l'*Obli-gado*, ancré au fond de l'estuaire, leur sert de magasin de ravitaillement.

Et c'est tout, la rade n'a aucune défense. Le fort Cézon, bâti par Vauban sur une petite île, dresse encore ses remparts à l'entrée de la rivière, il est aujourd'hui déclassé. En face de l'île Cézon est l'île d'Erch assez longue mais inhabitée, elle est recouverte d'une pelouse d'herbe fine, très jolie, au printemps surtout : elle se transforme alors en un tapis de fleurettes roses d'un effet charmant. Chose curieuse, cette herbe des îles transportée sur la terre ferme y dégénère rapidement, elle devient épaisse et dure et ne fleurit plus. Tous les efforts tentés pour la domestiquer et la faire servir à l'ornement des jardins qui bordent l'estuaire ont échoué.

Au delà d'Erch, que les habitants appellent aussi l'île aux Chevaux, est l'île Vrac'h, elle a peut-être donné son nom au havre ou « aber ». Un petit phare s'y dresse, éclairant l'entrée de l'estuaire. Tout auprès est l'îlot désert de Lech h'Vens. Plus loin, à mer basse, une vaste grève de sable et de roches relie ces îlots à l'île Stagadon, une des plus petites, mais la seule habitée du groupe. Il y a là une ferme entourée de champs cultivés, où le fermier, me dit-on, récolte suffisamment pour vivre lui et les siens. Mais son principal revenu est la pêche du goëmon.

Le même plateau de roche porte encore la petite île Vatan et l'île Venan, abri de pêcheurs et de goëmonniers, haute de 17 mètres, et se prolonge jusqu'à l'île Vierge. C'est une masse compacte de rochers ondulés, couverts d'herbes et portant un des plus beaux phares de ces parages. L'île n'a pas d'autres habitants que les gardiens du phare, mais elle sert de pâturages à des vaches envoyées du continent. Jadis elle était couverte de multitudes de lapins : une grande marée a en partie submergé l'île il y a deux ans et les a presque tous détruits. Au loin, sur la côte de Plouguerneau, est l'île de Pen, Pen-Enès, reliée par un sillon de sable au rivage continental de l'anse profonde du Corréjou, port naturel où cinquante bateaux goëmonniers viennent chaque soir s'abriter. Un autre îlot, Enès-Bihan, ou la « petite île », a été relié à Pen-Enès par une jetée et complète l'abri de ce petit port où, pendant les gros temps, les petits navires viennent se réfugier.

Du haut du sémaphore de l'Aber-Vrac'h, la vue de ce petit archipel est fort belle à mer haute ; alors entre toutes les îles, les unes plates, d'au-

ILES DE L'ABER VRAC'H

D'après la carte de l'état-major au $\frac{1}{80,000}$

tres montueuses, les unes régulières, les autres déchiquetées, passent sans cesse les barques de pêche de l'Aber-Vrac'h, du Corréjou, de l'Aber-Benoît et de Porsal, venant de lever les casiers à crustacés ou pêcher le goëmon. A mer descendante, ces mêmes barques vont au large, sur les fonds rendus accessibles, procéder à la coupe des goëmons. Les pêcheurs, armés de faucilles fixées à des perches ayant parfois dix mètres de long, détachent sur les roches où elles croissent les plantes marines destinées à la fabrication des sels de potasse dont on extraira l'iode et le brome. On récolte dans ce but plusieurs variétés d'algues, mais surtout ces longs rubans d'un vert glauque, à demi transparents, qu'on appelle des laminaires.

C'est le goëmon de coupe. La mer, pendant les tempêtes, arrache et rejette à la côte d'énormes quantités de goëmons, qu'on appelle alors les goëmons d'épave.

Le goëmon des fonds, toujours couvert par les eaux, peut être coupé en tous temps; mais celui découvert à basse mer ne peut être récolté qu'à des époques fixes, afin d'éviter la destruction d'une richesse inestimable pour l'industrie et l'agriculture. Les syndics des gens de mer et les douaniers ont fort à faire pour obliger les imprévoyants habitants à conserver une source de revenus que des coupes déréglées ne tarderaient pas à détruire.

La plus grande partie du goëmon est fournie par les apports de la mer. Après des tempêtes on a vu, sur l'île Béniguet notamment[1], une couche de cinq à six mètres border le rivage. Aussi la ferme de l'île, si elle produit peu de blé, est-elle louée 6,000 fr. par année.

Les goëmons récoltés en été sont aussitôt mis à sécher. La récolte d'hiver est, au contraire, mise en meules énormes. La partie extérieure pourrit, mais l'intérieur se conserve et, les beaux jours venus, on peut exposer le goëmon au soleil et le faire sécher.

Une fois sec le goëmon est incinéré dans de grandes fosses en pierre. J'ai souvent signalé au cours de ce voyage l'aspect fantastique de quelques îles sans cesse couvertes par la fumée de ces foyers. Les sels de potasse contenus dans les plantes marines se mêlent à la cendre au fond de la fosse en une matière molle, en apparence semblable à du verre en fusion. Lorsque la quantité est assez considérable, on fait ce qu'on appelle des pains de soude qui sont alors expédiés aux usines

---

1. Voir page 361 du 4º volume du *Voyage en France*.

fabriquant l'iode et les autres produits tirés de la mer.

C'est là une industrie assez récente, puisque Gay-Lussac ne découvrit l'iode qu'en 1831; il fallut ensuite bien des tâtonnements pour l'isoler. M. Courtois réussit dans cette tentative; il fonda une usine à Cherbourg; le succès encouragea d'autres capitalistes et une vingtaine d'usines surgirent sur les rivages où le goëmon abonde. Ce fut une industrie prospère, assez prospère pour attirer des spéculateurs qui, en jouant sur les marchés, amenèrent des désastres; plusieurs établissements durent fermer; j'ai dit quel aspect mélancolique les ruines de l'un d'eux donnaient à l'île du Loch, dans les Glénans.

Puis les Chiliens découvrirent un jour que leurs inépuisables mines de nitrate renfermaient de l'iode. Ils se mirent à en fabriquer en quantité énorme, en telle abondance qu'ils ne purent l'écouler; aujourd'hui, dit-on, il y a au Chili de l'iode en baril pour alimenter le monde pendant 20 ans! En même temps l'Écosse, la Norvège, un grand nombre d'autres pays maritimes se livraient à l'extraction des sels contenus dans les plantes marines. Le Japon lui-même en fabrique en quantité. Enfin l'Allemagne a trouvé le moyen d'extraire le brome et la potasse des mines de Stassfurth, en Saxe, si curieuses par la variété des produits retirés des immenses gisements de sel gemme.

Aussi y eut-il une dépression énorme dans les prix des produits dérivés des plantes marines et des mines de sel et de nitrate. Le prix de l'iode avait atteint 150 fr. le kilogramme, il est descendu à 12 fr. 50 c. Le nombre des usines de nos rivages a naturellement diminué. En dehors d'un petit établissement dans l'île de Bréhat, il ne reste plus que six usines : à l'Aber-Vrac'h, Porsal, le Conquet, Audierne, Pont-l'Abbé et Quiberon. Les deux plus importantes sont celles du Conquet et de l'Aber-Vrac'h.

La préparation est assez simple : les *pains de soude*, lessivés, vont déposer les sels de potasse sur les parois de grandes bâches, le chlorure de sodium se dépose en d'autres en forme de cristaux. De ces sels on extrait l'iode au moyen de procédés dont on trouve la description dans tous les traités de chimie.

La quantité de goëmons incinérée chaque année est énorme. Depuis l'île d'Yeu jusqu'à la baie de Saint-Brieuc, la côte, les îles, tous les écueils que ne recouvrent pas les marées sont des foyers sans cesse en ignition. D'ailleurs toutes les cendres ne sont pas employées à la production des sels, une grande partie est vendue sur le continent pour servir d'engrais, car les prix du transport ne permettent pas d'envoyer bien loin les algues à l'état de nature. Celles-ci, cependant, sont plus utiles encore que les cendres, elles ne donnent pas seulement au sol la potasse et le calcaire, elles lui apportent aussi une notable quantité d'humus. On a vu[1] que nos grandes îles de Saintonge doivent au goëmon, là-bas appelé sars, leur fertilité et leur richesse.

Les habitants de l'Aber-Vrac'h et des autres côtes du Finistère n'en sont pas encore là, il reste bien des landes à défricher, bien des marais à drainer près de leurs côtes. Cette transformation, que le goëmon apporté à bas prix pourrait rapidement amener, changerait bien les conditions d'existence de ces pauvres gens, jadis pilleurs d'épaves, aujourd'hui pêcheurs de goëmons et de crustacés, métier plein de risques, fort pénible et permettant juste à son homme de ne pas mourir de faim.

La mer, si belle à la tombée de la nuit, s'est soudain gonflée. Pendant qu'un de mes hôtes de l'Aber-Vrac'h me décrit cette existence des goë-

---

1. 3ᵉ série du *Voyage en France*, chapitres consacrés aux îles de Ré et d'Oleron.

monniers, en nous promenant au bord de la baie des Anges, le vent se lève, les lames viennent battre la côte, le vent fait rage, on entend au delà des îles gronder la vague contre les rochers. Et ce tranquille paysage, subitement assombri, devient lugubre. Comme la navigation doit être dure à cette heure pour les bateaux qui ont à gagner les havres de ce rivage dangereux!

Mais des feux nombreux indiquent le passage. Près de Plouguerneau, sur la colline, un phare signale à la fois le Corréjou et l'Aber-Vrac'h, le phare de l'île Vierge, celui de l'île Vrac'h ; les petits feux de port de l'Aber-Vrac'h montrent le chemin. Pour les navires qui vont en Amérique ou dans le golfe de Gascogne voici, fulgurants éclairs, les jets de lumière électrique de l'île d'Ouessant qu'on voit distinctement d'ici. Tous ces feux, les milliers de balises bordant ce littoral frangé d'écueils, d'anses et d'estuaires font de la mer une route désormais sûre et sont l'œuvre de ce siècle. Il n'y a pas cent ans encore les ressources de l'existence en ce coin de Basse-Bretagne étaient surtout tirées du pillage des navires naufragés!

Mais si la mer, malgré le vent et les lames, est clémente aux embarcations suivant une route régulière, la tempête s'accroît, le baromètre descend toujours et me fait abandonner mon projet de parcourir l'archipel de l'Aber-Vrac'h. Le débarquement sera peut-être impossible, me dit-on, à moins d'attendre la basse mer et d'aller à pied sous la pluie battante que l'on prédit. J'en prendrai mon parti, je ne verrai ni le fermier de Stagadon, qui paie sa ferme avec le produit de ses pains de soude, comme tant de fermiers des côtes, ni le jardinet de l'île Vierge que la submersion des lapins a permis aux gardiens du phare de créer.

II

L'ILE DE SIEC[1]

Saint-Pol-de-Léon. — Pempoul. — L'île Sainte-Anne. — Les champs d'artichauts et de choux-fleurs. — L'île de Siec. — La ferme. — Le village. — Les pêcheurs de goémon. — Au milieu des primeurs. — Santec. — Richesse et saleté. — L'île Verte. — Roscoff.

Roscoff, décembre.

En débarquant du train à Saint-Pol ce matin, j'ai couru à Pempoul, sans même prendre le temps d'admirer une fois encore l'admirable tour du Creisker, un des rares monuments qu'on ne se lasse pas de revoir. Entre les champs de choux-fleurs et d'artichauts qui bordent le chemin, on est vite parvenu au havre servant de port à Saint-Pol-de-Léon. Hélas! je n'avais pas songé à demander l'heure de la marée et me voici en présence d'une immense grève de sable mouillé où de rares chaloupes sont échouées. De vieilles maisons de granit bordent ce port de Pempoul, qu'une jetée

---

[1]. Pour la carte de l'île de Siec et de ses abords, voir au bas de la carte de l'île de Batz, page 33.

reliant à la côte l'îlot rocheux de Sainte-Anne abrite contre les vents du large. Impossible d'avoir une embarcation à flot avant deux ou trois heures de l'après-midi pour aller dans l'île de Callot dont j'aperçois, en face, la longue côte surmontée d'une chapelle s'estompant dans la brume.

Il faut modifier mon itinéraire et gagner l'île de Siec. La mer basse, défavorable ici, sera favorable là-bas. Et je remonte vers Saint-Pol-de-Léon, bien payé de ma déconvenue par la vue du svelte Creisker, des tours de la cathédrale, des flèches ajourées d'autres églises, car cette capitale du pays de Léon est une petite Rome, une réduction de l'Isle sonnante de Rabelais. Sur la route une jolie source s'écoule de la cour d'un vieux manoir et remplit un bassin de son eau claire. Puis c'est la chapelle du cimetière, l'ossuaire, et alors commencent les rues mornes de l'ancienne ville épiscopale, bordées de maisons basses et sans caractère. A peine, de temps à autre, quelque porte de granit sobrement ornée. Les anciens Léonnais n'ont embelli leur ville que par les églises, mais elles sont des merveilles. Partout ailleurs qu'aux côtés du Creisker la cathédrale serait célèbre.

Autour du vieil édifice la ville a encore quelque

allure, mais les faubourgs sont presque sordides. Ils aboutissent dans une campagne singulière. Ce sont toujours les épais murets de pierre sèche couverts de terre sur lesquels croissent des ajoncs. Mais ces ajoncs sont maigres et chétifs. De loin leur horizontalité donne une impression presque désagréable. Entre ces murets rébarbatifs sont des enclos consacrés uniquement à la culture des primeurs, artichauts et choux-fleurs en cette saison. Les choux-fleurs sont hauts sur pied, leur feuillage élancé monte, raide, au-dessus de tiges énormes. Les artichauts sont moins rogues, leur feuillage lancéolé a des reflets bleus, ils dressent d'un air bon enfant leurs grosses boules savoureuses et semblent les tendre au passant, tandis que le chou-fleur enferme jalousement entre ses feuilles la monstrueuse et succulente efflorescence d'une blancheur lactée. Dans les champs, des paysans coiffés qui de bérets, qui de singulières toques noires ornées de bandes bleues pouvant se rabattre sur la nuque, fouillent les cultures. D'un coup de couteau ils tranchent la tige, elle est aussitôt portée sur des charrettes et, pour éviter les dégâts de la pluie et du soleil, posée le trognon en l'air. A voir se croiser incessamment sur le chemin ces voitures chargées de ce feuillage pâle, on ne se douterait guère que ce sont là ces beaux légumes dont la masse de neige sera d'aussi bel effet sur l'étal des halles. Les artichauts, les choux-fleurs, les oignons voilà ce qui fait sinon la beauté, du moins la fortune de cette presqu'île de Roscoff, baignée par l'humidité constante du Gulf-Stream. Quand ailleurs l'hiver a tout détruit dans les jardins, ici c'est le moment de la récolte. Au printemps les gens de Roscoff ayant tout cueilli iront, en attendant les autres légumes, acheter en gros les légumes d'Angers, dont ils ont presque monopolisé le commerce[1].

C'est fête aujourd'hui ; cependant la plupart des cultivateurs sont dans leurs champs. Ceux qui ont pu se dérober au travail viennent à la ville, les hommes, très farauds dans leur gilet et leur pantalon noir, dont la teinte est relevée par une ceinture bleue ; les femmes, banales, vêtues de noir, avec des coiffes assez laides formant des cornes de chaque côté. Un fichu noir et blanc, parfois une jupe bleue tranchent sur le noir morose.

La route s'en va, boueuse, défoncée par l'incessant charroi des primeurs et des chargements de varechs venus des plages de Siec. De chaque côté,

---

[1]. Voir sur ce curieux exode annuel des maraîchers de Roscoff la 2ᵉ série du *Voyage en France*, page 202.

toujours des champs de légumes, mais à mesure qu'on avance, les ajoncs prennent la place, le sol ici est d'un sable très fin, très profond, se relevant peu à peu en dunes sur lesquelles on a tenté des plantations de pins qui ont peu réussi, car ils sont bien maigres et jaunes. Ce sable calcaire, gras et riche, appelé ici le *merle* et analogue à la tangue du Mont-Saint-Michel, est excellent comme amendement et mauvais sans doute pour les arbres. Il y a en trop ici ce qui manque au granit voisin et à la Sologne. Ces sables, en apparence infertiles, suffiraient à transformer toute la surface des landes bretonnes. Les frais de transport interdisent d'y songer.

Une petite rivière qui s'est tracée un vallon profond dans la presqu'île s'élargit en estuaire. La route l'abandonne près du village d'Odern au nom scandinave, traverse de petites dunes et finit sur la grève de Siec, en vue de l'île. Le détroit est à sec en ce moment, c'est une couche unie de sable fin et blanc, si résistante que les roues des voitures y tracent à peine un sillon léger. Cette grève s'étend à près de mille mètres dans le golfe bien dessiné de Siec.

L'île surgit de ce blanc tapis, rocheuse et verte. Des cultures, des pâturages, un coin de falaise éboulée où ont crû des tamaris, une ferme et, au centre, une haute construction, attirent d'abord le regard. De la plage, douce au pied, on monte sur une grève de galets, puis on gagne l'unique chemin de l'île, juste assez large pour faire passer une charrette. Au-dessus de cette entrée de Siec, au pied de blocs de rochers entassés en désordre sur un mamelon, deux ou trois misérables fermes grises, recouvertes de chaume, représentent l'agriculture. Cette pointe orientale de l'île est seule cultivée. Des primeurs, des blés qui pointent, des champs de trèfle, ceints des éternels murets, regardent l'océan. Du haut des rochers on a vue sur toute l'île, et l'on jouit d'un coup d'œil étendu sur les rochers noirs et déchiquetés qui séparent Siec de l'île de Batz, dont le phare et l'église dominent les flots.

La grande et haute bâtisse carrée du centre est une villa entourée de tamaris, qui sont avec deux ou trois sureaux et de grandes mauves arborescentes les géants végétaux de l'île. Plus loin est une vaste usine aujourd'hui abandonnée, mais qui fut un moment une source de prospérité. C'était une confiserie de sardines et une fabrique de conserves. Elle avait été construite sur de grandes proportions, des bâtiments de granit enserrent une cour herbeuse. Aujourd'hui tout est mort, cependant Siec est restée un port de pêche pour la sardine, la mer voisine est la seule partie de la Manche où ce poisson soit poursuivi.

Les pêcheurs de Roscoff viennent même se mêler à ceux de Siec et les mareyeurs qui salent la sardine s'y rendent pendant la saison et établissent une sorte de marché.

Au delà de l'usine, l'île se relève jusqu'à sa pointe occidentale. Là fut jadis une de ces innombrables batteries qui gardaient les moindres promontoires contre l'ennemi. Il en reste un mur circulaire de gros blocs de granit regardant la côte hérissée d'écueils qui se prolonge jusqu'à l'anse de Goulven, aux terres basses. A droite la batterie s'appuie à un énorme môle naturel formé de blocs formidables. Cette ligne de rochers s'infléchit ensuite, abritant une petite baie où l'eau est calme tandis qu'au delà des lames furieuses déferlent et s'élancent en fusée. Jusqu'à l'île de Batz ce ne sont que rocs terribles auxquels la mer donne l'assaut.

De la batterie, l'île, dont les cultures sont masquées, a une apparence sauvage, avec les blocs de granit qui percent la maigre couche de terre végétale, ses abords hérissés de roches et son immense grève où s'agite toute une population qui va arracher au flot les longs rubans de goémon amenés par le flot montant.

Près de la batterie est le port, protégé par une petite cale de débarquement. C'est une plage en pente d'un sable doux sur laquelle ont été tirées une vingtaine de chaloupes. Devant le port, des maisons de pêcheurs, misérables avec leur sol de terre battue et leur unique pièce enfumée, entourent les bâtiments déserts de l'usine ; sur le bord de la grève, sèche le goémon destiné aux pauvres foyers ; des tas d'ajoncs, voire même un amas de fagots indiquent l'existence de familles plus fortunées.

Le village est désert, seul un grand-père berçant un bébé sur ses bras en chantant une vieille chanson bretonne et un vol de pinsons mettent de la vie dans ce hameau morose. Cependant la population n'est point au large puisque les bateaux sont sur la grève et les filets pendus au mur. Mais dans les roches découvertes s'agitent des hommes, des femmes et des enfants. Armés de râteaux aux longues dents de bois très recourbées, ils attirent le varech sur la rive, le mettent sur des brouettes et, en évitant les rochers, conduisent leur récolte en arrière de la laisse de mer haute. Il règne là une activité de fourmis : la mer monte et il faut se hâter. Toute l'immense grève est remplie de récolteurs de varechs. Des voitures viennent jusqu'au flot, des hommes vont dans l'eau, fort loin, parfois jusqu'à mi-ceinture pour arracher au flot les paquets de varech. Sur cette vaste plaine miroitante, les attelages et les voitures ont un aspect fantastique, on dirait d'ombres tremblotantes, cela rappelle les mirages des chotts dans le Sahara oranais. Mais ici la vision est plutôt sinistre. C'est le rêve breton, rêve éclos dans la brume. Ces fantômes sombres s'agitant dans la lame pour saisir au passage les épaves des prairies marines, c'est en raccourci toute l'existence dure et sans soleil de ces pauvres gens dont les misérables chaumières font éprouver un frisson.

Un nuage est passé sur l'île, laissant tomber au passage une pluie fine qui embrume bientôt le paysage tout à l'heure large et profond. Et cette terre si triste s'attriste encore. Je la quitte cependant à regret à cause des sensations qu'elle fait naître.

En quelques minutes la grève où la mer n'est pas encore venue est traversée. Voici la côte faite d'un sable blanc qui n'a pu former de dunes bien hautes. Le cultivateur s'en est emparé, il a aplani le sol, il l'a entouré de ses éternels talus et a enclos ainsi des champs d'artichauts et de choux-fleurs. Il y a eu ici une transformation récente, car la carte de l'état-major indique un vaste espace de dunes. Bientôt tout le sol sera transformé en jardins.

Ces carrés sont jalousement fermés, et c'est là un de mes étonnements. Si jamais culture fut œuvre de progrès et indice de transformation profonde dans des mœurs séculaires, c'est bien celle des primeurs à Roscoff. Il semblait qu'elle eût dû emporter les vieilles coutumes et, par la valeur donnée au terrain, amener un abandon de ce système de talus qui couvrent peut-être plus du vingtième des terres cultivées de la Bretagne. Il n'en a rien été, même ici où le terrain vaut cher, où le bétail est rare, où, par conséquent, il n'y a pas besoin d'obstacles pour le tenir à distance, on a procédé comme faisaient les aïeux il y a des siècles. Pour gagner Roscoff par la ligne la plus courte, un sentier court vers Santec au milieu des champs, à chaque instant on doit franchir les talus au moyen de degrés de granit. Il en est ainsi à travers toutes les cultures gagnées sur les dunes, jusqu'au village de Menrognant. A certains indices on devine que ce hameau est devenu prospère, mais les maisons sont restées incommodes et malsaines, les rues sont des cloaques immondes. Dans cette pourriture vit une population que la culture des primeurs aurait dû cependant modifier.

Ce village domine une vaste grève de sable et de rochers couverts de varechs. Sur le plateau, d'un vert foncé, des roches sèches se dressent, l'une d'elles a un peu de verdure au sommet. Comme tant d'autres écueils gazonnés de ces parages, il a pris le nom d'île Verte. Au delà s'étendent des écueils, à perte de vue ; au milieu d'eux on voit les deux mâts et le bordage d'un navire qui est venu se perdre ici.

Après Menrognant on rencontre le village de Santec signalé de loin par la haute flèche de granit d'une belle église moderne de style ogival, puis le chemin se poursuit, boueux, entre une rangée sans fin de maisons basses, bâties au-devant de cours où le fumier écoule des purins immondes, verdissants, dans lesquels bêtes et gens pataugent ; ceux-ci ont de gros sabots remplis de paille qui leur permettent de circuler dans ces boues du chemin et les immondices des cours. Mais le promeneur, contenu ainsi par les maisons et les talus des champs dans la fosse qui s'appelle le « chemin » reliant entre eux Santec, Perenyant, Trachmeur et Palud, ne peut se défendre, il arrive souillé et écœuré sur les dunes gazonnées de Poulduff et aborde sans crainte les sables mouillées et les ruisseaux marins de l'anse de Roscoff, immense grève qu'on traverse ainsi à mer basse. Sables et ruisseaux marins sont propres, leur forte senteur saline fait oublier les désagréables émanations des habitations de maraîchers bretons.

Enfin, voici Roscoff, faisant face à l'île de Batz, si gaie de loin avec ses maisons blanches et roses et sa douce verdure. La ville est petite mais riante, ses vieilles maisons, sa curieuse église Notre-Dame-de-Croaz-Baz et ses ossuaires aujourd'hui murés méritent d'arrêter le touriste.

III

L'ILE DE BATZ

L'île de Batz il y a quarante ans. — Le chenal de Batz.
Du haut du phare. — A travers l'île de Batz.

Roscoff.

Il y aurait un livre bien amusant à écrire. Ce serait de reproduire simplement les récits des voyageurs d'il y a quarante ans à peine sur notre pays et de les reproduire sans réflexion, avec les prophéties sur le manque d'avenir d'un coin de terre ou les lamentations sur l'invincible routine. On arriverait ainsi à des résultats exquis pour un humoriste.

J'ai déjà signalé, à propos de Saint-Nazaire [1], une de ces descriptions navrantes auxquelles il a suffi de quelques années pour donner un caractère d'antiquité. Voici maintenant ce que disait de l'île de Batz, aux environs de 1852, un écrivain

---

[1]. Voir dans le 4ᵉ volume au chapitre sur l'île Dumet, page 210.

qui signait du pseudonyme romantique de Verusmor :

« L'île de Bas (sic), située dans la Manche, sur la côte septentrionale du département du Finistère, a une lieue de longueur et à peu près la moitié de largeur. Une terre sablonneuse, aride, pierreuse ; une végétation pauvre et toujours flétrie ; pas d'arbres ; des fougères, des mousses, de maigres pâturages nourrissant à peine les bestiaux qui les paissent : voilà le sol et les productions de Bas. Une surface découverte, inégale, mais dont le point le plus élevé n'atteint pas 60 pieds au-dessus des flots ; de tous côtés des rochers pour rivages, et des vagues mugissantes, impétueuses, qui se brisent à leur pied : voilà sa configuration. Un village, deux hameaux, de pauvres champs, six à sept cents personnes, voilà sa statistique. Des hommes au teint hâve, à la physionomie sauvage, à l'accoutrement grotesque, et qui sont tous marins ; des femmes basanées, à jupon court, à coiffure bizarre, qui travaillent péniblement la terre ou pêchent avec de longs râteaux le goëmon que le flux apporte sur la côte, si elles ne ramassent pas, pour se nourrir, des lépas parmi les cailloux ; des gens ignorants, ne sachant pas lire, sans idée des arts les plus simples : tels sont ses malheureux habitants. Leur industrie, qui est très bornée, leur travail, leurs fatigues de la nuit et du jour, suffisent à peine à leur subsistance.

« C'est au sein de cette âpre nature qu'il faut chercher l'homme approchant de l'état primitif de la société. Les Basois forment une tribu qui vit comme en famille. Leurs mœurs sont austères et empreintes de la sévérité du climat. Tout à leur travail, ils vivent sans ambition, sans brigue, sans procès et presque sans haine. Les jeux, le chant, la danse, sont pour eux des amusements inconnus. Le manque général d'imagination rend leurs idées d'une simplicité remarquable ; mais, pour ne pas s'étendre au delà des bornes de leur solitude, elles n'en sont pas moins justes sur ce qui touche à leurs intérêts[1]. »

Supposons maintenant que nous connaissions l'île par ce tableau ; évidemment il nous viendra à l'idée d'aller visiter cette terre farouche. Mais la déception viendra vite. Non que la description ne soit encore exacte, si le style a vieilli, l'aspect

---

1. *France maritime*, de Gréhan (2ᵉ volume). Cet ouvrage s'est d'ailleurs inspiré du livre classique de Cambry, qui a fourni la matière de la plupart des écrits sur la Bretagne. Nous avons voulu éviter ces sentiers battus et voir de nos propres yeux, nous ne sommes allés consulter Cambry que pour comparer, à cent ans de distance, l'aspect du pays.

général des choses s'est maintenu. Mais en une nuit le chemin de fer vous transporte à Morlaix, on change de train et, quelques minutes après, on aperçoit cette adorable flèche de Saint-Pol-de-Léon qui a nom le Creisker et l'on descend à Roscoff, au milieu de la foule des baigneurs venus de la rue Saint-Denis ou des Batignolles ; on voit charger dans les wagons, par des Bretons authentiques, les choux-fleurs et les oignons à destination des halles. A peine est-on sur le port qu'une nuée de bateliers nous sollicite pour nous conduire à Batz. Le prix ordinaire est de cinq sous la traversée. Ce n'est pas cher pour aller dans « une âpre nature chercher l'homme approchant de l'état primitif de la société ».

Le facteur de Batz (un facteur authentique, portant des lettres, ô Verusmor!) va embarquer ; il est en même temps passeur, son canot est à l'extrémité de Roscoff ; nous partons avec lui par ce chenal où les courants sont violents et les écueils sans nombre. C'est un des plus étranges paysages marins de nos côtes, ce détroit de Batz. Devant nous l'île s'étend, légèrement mamelonnée, son village central décrivant un arc de cercle autour d'une petite rade et étageant ses maisons blanches entre le phare et l'enceinte carrée d'un fort sans valeur aujourd'hui. L'île n'a rien de

L'ILE DE BATZ

D'après la carte de l'état-major au $\frac{1}{80,000}$.

l'aspect farouche que nous attendions, n'étaient les écueils hargneux surgissant partout, ce serait plutôt riant. Il est vrai que la mer est calme et le soleil jette à flots ses rayons.

La mer baisse, le courant de jusant est violent ; de roc en roc, évitant l'Ile Verte, mince îlot auquel d'autres écueils font cortège, puis le Loup, Per Roc'h, Pelloch, Malvoch, nous atteignons non le port, mais la pointe du Ru, dans la partie orientale de l'île.

Un chemin montueux conduit à l'église, édifice sans caractère, surtout pour qui vient de Saint-Pol où les monuments sont des merveilles, mais elle n'en est pas moins un des sanctuaires des plus vénérés de la Bretagne. Lorsque saint Pol, le thaumaturge anglais s'en vint à pied sur la mer, de la Grande-Bretagne en Armorique, il choisit Batz pour point de débarquement. Dès son arrivée il y fit des miracles surprenants : d'un seul coup de bâton sur les reins des malades et des infirmes il guérissait toutes les maladies. Il y avait en Angleterre une cloche d'argent fameuse, le comte Guitur, gouverneur de Batz, la convoitait depuis longtemps, Pol la fit avaler par un hareng qui vint la rejeter sur le rivage. Le saint la mit en branle ; au son de la cloche les morts ressuscilaient, les tempêtes se calmaient, les courants du détroit se ralentissaient.

Ce ne fut pas tout, un dragon long de cent pieds ravageait l'île, mangeant bêtes et gens, Pol le défia, réussit à le lier avec son étole et à le jeter à la mer. Enfin pour donner de l'eau au couvent qu'il fonda, le thaumaturge frappa le sol de son bâton et fit jaillir une fontaine. Cette source qu'on voit encore, l'étole du salut conservée dans l'église, l'amas de rochers appelé *Toul ar sarpant* (le trou du serpent) d'où le dragon fut jeté à la mer, sont toujours l'objet de la vénération publique.

Le village de Batz est en façade sur l'anse qu'une longue jetée transforme en port, il couronne des coteaux nus et rocheux. Sauf quelques arbres dans les jardins et des tamaris dans les bas-fonds mouillés, pas une plante un peu haute.

La julienne ou giroflée de Mahon y pousse à l'état sauvage et ses fleurettes roses égaient le revers des fossés.

Du bourg un chemin conduit à la pointe de l'ouest; par une campagne accidentée, montant, descendant sans cesse, le sentier bordé de murs en pierres sèches, traverse de petits enclos cultivés, des prairies artificielles où paissent des chevaux et des vaches. Un autre sentier monte sur les flancs d'un mamelon, haut de 35 mètres, où se dresse le phare, un des plus puissants de Bretagne. Du sommet de la tour on a une vue immense. L'île se détache tout entière sous les yeux, avec ses moindres accidents de terrain ; petits vallons, champs d'orge et de pommes de terre, petits marais verdoyants où poussent, en bordure, des tamaris rabougris. En ce moment la mer est très basse, l'île n'a, à mer haute, que quatre kilomètres de longueur sur une largeur de cinq cents mètres à deux kilomètres, elle semble triplée par les immenses bancs de sable et les rochers émergés, le chenal de Roscoff est réduit à un mince ruban vert. Au delà, dans un cercle prodigieusement étendu, voici, en mer, les Sept-Iles et les roches déchiquetées de Trégastel, sur le continent de vertes campagnes s'élevant jusqu'aux âpres cimes nues des monts d'Arrée.

Le panorama de la mer est merveilleux. La côte est découpée par une quantité de larges estuaires ; les îles, les îlots, les récifs sont en telle multitude qu'on se demande où finit le sol, où commence l'océan. Les îlots ont toutes les formes : les uns sont des rochers hardis, aux couleurs sombres, d'autres sont dorés, d'autres sont des bancs de sable, d'autres des nappes vertes de pâturages. A l'entrée de la rivière de Morlaix, le château du Taureau, assis sur son écueil, semble veiller sur le passage. Parmi tant d'îles, une seule est habitée, c'est l'île de Callot.

Sur le continent la mer pénètre partout par de larges estuaires, entourant de vertes péninsules. Roscoff et Saint-Pol-de-Léon, les villes jumelles, couvrent l'une d'elles. Saint-Pol avec son antique cathédrale et son merveilleux Creisker ajouré est le joyau du paysage.

En descendant du phare, j'ai gagné la côte nord de l'île jusqu'au hameau de Goalès. C'est le second centre de la commune — elle est peuplée de 1,177 habitants répartis sur 307 hectares. Le village semble déserté, pas un homme, ils sont à la mer ; pas un enfant, ils sont à l'école : cette île jadis peuplée d'illettrés a deux écoles aujourd'hui. Les femmes seules sont ici, dans les champs, coupant l'herbe pour leur bétail, transportant la moisson. La femme est la grande ouvrière, seule elle cultive le sol. Elle doit labourer, semer, récolter, battre et vanner le blé. Pour engraisser son champ elle va, fort avant dans la nuit, aux basses mers récolter les varechs, le jour elle cueille sur les rochers les berniques, coquillages dont la chair sert à engraisser le porc. L'aspect général est misérable, les abords des maisons à Pors-Méloc et autour du réduit central, enceinte carrée sans valeur, sont sales. Le voisinage de Roscoff n'a pas encore amené le confort, sous ce rapport l'île est encore primitive. L'influence étrangère est enrayée chez les îliens qui ne se marient qu'entre eux, gardant jalousement la pureté de leur race.

Cependant le modernisme pénètre, il y a même, à Batz, une auberge construite dans un archaïsme breton de fantaisie, comme on le trouve dans les cabarets « artistiques » de Montmartre, c'est l'amorce d'une station balnéaire.

La pointe orientale se recourbe jusqu'au Cleguer, autour d'une anse bordée par le hameau de Pen-Batz. C'est la partie la plus morne de l'île. Un sentier la relie au bourg où, pendant ma promenade, il y a eu un changement de décor. L'anse asséchée s'est remplie, la mer bat le pied des maisons et le village, tout à l'heure si monotone, s'égaie et rit, il se mire dans l'eau frémissante. Je quitte Batz sous cette impression, oubliant les hameaux gris, entourés de détritus de poissons et de coquillages, leurs murs et les clôtures de hautes pierres des champs plaquées par les galettes de fiente de vache qui, ici encore, servent de combustible. L'océan est un aussi grand thaumaturge que saint Pol, il transforme en un instant les paysages !

> Et c'était en Léon et dans l'île de Batz,
> L'île des grands récifs et des sombres trépas...

a dit Brizeux.

IV

MORLAIX ET SON ARCHIPEL [1]

Départ de Roscoff. — Le Caillou de l'Arche. — Iles de Vengle, des Cordonniers, des Foirous, les Grandes-Fourches, les Cochons-Noirs, la Vieille. — L'île de Callot, sa chapelle et son pardon. — L'île Verte. — La pêche des crustacés et des coquillages. — L'île de Sable. — L'île aux Dames. — L'île Stérec. — L'île Louët. — Le château du Taureau. — L'île Noire. — Locquénolé. — La rivière de Morlaix. — Morlaix et son viaduc.

A bord de l'Hirondelle, décembre.

L'*Hirondelle* est un petit clipper de pêche, finement taillé, célèbre parmi les pêcheurs de Roscoff pour ses succès dans les régates de ces parages. On consent à me prendre à bord pour me conduire à l'entrée de la rivière de Morlaix. Le petit navire est ancré à la cale neuve, près de la pointe de Bloscon; un canot nous y conduit. En un clin d'œil le filet brun qui sèche au grand mât est descendu, le gui est hissé, tendant la voile d'un roux ardent, on met le foc et moins de deux minutes après notre

---

1. Voir la carte de l'île de Batz pour les environs de Roscoff.

arrivée le fringant bateau s'incline au vent. Celui-ci souffle légèrement du nord, c'est la bonne brise pour gagner Locquénolé; afin d'en avoir davantage et d'aller grand largue, une toile est

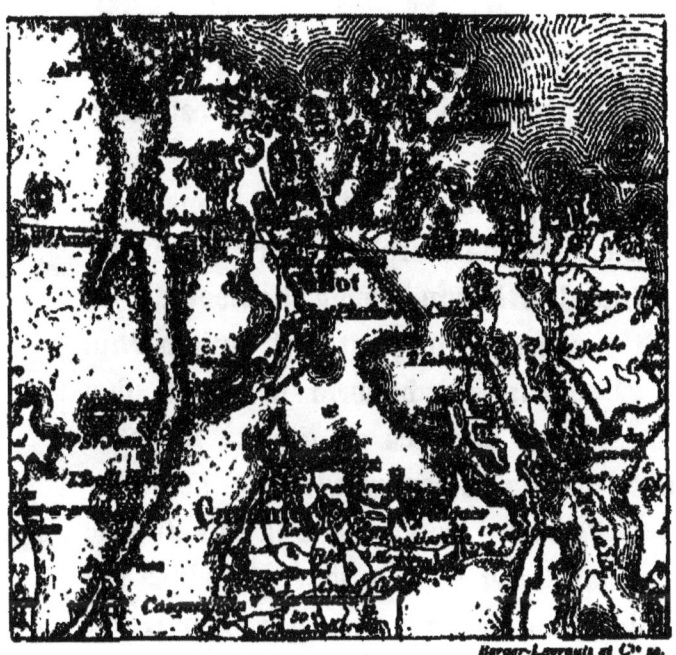

ILE DE CALLOT ET RIVIÈRE DE MORLAIX

D'après la carte de l'état-major au $\frac{1}{80,000}$.

tendue à bâbord avant, un grand aviron servant de gui.

Avant de doubler la pointe de Bloscon, on a une dernière vue sur ces parages accidentés. La tonalité générale est grise : gris les quais, les maisons, l'église de Roscoff ; gris les îles et les îlots sans nombre ; seule l'île de Batz donne une note plus douce. Sur le fond vert de ses champs et de ses pâturages s'enlèvent le blanc et le rose de ses habitations disposées en guirlande en vue du continent, la flèche grêle de son église et la haute tour blanche de son phare. L'île est charmante ainsi.

On sort de la petite rade de Roscoff entre des roches surmontées de tourelles pour passer à raser la pointe de Bloscon, amoncellement de rochers qui supportent un petit fort, aujourd'hui désarmé. Dominant la batterie du haut d'un autre entassement de blocs de granit, la petite chapelle Sainte-Barbe commande toute l'étendue de mer, de l'estuaire de Morlaix à la baie de l'île de Siec. Chapelle et batterie sont défendues des érosions de la mer par un énorme rocher carré, formant musoir et que les marins appellent le Caillou de l'Arche.

Bloscon est doublé, Roscoff a disparu ; devant nous s'ouvre une vaste étendue de mer semée d'écueils, au fond bleuit une côte rectiligne surmontée d'édifices et dans laquelle s'ouvre un passage où débouche le Guer, rivière de Lannion.

Les marins appellent ce pli de la côte le goulet de Lannion. Ces rivages lointains semblent flotter entre la mer et le ciel d'un bleu doux. Ici les antiques légendes bretonnes placent le séjour du roi Artus et des chevaliers de la Table ronde ; dans une des îles du rivage, l'île d'Aval, la fée Morgane attira le héros et le garda jalousement.

Partout, autour de nous, des écueils ; les plus lointains sont les chaises de Primel, rochers bas, presque au ras de l'eau ; plus près sont les roches Duon, sommets d'une traînée qui se continue jusqu'au fond de l'estuaire, îlots disposés régulièrement comme les maillons d'une chaîne. L'*Hirondelle* passe entre ces pointes hargneuses : le Vengle, les Cordonniers, les Foirous, les Grandes-Fourches, les Cochons-Noirs, la Vieille. Les marins ont presque toujours trouvé les mêmes noms pour ces dangers, sur tous les points de la côte bretonne.

Si la mer ainsi couverte d'écueils est presque sinistre, la côte est charmante. Le port de Pempoul est maintenant rempli, sa vaste arène de sable est devenue un bassin tranquille où courent les voiles rousses des barques de pêche. A l'entrée du port, l'île Sainte-Anne semble quelque monstre accroupi. Au fond, sur une pointe, entre deux estuaires, le riant village de Carantec étale ses maisons blanches autour d'une jolie flèche à triple balcon. Cette partie du Léonnais est fort aimable, les villas y sont nombreuses, mes compagnons me montrent avec quelque orgueil celle du peintre Yan Dargent.

Pour entrer dans l'estuaire de Morlaix, nous devons doubler l'île de Callot. La pointe en est annoncée par un écueil surmonté d'une tourelle blanche s'effilant en un col qui lui a fait donner le surnom de *Bouteille*. Rangés tout autour de la plate-forme, une douzaine de cormorans se détachent en noir sur la tourelle soigneusement blanchie. Leur égrènement est régulier, de loin, on pourrait croire à des motifs ornementaux destinés à signaler davantage l'écueil. Nous passons à toucher la Bouteille, sans qu'un seul des graves oiseaux daigne se déranger.

Voici l'île Verte, un des plus grands rochers de la traînée ; comme tant d'autres « îles vertes » de la région, ce nom lui vient d'une pelouse naturelle couvrant le plateau. L'île est absolument déserte, mais une légion de rats y a élu domicile, vivant sans doute des débris apportés par la mer. Elle fait face à l'île de Callot — prononcez Calote, — longue terre allongée qui fut sans doute jadis la pointe de la presqu'île le Carantec et que l'on peut atteindre à pied sec aux basses mers. L'île s'annonce par une petite anse sablonneuse couronnée par les talus d'un ancien fort, aujourd'hui abandonné. C'est la pointe du trou de l'Enfer.

Nous longeons le rivage de Callot ; je voulais parcourir l'île à pied, mais elle est si étroite — de 50 à 400 mètres sur deux kilomètres de longueur — que du bord de l'*Hirondelle* elle se déroule entièrement à nos yeux. C'est un amalgame de sables et de rochers, portant de petits plateaux couverts de cultures et de pâturages. Une chapelle, Notre-Dame, occupe le point culminant ; l'édifice est insignifiant, mais il a une jolie flèche à jour, portant une galerie et accotée d'une fine tourelle. Tout autour des cultures paissent des bestiaux. C'est d'une solitude absolue. Une seule fois dans l'année il y a du mouvement ici, c'est en juin, au *pardon* de Callot. Alors les gens de Saint-Pol et de Carantec viennent en pèlerinage et manger de ces énormes et hideux crabes nommés araignées. Les marins appellent ce pardon la *Fête aux araignées*.

C'est un jour de profit pour les pêcheurs de l'île. Callot possède dans ses deux hameaux Trouar-Vilar, près de la chapelle, et Toul-Morvan une petite et misérable colonie de pêcheurs de crabes, langoustes et homards. Tous ces parages sont d'ailleurs très riches en espèces animales, en coquillages surtout. Autour de l'île Verte, aux fortes marées, on trouve de grandes huîtres. Dans les prairies marines alors mises à découvert et appelées herbiers, on pêche la praire et la coquille de Saint-Jacques ; les habitants de l'île et ceux du Dourdu ont un sens particulier pour reconnaître le gîte de ces bivalves aux petits jets d'eau qu'ils lancent. Sous les cailloux et les rochers d'où on les déloge avec le pic se trouvent les ormeaux, superbes coquillages nacrés au rebord percé de trous, qui seraient recherchés pour leur éclat s'ils n'étaient pas si abondants. Ils passent pour un succulent régal dans toute la Bretagne, mais avant de l'apprêter on doit battre longtemps le mollusque pour l'attendrir.

L'île de Callot passe rapidement devant nous ; ses grèves, ses roches, ses rares cultures, ses rustiques toits de chaume, un peu de bétail se montrent. Près d'un promontoire, une énorme butte de granit semblable à un tumulus abrite une misérable ferme, grise et moussue, et une maison de pêcheurs. Au delà l'île s'achève en une pointe basse qui borde la passe aux Moutons.

Le chenal s'éloigne de l'île de Callot pour aller

border la traînée des roches qui se prolongent jusqu'au château du Taureau. Ces récifs portent aussi le nom prétentieux d'îles. Voici l'île aux Dames, l'île de Sable, plus loin Sterec ; toutes sont des têtes de granit recouvertes d'une maigre verdure de fougères. Carantec sur sa pointe et la jolie presqu'île de Penquer semblent d'autres îles, s'avançant hardiment sur le flot. Le chenal dévie encore ; il nous porte entre Penquer et un îlot de forme pyramidale terminée par une sorte d'obélisque. Sur un ressaut de rocher repose la tour carrée, blanche, avec les angles de granit presque noirs d'un phare qui éclaire le passage du Taureau. Près de la tour est la maison blanche des gardiens, coupée en écharpe par le tuyau qui porte à la citerne les eaux de pluie. Vu du large, c'est un bien morne séjour, ce rocher appelé l'île Louët. De l'autre côté du chenal, le château du Taureau, solidement assis sur un écueil, présente ses remparts gris, percés d'embrasures basses, ses échauguettes, ses lourdes tours, il semble riant auprès de la roche nue de l'île Louët. Mais dès qu'on a franchi le passage, celle-ci change. Les gardiens du phare ont patiemment établi des terrasses au flanc de leur rocher, des fleurs, de la verdure, un laurier, de grandes mauves entourent les constructions et ont suffi pour transformer l'îlot. Vue ainsi, sous cette face abritée des vents du nord, Louët est exquise : elle fait avec la lourde maçonnerie de Vauban qui constitue le château du Taureau un contraste extraordinaire.

Au delà du Taureau, sur le chenal oriental, un autre phare couvre l'île Noire. Tour carrée, très grise, reposant sur un rocher gris. Et l'on envie les heureux habitants de l'île Louët qui se sont fait ici, sur ces mers orageuses, un petit Éden. Ils le quittent souvent d'ailleurs, car ils ont les clefs du fort déclassé du Taureau et y conduisent les touristes.

L'île Louët, le Taureau, l'île Noire et l'île Sterec sont les derniers îlots de la rade. Maintenant, entre les presqu'îles de Penquer et de Barnénès, en vue du petit port de Terenez, l'estuaire, complètement dégagé, s'entr'ouvre large et majestueux comme un très grand fleuve. A mer basse ce doit être une vaste grève. Les côtes sont fort belles. Si la rive droite a beaucoup d'ajoncs et de bruyères, la rive gauche est bordée de châteaux et de villas, de grands parcs aux arbres majestueux et de vertes pelouses. La pointe de Penquer, jadis si aride, est couverte d'un sombre manteau de pins.

Au fond, l'estuaire semble fermé. On aperçoit à peine deux ondulations de collines ; entre elles s'ouvrent les vallons du Dourdu et de Morlaix. Au débouché du premier, quelques maisons de pêcheurs et des voiles rousses ; à l'issue du second, de riantes maisons blanches surgissent de la verdure. Ces maisons sont la partie maritime, le « port » de Locquénolé ; le bourg est plus haut dans les grands arbres, sur les pentes de la colline.

Le vent n'a pas accès dans la rivière, fermée par la pointe de Locquénolé, l'*Hirondelle* ne pourra monter plus haut. Il me faut descendre à terre et poursuivre à pied jusqu'à Morlaix.

Morlaix, décembre.

Je ne regrette point ma course. Elle est d'un charme intime et pénétrant, cette gorge profonde, rocheuse et boisée où la rivière de Morlaix, le Dossen, coule entre deux étroites berges de prairies. Grands bois de charmes, de hêtres et de chênes couvrant le flanc de ravins mystérieux où murmurent des sources, roches couvertes de la lèpre jaune des lichens et du velours vert des mousses, châteaux masqués par les ombrages, tout contribue à faire de cette vallée une promenade heureuse. Sur la route, des constructions neuves entourent une vieille église gothique aux hautes verrières et les vieux bâtiments d'un antique monastère devenu trop petit, car les édifices s'étagent maintenant jusqu'à une autre chapelle placée sous le vocable de Notre-Dame-de-la-Salette. C'est le couvent de Saint-François de Guburien. Naturellement il y a là une source miraculeuse et le couvent a sa journée de pèlerinage.

Sur la rivière, les navires s'en vont à la file, mais le courant est faible, il faut remorquer les petits à la corde, les gros à la vapeur. Au milieu de ces voiliers passe le steamer *Morlaix-Havre* qui fait chaque semaine le service entre les deux villes dont il porte le nom. Un autre relie Jersey à Morlaix. Les produits de Roscoff, les beurres, le bétail donnent au port de Morlaix une activité assez grande. A partir de l'écluse du bassin à flot formé par la rivière, ce ne sont plus qu'usines, chantiers et entrepôts. Il règne là une vie commerciale réelle. D'ailleurs, cette entrée de ville est très belle, de hautes et monumentales maisons bordent les quais dominés par les arceaux superbes du viaduc.

Celui-ci donne à Morlaix un caractère grandiose. Peu d'œuvres d'art peuvent rivaliser de majesté avec cet ouvrage hardi sur lequel passent les chemins de fer de Brest et de Carhaix. Sa double rangée d'arcades, ses heureuses proportions, sa hauteur de 60 mètres au-dessus de la rivière, sa grande longueur (284 mètres) en font un des monuments les plus caractéristiques et les mieux réussis de notre époque. Les eaux de la rivière paraissent naître entre deux de ses piles, car les ruisseaux du Jarlot et du Queffleut n'étant plus soutenus par la marée, sont de petits torrents et ont pu être recouverts pour faire place à une promenade et à l'hôtel de ville.

Sur les flancs des collines, au bord des deux ruisseaux non encore emprisonnés, s'étend la vieille ville, si amusante, si pittoresque avec ses rues étroites, ses maisons en surplomb, à hauts pignons aigus, bien blanches entre leurs poutrelles brunies. Des escaliers, des rues montantes, d'étroites ruelles, des coins imprévus de moyen âge apparaissent à chaque instant. Dans tout cela la rumeur incessante d'une population active, des claquements de sabots sur le pavé, des exercices de soldats sur une place, un lavoir au bord du Jarlot où les laveuses, agenouillées de guingois au-dessus du ruisseau sur un quai, doivent se pencher très bas pour laver leur linge. Quelques-unes ont placé des cuvelles dans le lit même, elles s'y sont installées et peuvent ainsi rincer sans peine, d'autres ont allumé des feux sous de petites chaudières. On peut flâner de longues heures à travers Morlaix, de la Grand'rue à la rue des Nobles, du port aux gorges des deux rivières sans avoir conscience du temps. A chaque pas un détail nouveau arrête le promeneur. A la tombée de la nuit, dans les vieilles rues, sous les encorbellements successifs des façades d'où pendent des enseignes, où se plaquent des ardoises, où se creusent des niches, où s'avancent des consoles, devant les petites fenêtres parfois garnies encore d'un vieux vitrail serti de plomb, on croit vivre dans un rêve. Et l'on se frotte les yeux quand éclate trop brutalement l'anachronisme d'une devanture étincelante et des flots de lumière de quelque magasin bien moderne installé dans les vieilles boutiques des contemporains de Duguesclin et d'Anne de Bretagne.

Ces maisons sont les joyaux de Morlaix, l'aimable ville devrait les conserver soigneusement et ne pas les laisser remplacer par les bâtisses à quatre ou cinq étages. Ces vieux quartiers, le viaduc, la rivière, certains détails de l'église Sainte-Melaine méritent d'arrêter le voyageur. Il y a, à la porte de Sainte-Melaine, un bénitier débordant de la façade et dont le bassin se prolonge dans l'intérieur sous une arcature trilobée d'un goût charmant. Les Bretons d'autrefois ont su assouplir le granit avec un art qui semble aujourd'hui perdu.

V

LES SEPT-ILES

Lannion. — Saint-Quay et l'Ile Thomé. — Perros-Guirec et ses rochers. — *Les Sept-Iles* : Ile aux Moines ; Ile de Bono ; Ile de Malban ; Ile Rouzic ; Ile Plate ; Ile du Cerf ; Ile Droite. — Ploumanac'h et ses rochers. — Saint-Guirec. — Ile Rennotte. — Ile Lain Bras. — Ile Dhu. — Ile de Seigle. — Ile de Biwic. — Le charnier de Trégastel. — Ce qu'on voit du Calvaire.

Lannion est une charmante petite ville avec son estuaire encadré de grands arbres, ses belles promenades, ses maisons historiées et sculptées ; d'aspect elle est restée une des plus bretonnes parmi les cités de Basse-Bretagne. Ce n'est pas encore une ville où l'on séjourne, à peine est-on descendu du train on est happé par les voitures publiques, omnibus d'hôtels, diligences ou pataches qui conduisent à Tréguier et dans les villages de la côte.

Pendant l'été, les voitures de Perros-Guirec dominent. La mode se porte sur ces côtes déchiquetées, où les plages de sable fin s'arrondissent entre les roches aux formes bizarres semées dans la mer en masses innombrables. Les écueils, les îles, les falaises rougeâtres méritent en effet la réputation naissante de ce petit coin d'Armorique.

Le pittoresque est dû surtout à la mer. Le paysage terrestre est très vert, mais d'assez médiocre relief, rien n'arrête le regard. Le sol est plus fertile et mieux cultivé que dans le Morbihan ou le Finistère, mais il y perd de son intérêt pour le touriste. Le paysan lui-même est banal; au lieu des costumes charmants des départements voisins, on se trouve ici en présence de bonshommes semblables aux paysans de nos banlieues; peut-être plus sales et déguenillés.

Vers Saint-Quay, le site devient plus accidenté, même il est charmant au moment où l'on descend dans le vallon. On découvre une vaste étendue de mer et, au premier plan, une longue île très mince qui, sur près d'un kilomètre et demi, profile en dents de scie une haute arête. C'est l'île Tomé, elle semble garder l'entrée de l'anse de Perros. Tomé, Perros, ces noms espagnols sonnent étrangement ici au milieu de ces bourgs bretons aux noms bien celtiques: Trélévern, Louannec, Trégastel, Pleumeur...

L'île Tomé tourne vers la terre sa plus haute pointe, dominant de 61 mètres le niveau des flots.

puis la crête s'abaisse en ondulations qui lui donnent l'aspect d'une chaîne de montagnes. L'illusion est complète, tant les aiguilles de rocher qui la hérissent sont bien découpées. Tout autour, la mer est couverte d'écueils aux formes fantastiques.

Une seule habitation dans Tomé : le fermier élève deux vaches et quelques moutons et cultive de rares légumes, mais son industrie principale est l'incinération du varech. Sans cesse sa femme, ses enfants et lui recueillent les algues sur les roches basses, les font sécher sur le rivage et les brûlent pour en recueillir les cendres. Les fumées lourdes qui s'élèvent de ces foyers planent sur l'île et lui donnent souvent une apparence désolée.

L'anse de Perros, à marée basse, est une vaste grève de sable et de vase encombrée de rochers. Au bord s'alignent, près d'un petit pont, des maisons proprettes entourées de jardins fleuris ; puis le chemin monte au bourg de Perros, dont les rues entourent une curieuse église construite en granit de Plonmanac'h, d'un rouge fauve, qui fait ressortir à merveille les lourdes arcatures romanes et les lignes sobres de la tour du clocher. La « ville » balnéaire est plus bas, au bord d'une plage d'un sable blanc et doux faisant face aux Sept-Iles.

Le mot ville est un peu prétentieux pour ces deux hôtels et quelques villas, mais c'est la vérité de demain.

Nous avons passé la nuit à Perros où l'on me dissuade de visiter les Sept-Iles. Ce sont des roches nues dont une seule, portant le phare, est habitée. En allant à la Grande-Ile, par Trégastel, je verrai tout l'ensemble de l'archipel et pourrai en distinguer les moindres détails.

Le lendemain matin, au jour, une petite voiture attelée d'un cheval nerveux nous emmène. Nous suivons un chemin abrupt qui nous conduit à Notre-Dame-de-la-Clarté, village créé autour d'une belle et pittoresque église où les gens atteints de maux d'yeux viennent prier la Vierge. L'édifice est charmant, cependant on ne s'y arrête guère, le paysage environnant attire davantage par son étrangeté. La roche a percé le sol en masses moutonneuses, aux formes les plus tourmentées. C'est un conglomérat granitique où des quartz noirs et brillants et des gneiss roses donnent l'impression d'un poudingue d'amandes semé de débris de jais. Cela rappelle, avec la couleur et l'éclat en plus, certains amas de grès dans la forêt de Fontainebleau. Mais ici l'amas semble infini, c'est un paysage extravagant, où

PERROS-GUIREC ET L'ILE TOMÉ.

des blocs aux formes les plus inattendues couvrent les pentes et les plateaux, bordent la mer, se creusent en baies, projettent des promontoires Ces tas d'énormes cailloux roses enserrent une petite baie qu'ils bordent en inexprimables écroulements. Dans la campagne, ils surgissent brusquement au milieu de vertes cultures, quelques-uns d'un gris de fer, d'autres lavés de rouille, d'autres éclatants. Sur le fond bleu de la mer, les amas rougis par les lames semblent des roches en ignition. Ce paysage ne ressemble à rien de déjà vu ; on pourrait se croire dans une autre planète. Le petit fjord de Ploumanac'h n'a aucune verdure sur ses rives ; sans une voile blanche de pêcheur, on pourrait le croire abandonné.

Ce paysage fait du tort aux Sept-Iles. Cependant les voici devant nous, à quatre kilomètres et demi seulement de la pointe de Meur-Raz, qui porte un phare. Sous ce soleil éclatant, elles se détachent avec netteté. En réalité, les Sept-Iles sont cinq, mais entourées par une multitude de roches dont une grande partie recouvertes à haute mer.

L'île aux Moines, qu'il ne faut pas confondre avec celle du même nom dans le Morbihan, est une haute colline régulière ; à son extrémité occidentale, une lourde masse de constructions est un ancien fort devenu la ferme, elle possède quelque bétail. A l'autre extrémité, sur le point culminant de l'île, un phare très blanc se détache avec vigueur sur le fond roux de cette petite terre.

Une jetée naturelle, formée de roches et de galets asséchant à basse mer, relie l'île aux Moines à la géante du groupe, l'île de Bono. Son étendue est double de celle de l'île jumelle; elle n'a pas moins de huit cents mètres de long sur trois cents de large. C'est une muraille hardie, haute de cinquante mètres, fort belle et de fière apparence.

En arrière, l'île Plate, presque aussi longue, n'est qu'une arête fort étroite, très basse, entourée de bancs. A l'est, l'île de Malban est un mamelon abrupt, aux formes capricieuses, dont le sommet domine la mer d'une hauteur de trente-six mètres; enfin, plus à l'orient, l'île Rouzic se dresse comme un volcan sur un socle de roches marines. Cet îlot, éloigné du reste du groupe, est peuplé d'une prodigieuse quantité d'oiseaux de mer qui viennent y déposer leurs œufs. On y trouve notamment un oiseau appelé calculot(?) dans le pays, semblable à un perroquet et complètement inconnu dans le reste de la côte. Il habite Rouzic en été et émigre en hiver. Le nombre en est si grand qu'un seul chasseur en a tué jusqu'à 200. Quand aux autres sept « îles », le CERF et la PIERRE, ce sont des écueils en partie submergés.

Si le petit archipel est resté désert sauf dans l'île aux Moines, il n'en a pas moins, dans cette brume légère qui flotte à la surface de la mer, une apparence plus grandiose que la plupart des autres îles de l'Océan. Par la hardiesse de leurs roches et leur brusque élévation au-dessus du flot, les Sept-Iles produisent un superbe effet décoratif, complétant à merveille ce coin si curieux de nos côtes.

Des rochers de Notre-Dame-de-la-Clarté, nous descendons maintenant vers Ploumanac'h, entre des rochers à travers lesquels la route à été frayée. Parfois la pierre aplanie sert de plate-forme au chemin. Celui-ci, bordant un instant le fjord de Ploumanac'h, aboutit au village, sale et sordide hameau, aux maisons grises et basses, couvertes de chaume, entre lesquelles vaguent des porcs maigres. Cependant Ploumanac'h perd un peu de cette sauvagerie. Quelques maisons neuves aux toits de tuile, soigneusement construites, tranchent heureusement par leur propreté sur le caractère misérable de leurs voisines.

Au delà de Ploumanac'h s'arrondit une petite

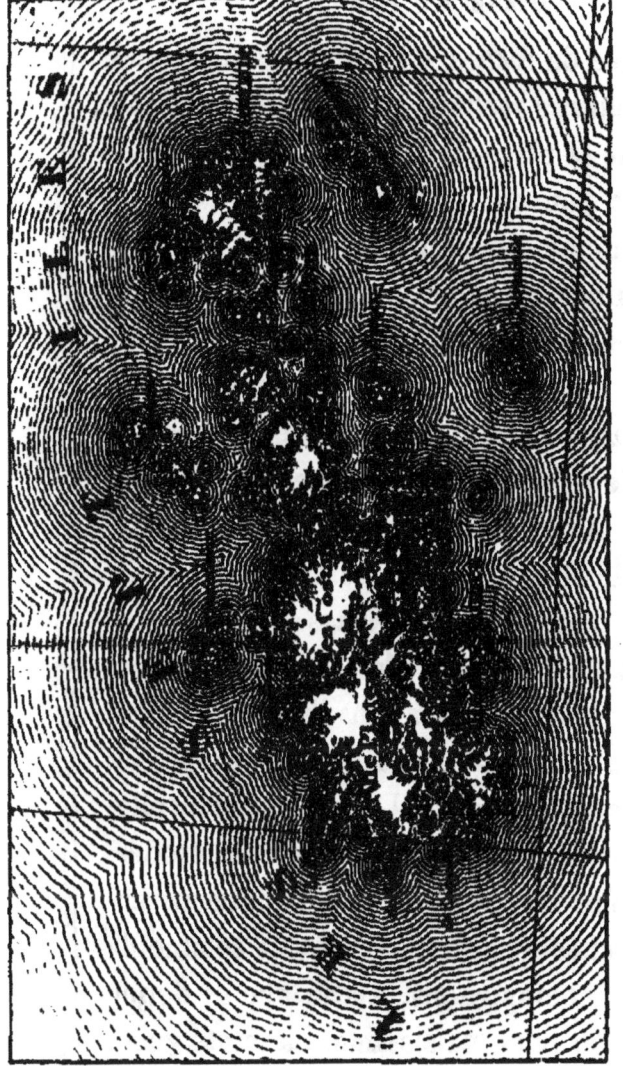

LES SEPT-ILES

D'après la carte de l'état major au $\frac{1}{80,000}$.

anse, frangée de roches aux formes fantastiques, et semée d'autres rochers qui, à basse mer, sont au milieu de la plage. En ce moment, le flot s'est retiré, nous pouvons gagner un de ces blocs sur lequel une niche, ou plutôt une chapelle minuscule, aux arcades romanes, abrite une image de saint Guirec, un de ces bons saints bretons qui ont prêté à tant de légendes. Le saint Guirec de la petite chapelle est une statuette de bois, il a un bras et le nez cassés, il est vêtu d'une dalmatique bleue, d'une tunique marron et d'une mitre jaune. Sur le rivage, le brave saint a une chapelle plus vaste, objet d'un pèlerinage ; sa statue en bois est criblée d'épingles plantées par les jeunes filles qui veulent se marier dans l'année.

Au-dessus de Saint-Guirec sont les groupes les plus curieux de rochers. Il y a là un amoncellement de blocs sculptés, fouillés, traversés, érodés, formant le plus fantastique décor de dolmens naturels, de roches reposant sur une tige comme de gigantesques champignons. Aucun site ne donne une impression aussi saisissante. La teinte générale de ces globes, de ces tables, de ces pyramides, de ces obélisques perforés, les uns absolument nus, les autres empanachés de quelque arbuste, est d'un rouge vif, rendue plus rutilante encore par contraste avec la mer bleue.

Les rochers sont particulièrement ardents de teinte et de majesté farouche à la pointe de Meur-Raz. Un écroulement de la colline a précipité dans le flot une masse formidable de couleur fulgurante, séparée de la côte par un chenal étroit sur lequel on a jeté une arche hardie pour conduire au phare, tour basse d'un blanc éblouissant qui éclaire le passage entre les Sept-Iles et la côte. Une partie des roches a été blanchie au lait de chaux pour servir d'*amer* à la navigation et fait mieux ressortir encore le rougeoiment des rochers. Aucun paysage ne produit une impression semblable à ce site de Ploumanac'h, on irait le voir de bien loin s'il était en Suisse ou en Écosse!

Au retour du phare, nous traversons une autre zone de rochers, de plus en plus bizarres; les champignons abondent ici, monstrueux parasols formés d'une table arrondie supportée par un mince pilier.

A mesure que monte le soleil, le ciel devient de plus en plus clair et tout cet ensemble prend des reflets plus vifs encore. Mais les Sept-Iles, plus nettement éclairées, perdent de leur aspect majestueux; ce ne sont plus des chaînes de hautes collines, mais de gros rochers arides et pelés où la vie ne se montre que par la ferme et le phare de l'Ile aux Moines.

En route pour les autres flots de cette côte déchiquetée. Nous traversons de nouveau Ploumanac'h pour nous engager sur une chaussée jetée sur la petite baie et servant de barrage à deux fjords devenus des étangs maritimes ; sur les passages laissés aux eaux de la marée et fermés par les écluses, des *moulins de mer* ont été établis ; lorsque les étangs sont remplis, leurs eaux, pressées de reprendre la mer, font tourner les grandes roues. Ces constructions lourdes sur cette chaussée de gros blocs, entourées de rochers, semblent aussi sauvages que la nature environnante.

Le chemin court dans un pays très vert ; bordé de maisons nombreuses, il ouvre souvent des aperçus sur une péninsule capricieusement découpée où le vaste couvent de Sainte-Anne, des villas et un château apportent une apparence de prospérité et de vie contrastant avec la rude et ardente nature de Ploumanac'h. On monte peu à peu dans le village de Trégastel dont l'église du xiie siècle, bâtie dans le cimetière, possède un des plus curieux charniers de Bretagne. Cet ossuaire, dans lequel on a rejeté depuis deux siècles tous les débris retirés des tombes abandonnées, est une galerie circulaire à balustres, recouverte d'un dôme, une tourelle à coupole de granit le signale aux passants. Entre les balustres, sont disposés sans soin, au hasard des trouvailles, des crânes, des fémurs, des tibias. Malgré le grand soleil, malgré les fleurs, c'est horrible, mais l'édicule lui-même est charmant.

Dans le cimetière, devant chaque tombeau est placée une coupe destinée à recevoir de l'eau bénite, elle est surtout remplie par la pluie ; sur le rebord les oiseaux pépient, ébouriffent leurs ailes, s'ébrouent, et finalement se baignent avec de petits cris joyeux, pendant qu'autour d'eux bourdonnent des abeilles. Cette vie intense, à côté de ce charnier où des têtes de morts vous contemplent de leurs orbites vides, où des tibias s'allongent entre les grêles colonnettes, quel beau sujet de philosophie pour un fervent de l'antithèse ! Victor Hugo, s'il eût connu Trégastel, aurait écrit une page merveilleuse.

Au delà du village, au sommet de la colline de Roch Bran, se dresse un monument qui, de loin, m'avait paru une ruine celtique surmontée d'une croix. C'est moins et c'est plus. Les coutumes des anciens Celtes se sont perpétuées jusqu'à nous, mieux conservées peut-être ici, dans ce chaos de pierres de Ploumanac'h. Elles ont fait naître un bizarre monument appelé le calvaire de Trégastel. C'est un amas de blocs de granit ; il abrite une chapelle à sa base ; au sommet, où l'on monte par un sentier construit aux flancs du cyplopéen édifice, se dresse une croix.

La chapelle s'ouvre dans la masse même, elle a une voûte et des nervures ogivales. Une longue inscription bretonne rappelle sans doute la construction, d'ailleurs assez récente. Sur l'autel, formé d'un bloc de granit, un groupe en pierre représente le Christ mort sur les genoux de sa mère, entre saint Joseph et saint Jean. Près d'une inscription bretonne, une autre, en français, fait connaître le but de cette construction en vue de la mer dangereuse :

Jeté par un naufrage sur les côtes inconnues, tout à coup vous apercevez une croix sur un rocher. Malheur à vous si ce signe de salut ne fait pas couler vos larmes. Vous êtes en pays d'amis; ici ce sont des chrétiens. Vous êtes Français, il est vrai, et ils sont Espagnols, Allemands, Anglais peut-être! (sic). *Et qu'importe, n'êtes vous pas de la grande famille de Jésus-Christ? Ces étrangers vous reconnaîtront pour frères, c'est vous qu'ils invitent par cette croix ; ils ne vous ont jamais vu, et cependant ils pleurent de joie en vous voyant sauvé du désert.*

Au milieu de cette touchante invocation à la fraternité, ce *peut-être*, accolé au mot Anglais, en dit long sur la continuité de la haine vouée par les Bretons à leurs voisins d'outre-Manche.

Le sentier qui contourne le monument pour

atteindre le sommet est bordé de niches renfermant des statues de saints dont le nom est écrit en breton : saint Lorans, saint Isidore, patron des jardiniers bretons, d'autres encore ; le chemin passe parfois sous des couloirs de pierre brute semblables à des dolmens. D'autres statues de granit gris se suivent : saint François-Xavier, saint Ervoan, saint Joseph. Dans la niche de celui-ci est une ravissante statuette en bois représentant un évêque. Une statue de Jésus-Christ détonne dans ce milieu naïf par son peinturlurage de couleurs crues.

Du haut du calvaire fait de roches titaniques où les cristaux rouges étincellent et qui rappellent les œuvres de l'âge de pierre, la vue est immense, c'est une des plus vastes, des plus variées et des plus majestueuses de la Bretagne. Les roches de Ploumanac'h, l'archipel des Sept-Iles, des myriades de rochers, de récifs et d'îlots apparaissent. La côte en est frangée. Quelques-uns de ces rochers sont assez vastes : ainsi l'île Rennote, qui fait face à Sainte-Anne, Lain Braz, l'île Dhu, l'île de Seigh, l'île de Biwic. Paysage extraordinaire de grandeur et de mélancolie.

Sur le continent ce sont des campagnes vertes, faites d'ondulations indécises, se prolongeant jusqu'à la ligne bleue des monts d'Arrée.

On s'arrache avèc peine à ce spectacle grandiose. Mais l'heure avance et le chemin est long encore avant que nous puissions atteindre l'Ile-Grande, la plus importante de nos îles de la Manche après Batz et Bréhat. Un dernier regard aux Sept-Iles, qui alignent leurs rochers au loin, et en route !

VI

L'ÎLE GRANDE (ENÈS-MEUR) ET SON ARCHIPEL

De Trégastel à Pleumeur. — Saint-Samson rend les hommes forts. — Pleumeur. — Saint-Duzec et son menhir. — L'île d'Aval. — L'île d'Erch. — Entrée dans l'île Grande. — Kervégan. — La fontaine et l'église de Saint-Sauveur. — Ile de Milio. — Ile de Molène. — Ile Fougère. — Ile de Toinot. — Ile Losquet. — Ile à Canton. — Ile du Renard. — Excursion dans l'île Grande. — Les carriers. — L'île du Renard. — Le manoir. — Agriculture. — Le menhir. — Ile Corbeau. — Ile Morvillo. — Le lichen. — La vie à l'île Grande.

Kervégan (île Grande), septembre.

Il reste beaucoup à faire encore pour rendre ces superbes côtes du Lannionnais accessibles. Les routes se tiennent loin du littoral, on ne peut guère les parcourir qu'à pied. En voiture, les détours pour aller d'une plage ou d'une baie à une autre sont immenses. De Trégastel à l'île Grande, par exemple, la distance est au moins doublée; il faut descendre à mi-chemin de Lannion et faire brusquement un crochet par Pleumeur-Bodou.

Le paysage, sans être beau, est cependant intéressant, peut-être le doit-il à sa sauvagerie même.

Non loin de Trégastel, dans un champ, un beau menhir se dresse, près de lui gît un autre monolithe ; çà et là d'énormes blocs de rochers ont peut-être été l'objet d'un culte. Peu de maisons sur le chemin, les villages sont au loin, près de la mer, on les devine à peine au milieu de la verdure. L'un deux, Saint-Samson, montre l'élégante flèche et la fine tourelle d'une chapelle où les hommes se rendent en pèlerinage pour avoir la force de Samson. Une borne située près de l'église avait des vertus mirifiques, il suffisait de se frotter le dos à cette pierre pour devenir puissant comme le héros des Hébreux.

La route franchit ensuite un faîte aride pour descendre dans un bassin riant ; un parc aux grands ombrages abrite le beau château de Kerduel, dont la façade, se détachant sur le fond vert des allées, a très grand caractère. Il est construit sur l'emplacement du manoir de Kerduel, fameux par la légende des Chevaliers de la Table ronde. Là vécut le roi Artus avec la reine Gwenarc'han, entourés de Lancelot, de Tristan et des autres preux dont la tradition nous a conservé les noms. Au delà le paysage change, les champs sont bordés de haies hautes et touffues. Dans les enclos paissent de nombreux troupeaux, d'une race forte ; nous avons désormais dit adieu aux fines et élégantes petites vaches bretonnes. Les cultures sont mieux soignées aussi. Cette région, par plus d'un côté, ressemble davantage au Cotentin qu'à la Bretagne.

On commence à découvrir l'île Grande au moment de pénétrer dans le village de Pleumeur-Bodou. A distance, le bras de mer qui la sépare de la côte est invisible, elle semble soudée au continent. C'est un plateau nu, sans arbres, mais couvert de maisons aux toits rouges, au delà une multitude de rocs et d'îlots lui font cortège.

Pleumeur est un bourg d'aspect prospère, grâce au soin apporté à la construction des maisons; les inépuisables carrières de l'île Grande lui ont fourni des matériaux taillés, aussi les demeures sont-elles faites de blocs de granit bien appareillés, aux angles se dressent des sortes d'acrotères que je n'ai pas encore rencontrées ailleurs. Le bourg est au sommet d'un mamelon abrupt, à cent mètres au-dessus de la mer. Le chemin descend aussitôt par une pente fort raide ; sur moins d'un kilomètre, la dénivellation est de cinquante mètres. On est alors entre deux ravins très profonds et très verts, où coulent de clairs ruisseaux. L'eau abonde partout; autour du hameau de Saint-Duzec, dont l'élégante chapelle montre son chevet

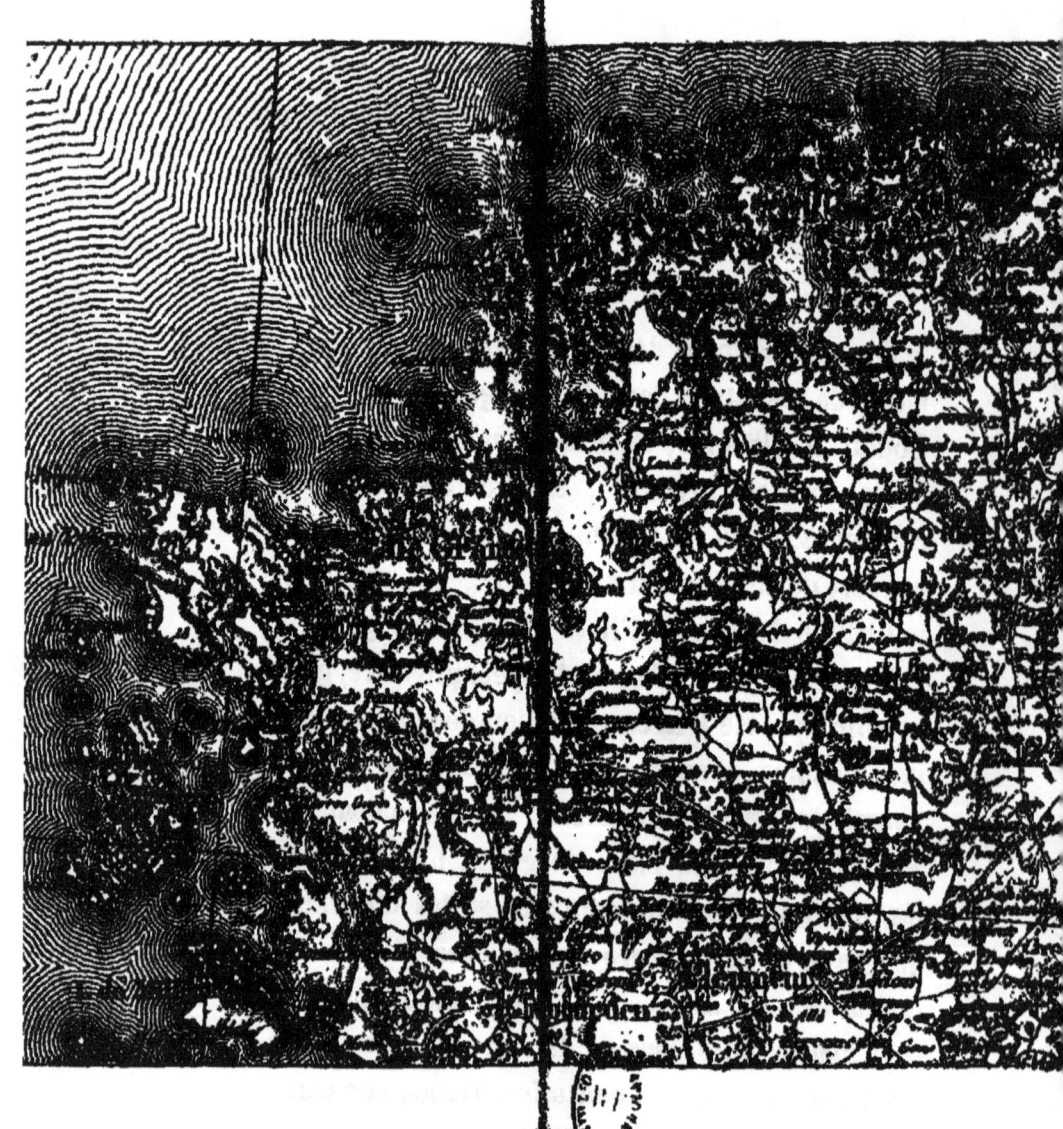

ARCHIPEL DE L'ILE GRANDE

D'après la carte de l'État-major au $\frac{1}{80,000}$.

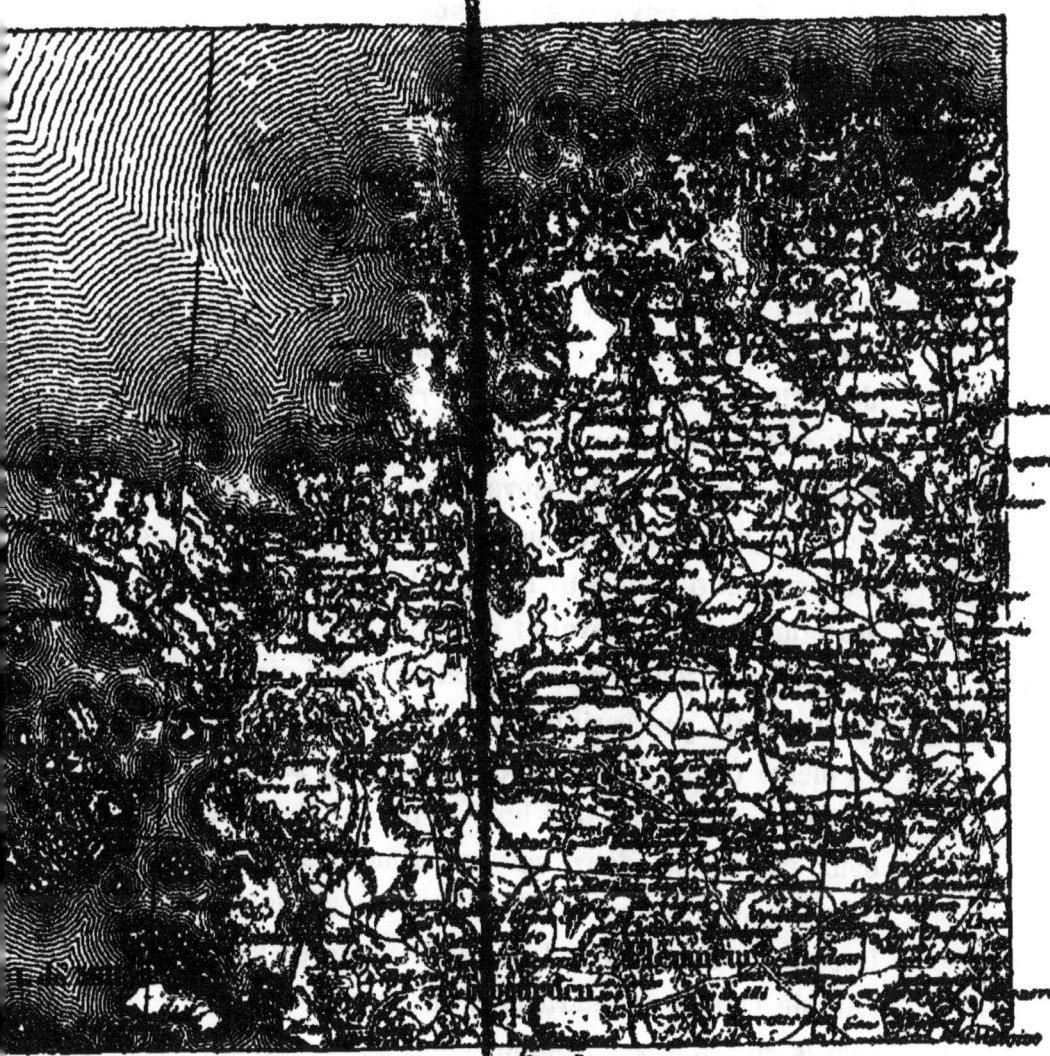

ARCHIPEL DE L'ILE GRANDE

D'après la carte de l'État-major au $\frac{1}{80,000}$.

rempli par une grande verrière ogivale, ce ne sont que sources et fontaines. Dans les ruisseaux croît un cresson dru et vigoureux. Aussi les ravins en réunissant leurs eaux, forment-ils une riviérette assez puissante pour faire mouvoir un moulin. Au-dessus de la petite usine, dont la roue bat gaîment, se dresse un des plus beaux menhirs de Bretagne ; c'est un monolithe régulier, haut de huit mètres et couronné d'une croix. La face qui regarde le vallon a été couverte de peintures barbares, se détachant sur un fond noir. Elles sont modernes et ont eu pour but de faire ressortir des sculptures que le chevalier de Fréminville expliquait ainsi il y a soixante ans, alors que le monument n'était pas bariolé : Une figure de femme en pierre (*sic*) ayant sur sa tête un coq, puis de droite et de gauche une lune et un soleil, à ses deux côtés sont deux verges en croix et une échelle. Au-dessous de cette figure est une sainte face, ayant d'un côté la lance et l'éponge en sautoir, de l'autre un marteau. Plus bas encore et vers le milieu à peu près du menhir, on voit un grand crucifix et à quelque distance, au-dessous encore, une figure de la lune. »

La colline à laquelle le menhir est adossé est très morose et s'harmonise avec ce monument curieux. Nous sommes bien en Bretagne ici ; les noms de lieu, par leurs consonnances, sont bretonnants comme nulle part ailleurs. Autour du petit estuaire formé par le ruisseau, voici Pen-an-Guern, Kermor-Hézan, Run-an-Guern, hameaux habités par des carriers venus de l'île Grande. L'exploitation de la pierre est l'industrie du pays, elle fait vivre des milliers de personnes.

A Pen-an-Guern, on traverse le petit cours d'eau pour longer les rives d'une vaste baie en ce moment à sec, formée d'un sable résistant sur lequel les voitures peuvent passer pour aller chercher des pierres dans les diverses carrières. De la baie surgissent de nombreux mamelons rocheux qui, à haute mer, seront autant d'îles. Les plus importants sont l'île AVAL et l'île ERCH. Les autres sont MORVILLE et au large, parmi les récifs, l'île GOULMEDEC. Seule l'île Aval a quelque verdure et une ferme, dont le toit d'un rouge vif se détache crûment sur le fond vert des prés et des champs. On croit que c'est l'île d'Avalon ou Agalon, où fut enterré le roi Artus, attiré dans cet îlot par les enchantements de la fée Morgane. En réalité le prince fabuleux aurait été englouti par les sables mouvants de la baie.

Le chemin aboutit à un détroit, en ce moment, à mer basse, lagune sans profondeur, franchi par un pont de granit. En face, voici ENÈS-MEUR, l'île

Grande, ses nombreux villages et ses rocheuses campagnes. Le pont est vite franchi, la route pénètre dans l'île par une tranchée qui nous révèle la constitution du sol. C'est une simple calotte de granit, recouverte d'une couche végétale très mince. Un village, Kerjagu, garde l'entrée du détroit, plus loin voici Kervalant, et enfin le centre principal de l'île, Kervégan, où se trouvent l'auberge, l'école, et une haute construction aux allures de château.

Pendant qu'on prépare notre déjeuner chez le boulanger-épicier-aubergiste-commissionnaire-banquier de Kervégan, nous allons faire le tour de l'île. L'excursion est assez longue, l'île a deux kilomètres d'étendue dans le sens de l'est à l'ouest, et onze cents à douze cents mètres du nord au sud, c'est une masse régulière frangée, devant Kervégan, par une anse assez vaste au milieu de laquelle est un îlot. Au nord, deux ou trois criques se creusent.

En suivant les rivages de l'anse méridionale, on atteint bientôt, près de Rucomic, l'église Saint-Sauveur, paroisse de l'île. Elle est sur un ressaut de terrain, au pied duquel coule une fontaine; coule est un mot peut-être exagéré, à peine un suintement d'eau. Mais la source a dû être plus forte autrefois; on ne s'expliquerait pas autrement l'élégante clôture de granit, bordée intérieurement de bancs, qui entoure le petit bassin. Au-dessus de la source même, est une niche renfermant la statuette de saint Yves, en faïence. Cette fontaine, dédiée au saint Sauveur, est un lieu de pèlerinage, les mères viennent de fort loin y plonger leurs enfants pendant trois lundis de suite pour les faire marcher. Nous ne sommes pas un lundi, aussi la fontaine est abandonnée, mais elle alimente plus bas un lavoir aux eaux prodigieusement sales, autour duquel les laveuses sont groupées.

L'église est une pauvre chapelle gothique avec des ex-voto nombreux. Elle renferme de curieuses statues et un Christ en bois, naïvement sculptés et bariolés, œuvres, sans doute, des tailleurs de granit de l'île. Le sol est recouvert de grandes dalles funéraires. Au dehors, tout autour de la petite église dont la sacristie porte une inscription rongée laissant lire encore la date 1563, s'étend le cimetière rempli de grandes pierres tombales gravées.

Près de l'église, une vaste construction blanche entourée d'un jardin est l'habitation des douaniers; le vent a retroussé les sables sur le rocher et formé au-dessus un bourrelet de dunes d'où la vue est complète sur ce paysage bouleversé des carrières. De cette pointe, appelée Créach-an-Lannic, nous découvrons un grand nombre d'îlots, pour la plupart sans verdure, mais continuellement excavés par les carriers. Le granit de l'Île Grande, une pierre bleue à grain fin pailletée de gneiss, est très dur, mais se prête bien à la taille, aussi convient-il à merveille à certains emplois tels que la bordure des trottoirs et des murs de quai ; l'extraction en est facile, la mer monte assez haut dans les divers mouillages de l'Île Grande pour que les petits navires puissent venir charger près des carrières. Tous ces avantages ont donné une grande importance aux gisements de l'île et des nombreux îlots qui l'entourent, ce qui explique la population considérable de ces rochers nus — plus de 800 habitants.

Devant Créach-an-Lannic s'étend la rade, ou plutôt le mouillage de Toinot, presqu'à sec à cette heure ; c'est une immense grève remplie de rochers, les uns couverts à marée haute, les autres toujours émergés. Écueils ou îlots sont exploités en carrières. Au delà de cette rade, d'autres îles surgissent encore ; la plus éloignée vers le sud, MILIO [1], est la plus vaste. C'est une arête de

---

1. Milio est orthographié Millian sur la carte de l'état-major. Entre celle-ci et la carte du service vicinal il y a dans la façon dont les noms sont écrits des divergences nombreuses, j'ai dû adopter de préférence les indications de l'état-major.

rochers haute de soixante mètres, longue d'un kilomètre, large de quatre à cinq cents mètres au centre et se terminant par deux pointes effilées. Milio est très verte, au centre elle renferme de belles cultures au-dessus desquelles est une ferme. Quelques ruines prouvent que l'île fut jadis plus fortement habitée. Entre Milio et la côte, une grève au milieu de laquelle surgit un autre îlot permet de se rendre sur le continent à pied sec. Cette région dépend de la commune de Trébeurden dont la haute flèche domine tout le paysage.

D'autres îles, moins considérables, ferment la rade : MOLÈNE qu'il ne faut pas confondre avec la Molène d'Ouessant et qui comprend deux rochers : grande et petite Molène ; la grande et la petite FOUGÈRE. Un îlot plus considérable, haut de dix mètres, est devant la pointe de Toinot ; la carte ne donne pas le nom de ce rocher, j'avise une bonne femme sur le seuil d'une misérable, sale et lugubre maison, devant un petit champ de pommes de terre et de haricots et vais lui demander le nom de cette île. Elle ne comprend pas un mot de français et s'évertue à me répondre en breton.

Il faut aller plus loin pour trouver des gens parlant français. La campagne est morne, les champs sont maigres, seules les femmes y travaillent, tous les hommes sont dans les carrières. Ici pas de marins, l'île ne renferme que deux pêcheurs ; mais l'homme dédaigne le travail de la terre tout autant que l'habitant de l'île de Batz ; il préfère extraire et tailler le granit. Entre ces champs misérables et la côte, bordée d'énormes rochers qui promettent pour longtemps encore du travail aux carriers, se prolonge le bourrelet des dunes couvertes d'une herbe fine et de grands chardons bleus.

La plage, formée d'un sable à très gros grains, sert en même temps de port, les blocs de granit taillés y sont conduits, la mer haute les recouvre, les bricks et les goélettes viennent alors près du point de gisement ; au jusant ces petits navires restent à sec, on n'a qu'à ramasser les pierres taillées et à les embarquer. En deux ou trois marées on peut ainsi procéder au chargement d'un navire. Pour amarrer les bateaux, de grands piliers de granit ont été plantés sur la rive.

Cette côte orientale de l'île Grande est un vaste chantier. La pierre extraite est taillée sur place. Sur un promontoire sont quelques maisons basses servant d'abris aux carriers, dans l'une d'elles est un atelier de taillandier, là sont réparés les pics, les marteaux, les ciseaux, servant aux ouvriers. Le forgeron est assis devant la porte avec les carriers, ils déjeunent; des enfants venus des villages de Rucornic et de Kervégan pour porter le repas de leurs pères jouent parmi les pierres. Je m'assieds au milieu de ces braves gens pour les faire causer. Deux ou trois ont l'accent traînant de la Normandie; je m'en étonne, ils m'apprennent que le développement des carrières dans l'archipel de l'île Grande a déterminé un exode, et quelques familles de carriers sont venues du Cotentin: de Cherbourg, de Diélette, de Flamanville et des Chausey apportant des méthodes nouvelles de travail.

Les carrières ont acquis une importance plus grande; depuis cinquante ans l'île Grande alimentait déjà presque exclusivement Bordeaux qui vient y chercher toutes ses bordures de trottoirs. Par Bordeaux et Bayonne le granit de l'île Grande pénètre dans tout le Midi; à Pau, à Lourdes, malgré les carrières des Pyrénées, on rencontre les durs matériaux bretons. Aujourd'hui Cherbourg, le Havre, Caen, Rouen sont également des tributaires. La digue de Cherbourg emploie de grandes quantités de granit de l'île Grande. Les 800 habitants vivent tous de cette industrie, il n'y a pas plus de 8 ou 10 fermes dans l'île. Le métier est bon : en été on commence à travailler à 5 heures du matin pour quitter le chantier à 8 heures du soir.

Chantiers primitifs s'il en fut. Chaque îlot est une carrière, près de laquelle on a construit une maison servant à la fois de cantine et d'atelier de taillandier pour la réparation des outils. On s'y rend par la grève à basse mer, mais, pendant la marée, on est complètement isolé. Alors la maison au toit rouge placée sur ces rocs pelés donne une impression de tristesse poignante, surtout lorsque la mer fait rage, pendant les tempêtes si fréquentes sur ce littoral.

Mais le travail, si pénible soit-il, est fortifiant dans cet air pur et salin. Les ouvriers ont une apparence robuste, ils adorent leur métier. Le forgeron qui me décrit leur existence a une affection profonde et instinctive pour ce vaste havre entouré d'îlots, où des navires échoués, d'autres à l'ancre chargent les pierres taillées. Ils sont nombreux aujourd'hui les petits vaisseaux, car les travaux de Cherbourg nécessitent une grande quantité de matériaux.

Les ouvriers me désignent les îlots : voici l'île à Canton, grand rocher bizarrement découpé, où les carrières sont nombreuses, entouré de belles plages d'un sable fin mais ne renfermant aucune maison; l'île du Renard, rocher hérissé et taillladé, possède une forge; une forge encore dans chacune des îles Fougère et Toinot, dans Losquet et Libane. Ces écueils, si petits que les cartes ne donnent souvent pas leur nom, sont donc très vivants; ils forment au mouillage de Toinot le cadre le plus saisissant qu'on puisse rencontrer, par le contraste de leur aridité absolue et du travail dont leurs roches sont l'objet.

L'extraction est faite par de petits patrons, ou même des tâcherons louant une carrière et vendant la pierre directement; la plupart se bornent à échanger le produit de leur travail contre les aliments et objets de ménage dont ils ont besoin. L'aubergiste-boulanger leur fournit la farine, les fagots d'ajonc nécessaires aux foyers — car l'île n'a pas de combustible — et jusqu'à du tabac, pour de la pierre. Le fond de la nourriture consiste en pommes de terre de l'île, elles sont excellentes et produites en abondance sur les terres louées par le marquis de Broc, propriétaire de ce vaste domaine. A l'auberge, me disent mes obligeants compagnons, on vous expliquera mieux ce que nous faisons pour gagner notre vie.

Je serre la main aux vaillants carriers dont le repas a pris fin; ils recommencent à frapper la pierre sonore pour lui donner des formes régulières. Sur tout le rivage et les flots voisins, le même bruit mat et argentin à la fois se fait entendre.

Nous longeons maintenant une grève formée de galets monstrueux, les carriers vont les chercher pour les débiter à la crête de la côte où les éclats se dressent en talus énorme. La mer qui a amené ces blocs doit être effrayante pendant les tempêtes. En ce moment elle roule doucement des lames lentes et silencieuses. A une petite distance l'île déchiquetée du Renard se hérisse en un farouche désordre, les carriers qui l'exploitent autour de leur cantine au toit rouge semblent des fourmis. Près du Renard, les belles plages de l'Ile à Canton semblent attendre des baigneurs ; ils ne viendront sans doute jamais.

Au large, à près de 10 kilomètres de l'île Grande, surgissent d'autres écueils, sur l'un d'eux est la belle tour carrée d'un phare. Ce sont les Triagoz, récifs portés par le plateau sous-marin dont les Sept-Iles sont une autre partie émergée. Le phare, construit sur l'îlot de Guen-Bras, a une portée de 15 milles.

Du rivage bouleversé du nord, l'île se relève peu à peu et forme un grand plateau de culture au milieu duquel, au delà du hameau de Héléguerie, est une vaste ferme, aux allures de manoir avec ses tours rondes. C'est le centre agricole de l'île. Tout autour, les champs déjà dépouillés nous révèlent les récoltes enlevées. Du froment, de l'orge, des pommes de terre, voilà toute la production de l'île ; la quantité est insuffisante pour cette population considérable, aussi les femmes ne pouvant toutes s'employer à la culture cherchent-elles à la mer des ressources pour aider à l'entretien de leurs pauvres ménages ; la récolte et l'incinération des varechs et goémons, la cueillette de ce lichen appelé mousse de mer dont l'emploi est considérable en pharmacie, occupent un grand nombre d'entre elles. Ce lichen blanc et gélatineux[1] donne lieu à un assez grand commerce. Mme Le Bail Coadou, qui tient l'auberge et échange des marchandises contre le lichen, en expédie six tonnes chaque année ; ce produit est très léger et ces six tonnes représentent le chargement de plusieurs petits navires ; ils prennent des pierres comme lest.

En quittant le manoir, on suit un sentier conduisant au point culminant de l'île, amoncelle-

---

[1] Voir au 3ᵉ volume du *Voyage en France*, le chapitre consacré à l'île de Ré, page 145.

ment de blocs de granit dressé à 34 mètres au-dessus de la mer. Au sommet sont les ruines d'une maison envahies par les pariétaires. Les murailles et les cheminées sont encore solides; il suffirait de recouvrir les ruines d'un toit pour avoir un abri confortable. Ce fut sans doute un poste de guet, car, de là, on découvre l'île entière, une vaste étendue de mer et une partie des îlots de Trégastel. La côte, au-dessous, est taillée en falaise et séparée par un chenal étroit d'un îlot de rochers activement excavé par les carriers qui y ont construit deux misérables cahutes; une petite goélette est ancrée au rivage et charge des pierres pour Cherbourg. Plus loin l'îlot du Corbeau s'élève, nu, couronné d'une singulière pyramide de pierres plates. A côté, l'île Morville, puis les autres rochers qui se dressent au large de Ploumanac'h.

Non loin de là, parmi les maigres pâturages hérissés de genêts et entourés de hautes clôtures, un monument mégalithique s'est conservé. C'est un beau dolmen formé d'une table supportée par six pierres, tout autour une rangée circulaire de grandes dalles forment un cromlech. C'est un des monuments de ce genre les plus complets de Bretagne. Du haut de ce dolmen la vue s'étend sur l'île, sur la large baie qui la sépare du territoire de Trégastel. La mer est montée maintenant, elle entoure l'île d'Aval et l'île d'Erch.

Par un sentier bordé de pâtures, puis de champs cultivés, nous gagnons le hameau du Poullou, composé d'humbles maisons ouvrières, mais construites en solide granit, et rejoignons la petite capitale de l'île, Kervégan, où la vaillante Mme Le Bail Coadou nous a préparé à déjeuner avec les ressources de son magasin : des sardines et une soupe à l'oignon, voilà ce qu'on trouve à l'île Grande lorsqu'on n'a pas annoncé sa visite. Heureusement nous avions cueilli dans les fontaines de Saint-Duzec une botte énorme de cresson, l'on put allonger le menu ; mais l'auberge possède d'excellent vin apporté de Bordeaux par les bateaux qui viennent charger les pierres et Mme Le Bail sait élever la soupe à l'oignon à la hauteur d'un plat national.

— Ah ! s'écrie mon petit Pierre ravi, on ne sait pas faire de la soupe comme celle-là, à Paris.

— Oui, mon petit bonhomme, il y manquerait six heures de marche ou de voiture par les grèves des Côtes-du-Nord !

Tout en déjeunant je recueille sur l'existence des insulaires des détails nouveaux. Leur sort s'est bien amélioré depuis que l'on a jeté un pont sur le détroit ; jadis il fallait parfois renoncer à aller sur le continent, on ne pouvait passer qu'à basse mer, il était impossible d'amener un médecin, il fallait aller, il faut encore aller le chercher à Lannion, mais une voiture peut arriver à toute heure. Ce pont a donné à l'île des facilités immenses, toutefois le commerce des pierres ne peut guère en profiter, Lannion est une trop petite ville et elle est trop éloignée. Le commerce se fait toujours par mer, or, l'île n'a pas de port. Les navires ne trouvent que trois mouillages où ils viennent échouer : Toinot, entre l'île de Fougère et Rucornic ; Morville, près de l'île de ce nom, et, non loin du pont et de l'île d'Aval, le mouillage de Penvern. Mais aucune balise n'en indique l'entrée de jour, aucun feu ne les signale la nuit, aussi les navires hésitent-ils souvent à entrer. Malgré ce grand commerce, bien plus considérable que le mouvement maritime de Lannion, *Enès-Meur* n'a donc rien qui ressemble à une organisation maritime ; bien plus le trafic y est gêné par les formalités de douane ; on ne peut les faire sur place. Il faut s'adresser à un autre port. Et pourtant, dans la belle saison, il y a presque toujours une douzaine de bateaux en charge. Si les chenaux étaient balisés, si des cales de débarquement étaient construites, si l'atterrissage de nuit était facilité par des feux, l'exploitation des carrières en recevrait une activité bien plus grande.

L'île, par son commerce, par sa population très dense, mérite qu'on s'intéresse à elle. Sur ce plateau vaste de moins de 200 hectares, c'est-à-dire d'un tiers plus petit que Houat, plus petit encore que Hoëdic, elle a une population trois fois plus considérable. Les écoles sont fréquentées par 140 enfants, 80 garçons et 60 filles. Depuis le mois de novembre 1893 ces écoles sont séparées. Jadis un seul maître devait inculquer le français à ces 140 petits Bretons! Aujourd'hui encore la tâche est excessive, car on ne saurait diriger avec fruit une telle masse d'enfants. Il faudrait au moins un adjoint pour les plus petits.

Telle est l'île Grande, un des coins les plus intéressants de notre France et des plus ignorés aussi ; terre de braves gens et de rudes travailleurs. Au moment où nous quittions l'auberge, on venait de défourner le pain ; femmes et enfants remplissaient l'étroite boutique pour être les premiers aux provisions et j'admirais combien, malgré sa rude existence, tout ce petit monde est propre et paraît heureux. Le travail, un travail pénible mais salutaire, l'absence de cabarets et l'ignorance des séductions des villes ont suffi pour développer et rendre prospères ces petites colonies de carriers qui débitent patiemment les rochers d'*Enès-Meur* et des îlots voisins, ses satellites.

VII

ARCHIPEL DE SAINT-GILDAS

Les îles du Lannionnais. — Lannion pendant la foire aux chevaux. — De Lannion à Port-Blanc. — Les pêcheurs du Lannionnais. — Les goémonniers. — L'île des Femmes. — L'île de Saint-Gildas. — L'île des Levrettes. — Buguellés. — Les îles Plates. — Ile du Milieu. — Les gens de Buguellés. — Iles des Genêts, Auza, Bilo, Instant, Niol, des Angles, Kerganel, Bihan, Marquer. — L'île Illoc et la villa d'Ambroise Thomas.

Port-Blanc, 25 décembre.

Cette côte de Lannion est semée d'îles presque inconnues. La géographie les ignore, faisant toutefois exception pour les Sept-Iles placées trop au large de la côte pour ne pas figurer sur les cartes, mais les îlots qui bordent le littoral même sont à peine indiqués sur les cartes à petite échelle; pour les découvrir et les visiter il faut suivre attentivement le tracé du rivage sur les cartes d'état-major ou du ministère de l'intérieur. Ces dernières, par la coloration bleue de la mer, laissant en blanc les petites terres insulaires, permettent de reconnaître les plus vastes d'entre elles, celles qui ont déjà 100 à 200 mètres d'étendue.

Dans le Lannionais les îles sont réparties par groupe : l'Île Grande et les Sept-Iles forment les archipels de l'Ouest. A l'Est, en face de Port-Blanc, Saint-Gildas est la plus vaste d'un autre archipel auquel on peut donner son nom. Enfin, à l'embouchure du Jaudy ou rivière de Tréguier, est le groupe des îles d'Er.

Saint-Gildas et ses voisines remplissent un beau golfe entre l'estuaire du Tréguier et Port-Blanc « en Penvénan », comme on dit dans l'ouest pour désigner la commune. Malgré le voisinage de la ville jadis épiscopale de Tréguier, toute cette contrée est encore dans la zone d'influence de Lannion. Lorsque le chemin de fer atteindra Tréguier, la cité natale d'Ernest Renan reprendra son rôle de cité maîtresse.

Mais aujourd'hui il faut partir de Lannion où le chemin de fer conduit rapidement et prendre le char à bancs découvert, chargé de porter les dépêches à Penvénan. Encore faut-il arriver par le train du matin; le soir on doit ou coucher à Lannion ou prendre une voiture spéciale.

Hier, c'était la foire de Noël, la principale de l'année, où l'on conduit les chevaux élevés en si grand nombre dans toute la région de Lannion. Les rues et les quais sont remplis de ces beaux animaux bien découplés, provenant, dit-on, de chevaux arabes ramenés par les Croisés, qui sont en grande partie destinés à nos attelages d'artillerie. Malgré l'animation que donne la foule de bêtes et de gens, cela n'a rien de la gaîté des réunions de ce genre dans la Bretagne riveraine de l'Océan, les costumes sont noirs et l'on n'entend pas un son de biniou. Par les voies montantes, bordées de vieilles maisons à pignon ou en encorbellement, aux poutres sculptées avec plus de grivoiserie que de finesse, la foule s'en va, s'arrêtant aux étalages pour admirer les produits exposés. Je monte avec elle pour gagner la route de Tréguier où m'arrête un instant une plaque de marbre rappelant aux Lannionnais que Geoffroy de Port-Blanc mourut là, en 1356, en défendant leur ville contre les Anglais.

La ville se change peu à peu en faubourgs, puis les maisons s'espacent et nous voici en pleine campagne, sur la route où passe une file interminable de gens à pied, à cheval, en voiture, revenant de la foire. Les femmes ont une sorte de coiffe blanche et une robe noire, les hommes sont aussi de noir vêtus, ils portent une redingote courte de taille et de basque, dont les plis attestent un long séjour dans les armoires. Le gilet montant haut, le col court donnent à l'élément masculin une vague ressemblance avec les quakers; les faces rasées achèvent l'illusion. On se croirait bien loin de la Bretagne si nombre de ces imitations de clergyman ne traçaient sur la route de déplorables zigzags. Beaucoup ont scellé par des rasades d'eau-de-vie la vente du cheval ou de la vache. Peu d'entre eux ramènent du bétail, ils ont plus vendu qu'acheté, mais plusieurs portent des tamis à bluter dans lesquels la ménagère passera la bouillie.

On quitte bientôt la grande route pour prendre le chemin de Kermaria, vrai chemin breton, bordé de hauts talus fleuris d'ajoncs. En cette saison les fleurs de cette plante du pays granitique sont d'un jaune pâle, en été ce jaune tire sur le safran ; alternant avec des ajoncs sont des chênes déjà dépouillés, des charmes et des fougères roussies. A travers de rares échaliers on aperçoit la tendre verdure des blés ou les rangées de choux.

Le paysage reste ainsi limité à ces hautes clôtures, à peine ouvert près d'un hameau ou du village de Kermaria. La route s'en va sur ce plateau tranquille à une grande hauteur, plus de cent mètres au-dessus de la mer, puis descend doucement à Penvénan. La nuit est venue quand nous atteignons ce gros bourg aux rues étroites où quelques boutiques éclairées mettent un peu de vie. Et la campagne recommence, non moins calme, ou devine que l'on descend rapidement ; bien loin brûlent des feux éclatants. Ce sont les phares. Celui de l'île aux Moines, dans les Sept-Iles, lance des éclats blancs ; à gauche, le grand phare des Triagoz jette des éclats rouges et blancs ; à droite, un feu rouge éclatant signale les Héaux de Bréhat. Dans cette nuit noire où ni reflet, ni rumeur de vague n'indique la mer, ces lumières éclatantes semblent des étoiles détachées du ciel.

La voiture s'arrête au bord d'une grève que l'on devine au bruit du ressac, devant une auberge faiblement éclairée, c'est l'*hôtel* de la Plage de Port-Blanc, boutique étroite où les douaniers prennent en ce moment l'apéritif.

— Jeanne Yvonne, voilà un voyageur !

Jeanne Yvonne est la femme de l'aubergiste ; elle me promet un gîte et me donne une vaste chambre servant aussi aux consommateurs, à en juger par les émanations d'alcool qui persistent encore, mais l'accueil est excellent et une nuit est bientôt passée.

Bien avant le point du jour si tardif en cette saison je suis debout et parcours le quai de Port-Blanc. Bientôt une lueur pâle apparaît et me montre un paysage inattendu. Sur le rivage d'une vaste grève des rochers s'amoncellent, en dômes, en pyramides, en amas de toute forme. Au sommet d'un de ces obélisques une guérite de pierre semble faire corps avec lui. Un pêcheur me dit, en hochant la tête, que cela remonte à la nuit des temps ; un douanier, plus sceptique, prétend que c'est une guette édifiée il y a peu d'années par un marchand de homards pour voir, de plus loin, revenir ses bateaux de la pêche.

En face, sur la grève encore à sec, dans la mer, des îlots nombreux se dressent, les uns arides et nus, d'autres très verts avec des habitations d'où montent de légers filets de fumée bleue. Les pêcheurs réunis sur le port attendent le flot. Jusqu'au moment où l'on pourra armer pour moi un canot, je me mêle à ces hommes pour les interroger; personne ne me répond, ils ne comprennent pas ou ne veulent pas comprendre le français et je ne sais pas un mot de bas-breton.

Un aimable instituteur adjoint, M. Le Mars, veut bien me tirer d'embarras. Il connaît à merveille le breton ; par lui j'apprends l'état misérable de ces braves gens. La pêche est abondante dans ces parages, mais elle ne donne que des poissons communs à bas prix. Ainsi il y a beaucoup de cangues, mais cela vaut deux sous la livre. Lorsque le pêcheur a gagné 1 fr. 50 c. en livrant son poisson au mareyeur, il s'estime heureux et reprend aussitôt la mer. Avec ces trente sous il lui faut nourrir une famille nombreuse, six ou sept enfants parfois. A midi de la bouillie, le soir du lait produit par la vache et des pommes

ARCHIPEL DE SAINT-GILDAS

D'après la carte de l'état-major au $\frac{1}{80,000}$.

de terre données par le petit champ familial, voilà le repas. Le père s'en va le plus souvent à la mer en emportant une galette de blé noir et de l'eau, le pain est chose presque inconnue.

Si l'esprit d'association pouvait naître, tout changerait, le pêcheur échapperait aux intermédiaires, il pourrait vendre directement son poisson. Aujourd'hui c'est impossible, la moindre expédition isolée à Lannion coûte trois francs, il faut acheter de la glace, il faut compter avec les arrivées tardives à la halle de Paris faisant perdre les marchandises. Même dans les meilleures conditions, le pêcheur ne touche pas la moitié du prix de son poisson.

En vain a-t-on prêché la communauté d'efforts, aucun conseil ne peut triompher de l'esprit d'isolement. L'assurance est inconnue. Pour deux francs par an une société offre des secours aux veuves en cas de décès à la mer. — Nos pères n'ont pas eu besoin de cela, disent les pêcheurs.

Et ils continuent comme par le passé. Seule la récolte du goémon a modifié leur existence, ils s'y livrent avec une véritable furie, car le produit est certain et courte la période de pêche. En février la coupe est autorisée ; de six heures du matin à la nuit noire, tout le monde est à la grève à couper les précieuses algues ; pendant quinze jours les écoles sont fermées faute d'élèves. Sur les rivages découverts après les grandes marées on se bat pour avoir les meilleures places, hommes et femmes se prennent aux cheveux.

Le rôle du syndic des gens de mer n'est pas facile alors ; il doit poursuivre ceux qui, sous prétexte de ramasser le goémon d'épaves, portent la faucille dans les prairies marines pendant la saison prohibée. Les goémonniers supportent mal cette surveillance, car la récolte des varechs est une ressource précieuse dans un pays où l'on m'a cité un ouvrier ayant dix enfants et gagnant dix sous par jour !

Sans le petit champ, sans le goémon, sans la mer bienfaisante qui fournit les crabes et les coquillages, cette population mourrait de faim.

Le flot a monté, le canot qui doit me conduire dans les îles est paré. M. Le Mars m'a prévenu que les habitants ne parlent pas le français, il veut bien m'accompagner pour me servir d'interprète. Nous voici voguant dans la vaste baie fermée d'îlots. Port-Blanc vu d'ici est très curieux avec ses maisons basses, ses rochers et sa chapelle. C'est à la fois riant et fantastique. Nos premières bordées nous font approcher de l'îlot exigu appelé île des Femmes, puis d'un grand rocher semblable à des ruines féodales, couronné par un amer pointu, peint en blanc. Des centaines de rochers de toutes formes hérissent la mer, en deçà et au delà des îles.

Le vent porte maintenant vers Saint-Gildas. Nous abordons sur la grève, près d'un dolmen dont deux piliers sont tombés, l'énorme dalle repose d'un côté sur le sol, formant une ouverture triangulaire. La légende s'en est emparée, c'est le « lit de saint Gildas »; là, dit-on, le thaumaturge passa sa première nuit en arrivant d'Irlande. Près du dolmen un écriteau nous informe qu'il est expressément défendu de visiter l'île. Tant pis, nous sommes à terre, nous y resterons.

Voici un amas de grands blocs de rochers, semblables aux amoncellements de grès de Fontainebleau. C'est une petite colline où sur tous les ressauts, entre tous les interstices de la roche croissent des plantes vertes : genêt, lierre, pervenche aux grandes étoiles bleues. Autour de ces roches, un bois de pin couvre une pelouse ; au flanc du granit des nappes vigoureuses de lierre se sont attachées. En s'aidant des plantes on peut atteindre le sommet des roches, de là on a une vue superbe sur ces aiguilles, ces dômes et ces écroulements de blocs chaudement colorés. Dans l'un de ces rochers boisés est un petit réservoir d'eau claire qui n'a jamais tari, c'est d'autant plus étrange que ce bloc est complètement isolé : l'eau des pluies et des brumes suintant par les fissures explique le phénomène. Les gens du pays disent que cette fontaine est née du rocher par la volonté de saint Gildas. Avec ces pins, ces pervenches, ces arbustes verts, ce n'est pas la Bretagne, c'est quelque îlot ignoré de la côte des Maures et de l'Esterel, dans la chaude Provence !

A travers les ronces, sous le lierre, on devine parmi les rochers comme un arrangement, peut-être les Celtes eurent-ils ici des monuments aujourd'hui renversés. Ce coin de terre dut être jadis un lieu pour le culte.

Du sommet des coteaux on découvre une vaste étendue de mer, la rade de Port-Blanc, large et profonde, les îles dont quelques-unes singulièrement soudées entre elles par des sillons de galets retroussés par la mer et que les cartes ne signalent pas.

De cette pointe, si poétiquement belle, un chemin bordé d'ormeaux conduit au hameau de l'île. Une ferme, une villa, deux chapelles le constituent. Quatorze habitants le peuplent pendant la belle saison. En hiver il y en a trois ou quatre à peine. La plus grande des deux chapelles est close, la clef est aux mains du recteur de Penvénan. J'aurais voulu y pénétrer cependant, car elle renferme une des plus célèbres statuettes de Bretagne, celle de saint Gildas. Chaque année, le jour de Pentecôte, on vient dans l'île avec des chevaux et du bétail, les pèlerins entrent pieusement dans la chapelle, armés d'un morceau de pain dont ils frottent le ventre de la statue, on donne ensuite ce pain à manger aux animaux ; ceux-ci seront désormais préservés de la rage ; ils reviennent du « pardon » plus alertes et plus vigoureux.

La petite chapelle est fermée par une grille à travers laquelle on aperçoit un humble autel et, dans une niche un crâne verdi par l'humidité. C'est le crâne de saint Gildas.

Autour de la chapelle et de la villa croissent, vigoureux, des ormes moussus, d'énormes figuiers, des tamaris, des plantes vertes. Une allée d'ormes passe derrière ce hameau, bordant un chemin qui, plus loin, franchit sur une chaussée l'entrée d'une baie marécageuse divisant l'île en deux parties. D'un côté, autour de la chapelle, les hauts rochers tapissés de lierre, empanachés de verdure surgissant des pins, au milieu la lagune où monte la mer, bordée vers le nord par un sillon de galets ; plus loin une presqu'île de forme arrondie. Là sont des pâturages où de superbes chevaux viennent à notre approche ; les terres de culture sont assez vastes, le sol très fertile pourrait être mieux entretenu. Ce beau domaine est loué 1,200 fr., le fermier ne pourrait payer, s'il n'avait le revenu du goémon recueilli et incinéré sur les grèves.

Le sillon littoral, de formation si curieuse, relie Saint-Gildas à l'île des Levrettes. Ce sillon est un revenu pour le fermier; la crête, à l'abri de la mer, sert d'entrepôt pour le goémon, les habitants de Buguellès ou Saint-Nicolas le louent à cet effet. Les gens de Buguellès sont de hardis marins vivant un peu d'épaves; ils abritent leurs embarcations dans les nombreuses criques de leur péninsule.

Du sommet des cultures de Saint-Gildas, l'île se déploie tout entière, très belle et pittoresque. A en juger par la splendeur de la végétation, cette petite terre pourrait être transformée en un jardin d'Armide, elle a tout ce qu'il faut pour cela : bois, rochers, prairies, grèves, anses tranquilles et, par delà le sillon des Levrettes, la mer grondeuse faisant mieux ressortir le calme de cette heureuse solitude.

Notre barque vient nous chercher dans une petite baie aux eaux claires et nous conduit par des chenaux sinueux entre des îlots verdoyants appelés les îles Plates, bien que plusieurs soient hautes. L'île du Milieu, la plus vaste, a des cultures; sur les autres quelques pâturages et des pins mettent un peu de gaîté. Ces îles et leur voisine Illec — l'Illez de l'État-major, la Ziliec du service vicinal — appartiennent au grand compositeur Ambroise Thomas ; je verrai tout à l'heure son domaine.

Nous continuons à voguer sur les eaux calmes, en rasant l'île du Milieu, que les gens de Buguellès viennent cultiver : ils ont séparé les champs avec de grands talus comme sur le continent. Leur village, Saint-Nicolas, est en face, sur un promontoire accidenté, dont les rochers aigus portent l'église, les maisons et les ruines d'une forteresse. C'est un site admirable pour un peintre.

Voici l'île DES GENÊTS, une des plus vastes du groupe, celle qui a la population la plus nombreuse, 12 habitants. Le curieux sillon de galets est reformé ici, très haut au-dessus de la mer et la relie à l'île d'Illec puis à l'île Auza ; cette jetée naturelle est comme le fil d'un collier dont les îles seraient les grains. Ce sillon est loué en étendue égale par le propriétaire de Saint-Gildas aux gens de Buguellès qui viennent y faire sécher le goémon. Dans ces parages le goémon d'épaves est si abondant après les gros temps, qu'on pourrait en charger de nombreux navires.

On débarque sur une grève de gros galets, dans lesquels on trouve du grès ferrugineux enrobant d'autres pierres ; après avoir gravi le flanc d'un coteau, on se trouve aussitôt au milieu de belles cultures ; Balanec ou l'île des Genêts est très fertile, ses terres engraissées par le goémon du rivage donnent une vigueur extrême aux végétaux.

Il y a là des choux à haute tige grosse comme le bras. Lorsque cette tige a été coupée à mi-hauteur, on fend en quatre tronçons la partie laissée en terre ; chaque morceau deviendra bientôt un rameau d'un petit arbuste.

Le sentier conduit au petit hameau de l'île, composé de quatre maisons ; devant les habitations un tertre de rochers a reçu dans ses interstices quelques jeunes pins appelés à transformer l'aspect de Balanec. Autour des maisons il y a déjà des chênes nains et de grandes mauves arborescentes. L'île appartient à deux cultivateurs aux noms fortement armoricains : Louern et Morvan. Ils ont innové, car voici, à côté des champs de blé et de choux, de beau trèfle et des terres labourées. Comme aspect cela est bien supérieur à Saint-Gildas ; cette dernière, il est vrai, très basse dans sa partie défrichée, est exposée aux irruptions de la mer par les grandes marées ; l'île des Genêts, au contraire, calotte de granit jamais submergée, a conservé toute son énergie productrice.

Du sommet du mamelon terminal on découvre la presqu'île de Buguellès, creusée d'anfractuosités profondes d'où l'on voit s'élancer des mâts de chaloupes, ce sont les ports de cette population d'intrépides coureurs des mers. Les abords sont couverts d'îles inhabitées mais cultivées : Bilo, très petite; l'île INSTANT, appelée IATAN sur la carte de l'État-major, mais elle se nomme bien Instant; ce nom expressif est dû à la courte et rare apparition du flot dans une partie du détroit. Aux plus grandes marées seulement, et pendant un « instant », un quart d'heure au plus, ce lambeau de terre a le caractère insulaire.

Plus au nord une traînée d'îles en partie cultivées continue l'archipel: île NINI, île DES ONGLES, île KERGANET, assez longue et très déchiquetée. Tout autour on compte les rochers par dizaines, les uns isolés, d'autres reliés par des sillons. Dans la baie de Buguellès, au sud de l'île du Milieu, ENÈS BIHAN, la petite île, l'île MARQUER et d'autres îlots sont encore le domaine des gens de Saint-Nicolas.

L'île des Genêts, déjà reliée par le sillon de galets à l'île d'Illec et à l'île AUZA, possède une digue artificielle la joignant à cette dernière île. Entre le sillon et la digue, la mer afflue par un chenal percé sous celle-ci et forme un vaste étang. A mer basse celui-ci se vide, mais, en s'écoulant, il fait mouvoir la roue d'un moulin. Misérable usine, s'il en fut : la pièce où sont les meules sert en même temps de chambre, de cuisine et de salle à manger à la famille du meunier. Tout cela pauvre, humide, encombré. A côté de la maison un appentis forme une étable pour le porc, sur l'autre rive du chenal une vaste écurie est construite avec des mottes de bruyères superposées et recouvertes de chaume. La motte de bruyère sert aussi de combustible, concurremment avec le goémon.

L'île d'Auza est déserte, mais les cultures y sont assez belles. Le grand sillon commence à la pointe extrême, touche à l'île des Genêts et se poursuit jusqu'à Illec. C'est le plus haut talus de cailloux de ces mers¹. Le sillon de Talbert, entre les estuaires du Trieux et du Tréguier, est plus long puisqu'il a trois kilomètres de développement, mais il est plus bas sur l'eau. Le sillon de l'île d'Illec atteint plus de six mètres au-dessus de la mer, sa longueur est d'un peu plus d'un kilomètre. Grâce à cet abri contre les vents du large, les bateaux de Buguellès sont en sécurité dans les criques.

La course sur ce sillon formé de galets ronds, gros comme des bombes et des boulets, encombré des tas de goémon, est pénible, aussi est-ce par le canot que nous allons gagner maintenant

---

1. Ce singulier phénomène est représenté sur la carte de l'état-major dont nous donnons un extrait page 97 par une sorte de ligne incurvée partant de l'île d'Illec, au-dessous du mot île, et allant jusqu'à l'île Nini.

l'île d'Illec. En quelques minutes nous voici en vue d'une des îles Plates, formée d'une belle pyramide de rochers et nous abordons à la petite cale que M. Ambroise Thomas a fait construire. Deux grandes barques composent la flottille du maître : *Mignon* et *Trécor*. L'auteur de *Françoise de Rimini* a choisi ainsi la plus populaire de ses œuvres et le nom celtique du pays de Tréguier pour baptiser les bateaux qui le portent à son île.

Bien petite cette île d'Illec ! Elle est formée par trois massifs de rochers réunis par le sillon, sur lequel une herbe épaisse a pu croître. Entre deux de ces rochers, sur une plate-forme couverte d'ajoncs, M. Ambroise Thomas a construit sa villa : maison de granit à un étage et un toit mansardé. Trois fenêtres à l'étage ; sur la façade regardant le continent une vigne court au-dessus de la porte, près d'une tourelle d'angle. Sur l'autre façade, précédée d'une terrasse gazonnée en vue des étendues de l'Océan, un pavillon carré fait saillie. Au pied des rochers un jardinet dans lequel sont des hortensias gigantesques. Dans les roches quelques pins, la maison blanche et proprette du garde. Entre les ajoncs s'entre-croisent une multitude de petits sentiers, promenade favorite du célèbre compositeur qui se plaît à suivre ces pistes serpentant au hasard. Il adore ce coin

sauvage, les ajoncs sont sévèrement surveillés,
il est défendu d'y toucher. Chose curieuse, les
gens de Buguellès ont respecté ces maigres broussailles qui feraient de si bonnes bourrées ! Le
garde, il est vrai, tient les maraudeurs en respect.

Tel est ce petit royaume où Ambroise Thomas
a composé *Mignon*. La villa a été meublée par lui
au moyen de meubles et d'objets d'art achetés
dans la contrée de Tréguier. Vieux bahuts, vieux
sièges, motifs de sculptures ornent le vestibule et
une partie des pièces. Depuis 1872 ces objets sont
précieusement amassés. Dans la cuisine le manteau
de la cheminée, en granit sobrement sculpté, pro-
vient d'une ferme du continent. Toutefois, Ambroise Thomas a meublé les pièces intimes avec
des meubles plus confortables que les sévères produits de la menuiserie armoricaine. Sa chambre
est fort simple, un petit lit de fer dans un coin,
une antique commode ornée de cuivres la remplissent, mais aux murs sont tendues de vieilles
tapisseries des Gobelins.

Le choix de cet asile est heureux ; l'île, malgré
son exiguïté, est charmante, jetée ainsi entre
l'Océan presque toujours agité et la mer calme
de Port-Blanc ; on la quitte avec regret. Un dernier regard aux hortensias et aux yuccas qui fra-

ternissent avec les choux dans le parterre et aux belles roches grises qui encadrent la maison et nous voici de nouveau en route. Mes compagnons me font apercevoir au loin, sur une colline, la vaste villa de Crech Bleys, construite par l'amiral de Cuverville, admirateur de Port-Blanc lui aussi, dont il rêve de faire un abri pour les torpilleurs. L'entrée de la rade, entre l'île du Château et celle de Saint-Gildas, a une profondeur d'eau considérable, même à marée basse, à l'abri de la houle et des tempêtes. De là nos torpilleurs pourraient s'élancer aussitôt en haute mer contre tout navire ennemi signalé par les guetteurs.

VIII

LES ILES D'ER

Du Port-Blanc au Tréguier. — La Roche jaune. — Saint Gouano. — En route sur l'estuaire. — Ile Ribolen. — Ile de Loavan. — La légende de saint Gonéré et de sainte Eliboubanna. — Les rochers du Trieux. — La Petite-Ile. — L'Ile d'Er. — Existence d'une famille insulaire. — Le patriarche Le Rous.

Plouguiel, 25 décembre.

Qui donc, à voir ce grand soleil, se croirait en Bretagne un jour de Noël! Il fait une journée printanière, le ciel est d'une admirable limpidité, les ajoncs fleuris semblent une rosée d'or, sur la tige vermeille des blés sortant de terre perlent des gouttes de rosée qui s'irisent. On pourrait se croire bien loin de la Manche et de ses côtes orageuses, sans les talus qui bordent les champs et sans les croix dessinées en battant la terre à coup de bêche pour appeler la bénédiction sur la récolte à venir.

Pendant deux ou trois lieues, le chemin est ainsi, on n'aperçoit un peu d'horizon qu'en approchant de Plouguiel, en vue de la vieille cité de Tréguier étalant ses maisons grises au flanc d'une colline dominée par la haute flèche à jour de sa cathédrale. Plouguiel est un petit bourg qu'un court chemin relie à la cité voisine et fier d'une belle église ogivale moderne à la flèche élancée.

Nous ne traverserons pas Tréguier pour aller aux îles de l'estuaire, le trajet en rivière serait un peu long, il faudrait refouler le flot montant dans le Jaudy. Une embarcation m'attend à la Roche Jaune, « Roch Velen », en Plougrescant, une anse y forme un petit port au pied d'une colline abrupte, exposée au midi. Dans ce doux climat les arbres les plus délicats prospèrent, les figuiers sont énormes, les rosiers encore fleuris festonnent les façades ; le poste des douaniers, au bord de la rivière, est ombragé par un grand laurier-tin, dont les ombelles d'un blanc rosé semblent le couvrir de neige.

Roch Velen doit ce nom aux terres jaunes qui entourent l'anse. Près du hameau est une fontaine, dédiée à un saint, comme toutes les sources bretonnes. Le protecteur est ici saint Gonano ; l'eau de la source a le privilège précieux de guérir toutes les maladies, surtout les plaies et les affections de la peau. Les linges qui ont servi aux ablutions sont précieusement conservés. Au moment de la fête de saint Gouano, l'affluence des pèlerins est énorme, les douaniers se sont vus privés d'eau

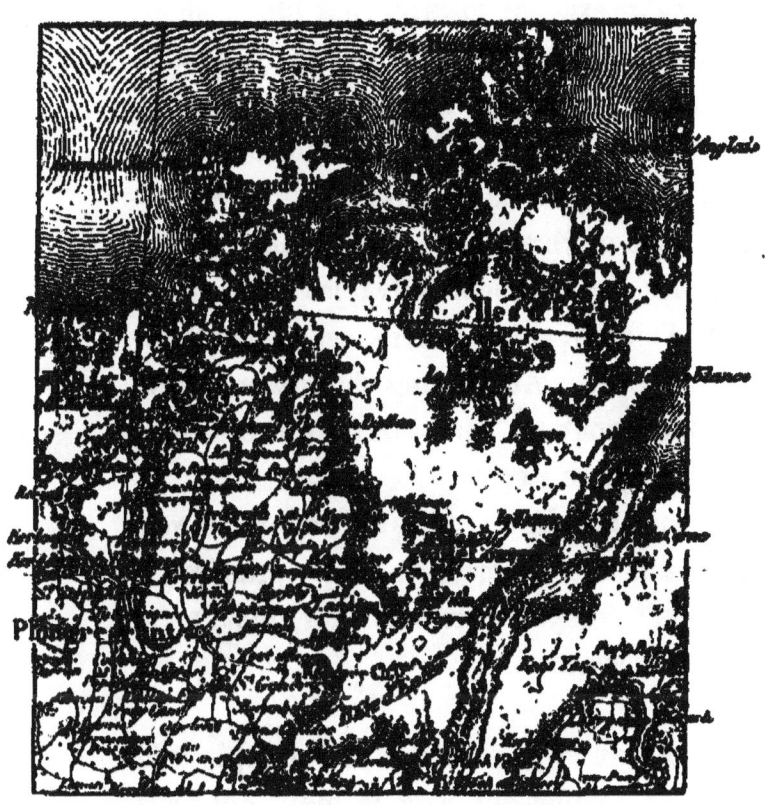

ILES D'ER ET ESTUAIRE DU JAUDY (TRÉGUIER)

D'après la carte de l'état-major au $\frac{1}{80,000}$.

pendant huit jours, le peu qui restait au fond du bassin étant souillé par les visiteurs et leur bétail, car on y mène les bœufs en pèlerinage.

A Roch Velen, le Jaudy, ou rivière de Tréguier, est très large, la marée monte beaucoup dans ces mers, près de cinquante pieds, disent les pêcheurs, c'est peut-être exagéré, mais on peut bien compter dix mètres, aussi découvre-t-elle, au jusant, de hautes et larges grèves. Au delà, le paysage est frais mais sévère ; la rive droite, exposée au vent d'ouest, est, comme dans tous les estuaires bretons, dénuée d'arbres. Sur le flanc de la colline les cultures se détachent entre les hauts talus couverts d'ajoncs ; chose bizarre, ces talus ont une direction convexe. Au sommet du coteau des fumées bleues montrent des maisons grises dépendant du village de Kerbor.

Sur la rive gauche au contraire, regardant vers le midi, beaucoup d'arbres, de belles prairies ; le décor jusqu'à Tréguier est aussi gai que l'autre versant est austère.

Nous voici au large de la Roche Jaune, le vent nous pousse rapidement vers la mer, qui nous apparaît couverte d'îlots et de rochers. Subitement l'estuaire s'élargit, devient golfe entre la pointe de Port-Béni à droite, et celle de Ribolen à gauche. RIBOLEN est un promontoire à basse mer, à pleine marée c'est une petite île protégée par un mur en pierre sèche. Deux petits champs, une maison couvrent le sommet de l'îlot. Celui-ci se prolonge à mer basse — et en ce moment le îlot commence à peine — par d'immenses grèves et des bancs de vases ou *herbiers* couverts d'une herbe marine semblable à des prairies, où des cormorans et des mouettes fouillent du bec pour trouver des petits crustacés, des vers ou des poissons. Au bas, près du flot, des hérons immobiles et graves, l'œil obstinément tendu sur le courant, ne quittent cette pose hiératique que pour détendre brusquement leur long cou et, d'un long bec, saisir une proie à portée. Les herbiers présentent ainsi un spectacle des plus curieux, ils se prolongent au loin par des vasières très vastes, appelées la baie d'Enfer, où, tout à l'heure, s'épanchera le flot. Au-dessus, sur la colline, une humble flèche indique la chapelle de Saint-Gonéré, une flèche plus haute est l'église de Plougrescant.

Saint Gonéré est un saint fort célèbre au pays de Tréguier; il est venu d'Irlande, comme tant d'autres, dans une auge de pierre. Plus tard sa mère vint le rejoindre, mais elle mourut en débarquant dans l'île de Loaven où nous allons bientôt aborder.

Cette île est la première des îles d'Er. Nous la voyons surgir des vases et des grèves couvertes de goémon ; ce sont trois monticules de granit allongés du sud au nord. Le premier est un morne couvert d'ajoncs, avec quelques cultures au sommet ; le second une sorte de gros morne, en avant duquel un rocher isolé porte la chapelle érigée en l'honneur de sainte Eliboubanna, la mère de saint Gonéré.

Nous faisons un grand tour afin de trouver un coin de grève pour accoster ; nous voici dans l'île, un sentier conduit entre les deux coteaux ; là, entourée d'ormeaux courbés par le vent, est la ferme, dont les bâtiments, assez riants de loin, sont sordides ; l'intérieur est encombré d'objets hétéroclites ; l'unique pièce abrite le père, la mère et huit ou neuf enfants. Les commissions d'hygiène ne doivent pas fonctionner souvent à Loaven !

De grandes meules de paille montrent que l'île donne d'assez abondantes récoltes, deux chevaux et cinq vaches trouvent à vivre dans les pâturages. La ferme est voisine de la chapelle. Celle-ci est close, je ne puis donc voir la statue miraculeuse d'Eliboubanna. Jadis la sainte se rendait une fois par an à Saint-Gonéré pour y visiter son fils, le samedi précédant les Rogations. Chaque dimanche on la retrouvait près de Saint-Gonéré. Depuis quelques années on a pensé que c'était trop fatigant pour la mère, on va donc processionnellement la chercher à Loaven pour la conduire sur le continent près de la statue de son fils. On choisit le moment de la haute mer, alors toutes les barques de pêche de la commune de Plougrescant sont amenées dans le détroit, mises côte à côte et recouvertes d'un plancher ; les mâts sont pavoisés de banderoles et de pavillons ; sur ce pont on porte en grande pompe la statue d'Eliboubanna, on la place pour la journée auprès de celle de saint Gonéré. Cette cérémonie attire dans la baie d'Enfer une foule de bateaux venant du pays de Lannion, du pays de Tréguier et de Paimpol.

Nous regagnons notre canot, de nouveau nous voici dans la baie d'Enfer, puis dans l'estuaire où nous frôlons le gros rocher de Skeinec, à mer basse semblable à un château en ruines ; à mer haute quatre ou cinq têtes de roches apparaissent seulement. Sur la plus haute se dresse une balise blanche indiquant l'entrée de la rivière et celle du Port-Béni, petit havre où sont abrités les bateaux des communes de Kerbor, Pleubian et Lanmodez.

En face de Skeinec est le Taureau, gros écueil formé de grandes aiguilles de rochers. La Corne lui fait face. Sur ce grand récif est un phare sans cesse allumé et que l'on vient entretenir tous les quinze jours.

Au delà du Taureau, la mer est relativement libre, les grands écueils des Duono, ceux plus vastes et nombreux des Héaux de Bréhat sont en dehors de l'entrée. D'ailleurs les Héaux portent un des plus grands phares de ces côtes, le feu est à 48 mètres au-dessus de l'Océan. Suivant la direction des passes et des dangers, il est rouge ou blanc, fixe ou à éclipses. C'est le point le plus avancé de ces côtes, au delà il ne reste plus que le phare éloigné des Roches-Douvres, tour de fer construite sur un écueil isolé où se passa, il y a quelque temps, un drame affreux. Un des deux gardiens tomba du haut du phare dans l'espèce de puits formé par la cage de l'escalier circulaire, il se tua sur le coup. Quinze jours devaient se passer avant qu'on vînt relever les gardiens. Pendant ces quinze jours le survivant dut rester en compagnie du cadavre. Il n'osa le jeter à la mer de crainte qu'on ne l'accusât d'avoir assassiné son compagnon, il ne put l'enterrer, les Roches-Douvres n'étant qu'un écueil de rochers recouverts par la marée. Il l'enveloppa dans une toile qu'il laissa au pied de l'escalier. Malgré cette situation affreuse, il continua d'entretenir le phare dont le feu porte à 20 milles, mais lorsqu'il fut enfin relevé, il était sur le point de devenir fou. Quel drame atteindra jamais la sombre horreur de celui-ci !

Une fois le Taureau dépassé, on rencontre une vaste étendue de roches couvertes de goémons, de grèves, de galets et de sable ; surgissant sur ce plateau confus sont des collines verdoyantes dont l'une, bizarrement dentelée et recourbée en faucille, prolonge sa crête pendant plus de deux kilomètres. A mer haute, quand le flot aura couvert les grèves, les collines deviendront trois îles, les îles d'Er proprement dites : un rocher insignifiant, l'ÎLE VERTE, un autre plus grand et plus élevé couvert d'ajoncs, de fougères, de maigres pâturages, la PETITE-ILE; enfin l'île d'Er, au delà de laquelle on trouve quatre ou cinq écueils : le Corbeau, la Pierre-à-l'Anglais, Roch Nor Laïer, les Renauds et la Grande-Pierre.

La grande île est seule intéressante. Ses abords sont rendus difficiles à basse mer par une grève rocheuse couverte de varechs. Une table de granit couronnant un monticule abrupt de même nature commande le passage. C'est Men Noblance, la *Pierre des nobles*; on l'a couronné par une haute balise blanche s'élevant d'un creux de rochers noirs qui lui servent de gaîne.

Pendant que nous cherchons un point de débarquement, un homme nous a aperçus et vient près de la balise pour nous indiquer le chemin. La barque aborde dans les rochers couverts de goémons glissants ; avec des précautions nous pouvons descendre et gravir la côte ; après quelques minutes, nous voici enfin sur le plateau où les vents ont apporté des sables sur lesquels l'herbe courte et traçante des îles a formé une pelouse.

L'homme vient à nous, heureux de cette visite qui l'arrache à sa solitude. Mais sans M. Le Mars notre entretien risquerait fort de rester une mimique : le père Le Rous, sa femme, ses huit enfants ne parlent que le breton. Il nous conduit sur son domaine, pâturages d'où le granit surgit çà et là en hauts monticules égayés par le lierre, les broussailles, les ajoncs, des fragons verts dont les rameaux piquants sont ornés de boules rouges. Entre les pierres de petites pâquerettes dressent leurs têtes blanches. C'est charmant, ces escarpements de granit semblables à des ruines envahies par le lierre.

Sur la pelouse des tas de varech sèchent, dominant une petite crique où, au milieu d'un enclos formé par un mur, sont les ruines d'une maison. Quatre murs de granit, encore solides, mais le toit, les plafonds, les portes ont disparu. Lorsqu'on construisait les balises et les phares de ces parages, les ponts et chaussées avaient installé sur ce point la demeure de leurs agents. Le balisage achevé, la maison fut fermée, alors les goémonniers ont retrouvé leurs instincts de pilleurs d'épaves. Tout ce qui était bois et fer fut démoli et emporté. Aujourd'hui les quatre murs, l'enclos vide, la pelouse avoisinante, vont être vendus.

De la maison un sentier monte au point culminant, mamelon dressé au centre de l'île. On découvre celle-ci tout entière, ses grèves, ses pâturages, le vaste bassin encore à sec qui la sépare de la Petite-Ile et les cultures. Celles-ci, bien comprises, occupent la partie basse et s'étendent sur quatre hectares et demi, parfois envahis par la mer. Du blé, du trèfle, des pommes de terre sont semés ou plantés dans ces champs fermés de murets pour empêcher les bestiaux d'y pénétrer. Car l'île a un cheptel assez nombreux : l'an dernier elle nourrissait 22 vaches sur ses 40 hectares ; la sécheresse faillit les faire mourir de faim. Aujourd'hui, il y a encore 10 vaches, 2 chevaux et 11 moutons.

Dans ce sol léger, abondamment fumé de goémon, les plantes poussent d'autant plus vite que le climat est très doux. Les pommes de terre plantées maintenant seront bonnes à récolter dans les premiers jours de mars. Les « patates », comme disent les Bretons, pourraient être pour l'île une source de beaux revenus ; elles se vendent à titre de primeur à Tréguier 20 fr. les 100 kilogr. Et Tréguier est une ville bien petite.

Toutes ces cultures sont soigneusement entretenues, le fermier, sa femme, ses cinq fils et ses trois filles sont de rudes travailleurs qui déploient ici un esprit de progrès surprenant. Avec quelques conseils on les amènerait à faire de leur île un vrai joyau. Le fermage est très élevé : 1,500 fr. ; il est bien évident que la production actuelle ne permettrait pas de le payer, mais le goémon est un revenu important. Le père Le Rous le vend aux pêcheurs 20 sous par bateau, sur le continent il vaut 15 fr. la charretée de trois mètres cubes. Les années où la mer en rejette de grandes quantités sur le rivage sont des années de richesses, cette année le calme de la mer a été exceptionnel, le père Le Rous ne s'est pas fait 20 fr. Il compte sur les tempêtes pour se refaire. Le malheur des uns fait la joie des autres, dit le proverbe.

Le bonhomme Le Rous raconte tout cela dans son bas-breton qu'on me traduit mot à mot. En l'écoutant décrire ainsi son existence, je contemple l'immense horizon qui s'étend autour du rocher où s'écoulent ces vies solitaires. La rangée des Sept-Iles occupe une vaste étendue de mer, du côté opposé sont les roches des Héaux, leur phare, la traînée sombre du sillon de Talbert et, par delà, une partie de l'île de Bréhat ; toute la mer est couverte d'écueils noirâtres, sur lesquels fuse le flot en les heurtant.

Nous descendons maintenant vers la ferme, bâtie au pied du mamelon du nord qui l'abrite un peu des vents d'ouest. Avec les constructions adjacentes elle forme un petit hameau précédé à l'entrée par un amas de bois d'épaves cueilli morceau à morceau sur les grèves. Il y a un puits dont l'eau monte avec la marée ; l'eau est saumâtre, d'un goût peu agréable, cependant bêtes et gens y sont accoutumés ; lorsqu'on conduit les vaches sur la côte de Plougrescant, elles se refusent à boire dans les claires et douces fontaines, préférant leur eau d'Er, légèrement saline.

A l'entrée de la maison, nous sommes rejoints par la fermière ; Mme Le Rous est confuse d'être vue ainsi un jour de Noël.

— Mais, ajoute-t-elle, dans son breton sonore, nous sommes un peu changés en diables ici, on ne va pas à l'église comme on veut.

Elle nous fait les honneurs de la ferme : voici le four construit par son mari en remplacement d'une cavité dans la roche où, jadis, on cuisait le pain. La maison est d'une propreté bien rare dans cette partie de la Bretagne. Les armoires, les portes des lits sont soigneusement cirées, la lourde table de chêne est frottée au sable, les bancs à dossier semblent des miroirs, les tonnelets à eau sont eux-mêmes cirés, leurs cercles de fer sont polis. Au plafond pendent des bandes de lard, des vessies pleines de graisse, les cuillers de bois dans un râtelier. Sur une planche est le pain, un gros pain noir, mélange de froment et d'orge. Ce pain, des pommes de terre, parfois du lard, du lait en abondance, voilà la nourriture.

— Vous ne mangez pas de poisson, dis-je au père Le Rous.

— Oh non ! si nous pêchions, nous perdrions notre temps, il faut cultiver la terre et ramasser le goémon.

C'est décidément une famille de braves gens qui vit dans l'île d'Er. On veut nous obliger à boire, ce n'est pas l'eau-de-vie de grain qu'on nous offre, mais des cerises à l'eau-de-vie. Le patriarche et les siens sont heureux de nous posséder, il faut cependant prendre congé.

La cour, entourée d'étables et de granges, serait

comme si elle n'était si prodigieusement sale. L'eau du fumier, celle qui tombe des toits, forme là une masse verdâtre. « Que de fertilité inconsciemment perdue ! » dis-je au père Le Rous, qui semble profondément surpris — jamais on n'a recueilli les purins en Basse-Bretagne, surtout à l'île d'Er.

Nous serrons la main de l'excellent homme, tout heureux de cette visite, nous rejoignons notre canot ; poussé par le vent et la marée, il atteint bientôt de nouveau la Roche Jaune d'où je gagnerai Tréguier.

IX

ARCHIPEL DE BRÉHAT

Tréguier. — Lezardrieux. — Paimpol. — La pêche à la morue. — Les Mâts de Goëlo. — L'Ile Saint-Rion. — L'Ile de Bréhat et ses satellites : îles Raguenez, de la Chèvre, Biniguet, Lagadec, Lavroc, Séhères, Ar Morbil, Modez, Trouezen, Verte, à Bois, Coalin, Vierge, Blanche. — Le sillon de Talbert. — Excursion à travers Bréhat. — Les Épées de Tréguier. — Le Paon.

Ile de Bréhat, août 1894.

Tréguier est la ville morte de Bretagne, ses petites rues étroites dévalant au flanc des coteaux, bordées de maisons basses et de jardins ombragés de figuiers, voient rarement des passants; même la grande place entourant la cathédrale a conservé l'allure monacale. Tout converge vers cette vieille église qui fut, jusqu'en 1789, le siège d'un des plus illustres évêchés de Bretagne. Alors la vie affluait quelque peu vers l'antique capitale du Trécorois, avec l'évêque et le chapitre une partie de la vie provinciale affluait aux bords du Jaudy, les pèlerins accouraient prier sur le tombeau de saint Yves. La Révolution a réduit Tré-

guier au rang de simple chef-lieu de canton,
aussi a-t-on longtemps gardé rancune au régime
moderne et la ville décapitée fut considérée
comme une cité monacale jalousement fermée aux
idées du siècle. Cependant entre ces petites rues,
devant la haute flèche de la cathédrale, à l'ombre
de ce bel édifice gothique, naquit un des plus
prodigieux remueurs d'idées de ce temps : Ernest
Renan. Quelles que soient les opinions sur cet
admirable écrivain, ses compatriotes lui devront
d'avoir attiré de nouveau l'attention sur leur ville.
Sous le patronage de Renan, l'humble cité est
devenue un des rendez-vous pour les fêtes celtiques, les visiteurs s'y portent nombreux déjà, ils
iront en foule lorsque le chemin de fer aboutira à
Tréguier.

A travers le calme profond des petites rues et
de la place silencieuse, malgré les vieilles maisons
de granit aux portes basses soigneusement closes,
en dépit du séminaire et des grands couvents qui
perpétuent le passé moral de la ville, on devine
un vent nouveau: quelques boutiques ont une allure moderne, des usines s'étendent au pied de la
colline, le port a un mouvement assez considérable, il arme pour la pêche d'Islande, on y fabrique des biscuits et des conserves, la région
voisine pourra, grâce à la douceur du climat,

faire concurrence à Roscoff pour la production des primeurs, la faveur revient aux excellentes huîtres de l'estuaire. Si la population sait profiter de la situation favorable de la petite cité sur une rivière où il reste encore 4^m,50 d'eau en aval du port aux basses mers, peut-être Tréguier reprendra-t-elle son rang. Déjà la population, qui avait diminué, s'accroît légèrement : elle est de 3,193 habitants aujourd'hui.

Le chemin de fer amènera des progrès plus marqués ; on peut en juger par le petit port qui rend vivant les beaux quais de la petite rivière, véritable fjord aux verts rivages, étroit et tranquille, franchi par un pont de fer avec une arche tournante pour le passage des petits navires montant à la Roche-Derrien. Sur ce pont passe la route de Lézardrieux, gravissant, par une pente raide, le plateau qui sépare la vallée du Jaudy et celle du Trieux. Le chemin entre les deux villes est sans grand intérêt, Lézardrieux elle-même n'a de remarquable que la vaste place où aboutissent de nombreuses routes ; mais elle possède un des monuments modernes les plus remarquables de la Bretagne, le pont suspendu jeté sur un étranglement du Trieux, entre deux larges bassins formés par la rivière. Du tablier aérien on découvre le cours riant du Trieux et ses anses, on

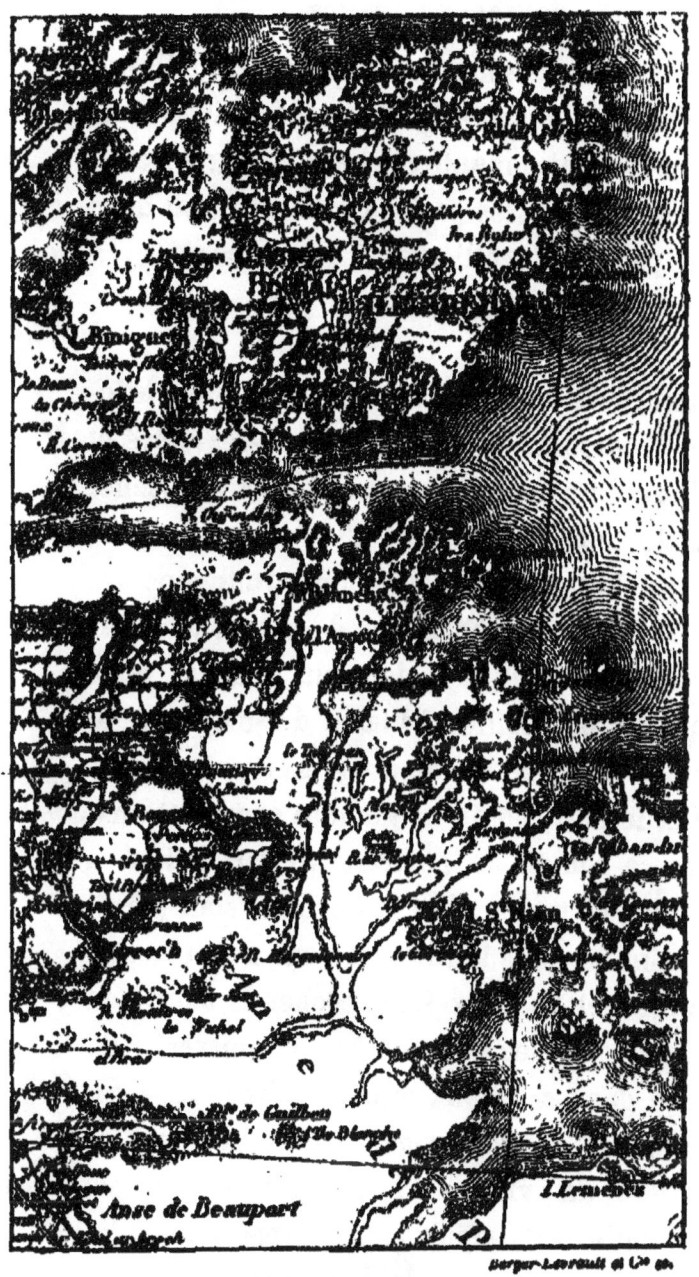

ARCHIPEL DE BRÉHAT

D'après la carte de l'état-major au $\frac{1}{80,000}$.

voit passer, au-dessous, les bricks et les goélettes qui remontent jusqu'à Portrieux. La rivière serait ailleurs insignifiante ; grâce à la marée, c'est un grand fleuve, très profond, dont on a pu faire un abri pour les torpilleurs ; à basse mer, il y a encore cinq mètres d'eau dans le port.

Lézardrieux est près de Paimpol ; cinq kilomètres à parcourir sur un plateau assez élevé et bientôt on descend vers ce grand port de pêche, connu de tous les marins. C'est une ville plus petite que Tréguier, aux rues plus étroites encore. Ses 2,200 habitants habitent de petites maisons étroites et sombres, ou, dans un quartier resté debout, en de vieilles bâtisses du moyen âge. Toutefois, la place du Martroy est d'assez noble allure et le port, bordé de grandes constructions, sans cesse rempli de navires, est fort animé à l'heure de la marée. Les Paimpolais sont parmi nos marins les plus hardis : ils vont avec ceux de Dunkerque et de Gravelines pêcher la morue en Islande et aux îles Féroë. Même la prospérité de la pêche dans ces deux villes du Nord leur est peut-être due, car j'ai trouvé entre Gravelines et Dunkerque un village, Fort-Mardyck, peuplé d'une colonie de Paimpolais appelée par Louis XVI pour habiter la ville de Mardyck qui devait remplacer Dunkerque ruinée par les Anglais. Paimpol compte près de trente armateurs pour la pêche dans l'Océan Glacial ou sur le banc de Terre-Neuve.

Le port semble pourtant peu abordable ; à marée basse, l'anse immense qui, s'étendant de la pointe de l'Arcouest à celle de Plouézec[1], n'a pas moins de huit kilomètres d'ouverture et de six kilomètres de profondeur jusqu'à Paimpol[2], n'est qu'une vaste étendue de vase et de sable. Pour pénétrer à Paimpol les navires doivent attendre le flot aux abords de l'île Saint-Rion, où l'on a jusqu'à 7 mètres de fond aux plus basses mers. A mer haute, les navires de $4^m,30$ peuvent entrer dans le bassin à flot 437 fois par an ; ceux de $3^m,40$ ont 609 marées favorables[3]. Lézardrieux et Tréguier auraient eu plus de chance de se développer que leur voisine, si l'on avait eu jadis le balisage et l'éclairage des côtes, puisque leurs estuaires sont accessibles à basse mer et qu'il est facile d'approfondir le chenal.

Paimpol a heureusement dans les îles d'excel-

---

1. Sur notre carte, cette pointe est au coin à droite au-dessous de l'île de Lemenez.

2. Cette ville n'est pas sur notre croquis de l'île de Bréhat ; elle est près, au-dessous et à gauche du mot ch^{in}, dans le fond de l'anse.

3. D'après l'*Annuaire de la marine de commerce française*.

lentes rades permettant d'attendre le flot ; près d'une, même, est un des meilleurs abris de ces côtes dangereuses, c'est la rade de Bréhat.

Le chemin qui conduit à la pointe de l'Arcouest permet de distinguer tous les détails de ces abords de Paimpol. On sort de la ville en longeant le port pour gagner une route exquise, très fraîche, ombragée de hêtres et de chênes. Le paysage est fort varié : entre les collines verdoyantes surgissent des mamelons rocheux couverts d'une nappe rose de bruyères ; sur l'un de ces monticules on a construit une tour surmontée d'une statue de la Vierge et renfermant à l'intérieur une chapelle. Cet édifice doit être récent, cependant il est délabré, les portes sont disloquées, les abords sont souillés. Ce n'est point manque de respect pour les lieux saints sans doute ; il est évident que ces populations, si peu soucieuses de la propreté aux abords de leurs maisons, ne doivent guère y songer davantage pour leurs monuments sacrés.

Un escalier donne accès sur la plate-forme de la tour d'où l'on a une admirable vue sur la mer, les îles et le littoral déchiqueté des Côtes-du-Nord. A voir ces débris de terres au milieu des eaux et ces indentations profondes, on admet que le continent était beaucoup plus étendu autrefois ; la mer

a rongé toutes les terres peu résistantes, laissant debout les roches de granit les plus dures. En même temps, un affaissement du sol a dû se produire, le sommet des collines les plus élevées reste seul à la surface ; ainsi le grand Léjon, au large de Saint-Brieuc, est le « témoin » d'une terre disparue. Devant Paimpol une infinité de roches sont les débris d'une chaîne de collines. Au milieu des sables et des vases une presqu'île est restée, c'est la péninsule de Guilhen, très verte, abritant l'anse de Beauport, où sont les restes de l'abbaye de Beauport, jadis fameuse. Plus à l'est, une ligne d'îlots étroits mais se dressant orgueilleusement en pyramide haute de 50 mètres, les MÂTS DE GOËLO, le *mez* de la carte, semble prolonger la pointe de Guilhen. Lemenez, les Mâts, le Tourel, forment là un petit archipel isolé de belle allure.

Sur la grève, des navires sont échoués sur le sable, d'autres sont ancrés sur la rade de Saint-Rion. Les premiers chargent des marchandises, des pierres de carrière et prendront le large à la pleine mer, les autres sont des goélettes revenant d'Islande et attendant là que des ordres de Bordeaux, de la Rochelle, de Nantes, de Port-de-Bouc ou de Marseille leur demandent d'apporter leur cargaison. Ces petits navires morutiers, ro-

bustes et élégants, égaient la rade et ce paysage
grandiose mais un peu sévère.

L'île Saint-Rion les abrite de la houle du
large. C'est une terre longue de près d'un kilomètre, formée d'une colline assez haute et d'un
éperon de rochers déchiquetés. A sa pointe ouest
sont quelques maisons bâties sur les rochers, de
vertes cultures montent jusqu'au sommet.

Nous descendons de la tour pour reprendre la
route; celle-ci traverse le bourg de Ploubazlanec
aux beaux jardins et descend bientôt en surplombant la vaste grève qui porte le nom bizarre de
Launay-Mal-Nommé. Est-ce parce qu'il n'y a
pas d'aulnes dans cette *aulnaye?* De ce point
les innombrables écueils qui vont de la pointe de
l'Arcouest aux Mâts de Goëlo semblent fermer
complètement l'anse de Paimpol. Tout à coup, à un
détour du chemin, apparaît cet extraordinaire estuaire du Trieux, vaste mer semée de rochers par
centaines, verts, roux ou noirs, faisant cortège à
l'île plus grande de Bréhat, portée sur un massif
de roches rouges lavées par les vagues; des crêtes
vertes, des bras de mer éblouissants, des villages
aux toits rouges. Le panorama est plus grandiose
encore que celui de Ploumanac'h, mais les rochers
ont des formes moins extravagantes.

Des chaloupes font office de bac entre l'Arcouest et Bréhat; on embarque sur une petite cale, le vent et le flot aidant on a vite traversé la rade de Bréhat. A peine a-t-on le temps de distinguer, au delà du petit détroit de Kerpont aux eaux profondes, l'île de Raguenez, l'île de la Chèvre et la terre plus vaste, bien cultivée, possédant quelques maisons, de BINIGUET. Biniguet, *l'île Bénie*, est un mamelon de 700 mètres de longueur sur 200 à 500 mètres de large ; elle fait face à l'une des parties les plus accidentées de Bréhat.

Le bateau ne va pas dans le Kerpont, il entre dans une baie profonde de 500 mètres, large de 200, annoncée par des tourelles et des balises et qu'on appelle le Port-Clos. Cette petite anse semble très fermée, en effet, entre des collines hardiment découpées ; par les vents du nord et de l'ouest, le Port-Clos, où il n'y a jamais moins de $2^m,50$ d'eau à basse mer de morte-eau, est un excellent abri ; mais quand les vents du sud et de l'est soufflent, la houle et le ressac sont très violents.

Aujourd'hui le temps est calme, la petite baie est comme de l'huile. Elle est charmante avec ses rochers et sa verdure. En vain les coteaux affectent un aspect tourmenté, il y a tant de fraîcheur autour d'eux, tant de pelouses et d'arbustes sur leurs flancs qu'ils ne peuvent se faire prendre au tragique.

On débarque sur une cale inclinée conduisant près du hameau de Kerrio, d'où un chemin aboutit au village central, heureux village aux blanches maisons entourées de grands arbres et de jardinets fleuris; une petite église domine la baie de la Chambre. Cela rappelle, avec je ne sais quoi de plus pimpant, les paysages de l'île aux Moines dans le Morbihan.

Des abords du village on découvre toute la Chambre. Cette petite baie ressemble fort à celle du même nom qu'on rencontre aux Glénans[1]. Évidemment une pareille disposition des roches et des îlots autour d'un vaste espace de mer a fait naître le même nom; c'est bien dans une « chambre » que les navires sont enfermés. Mais la Chambre de Bréhat est moins âpre, la verdure de l'île, le lierre et les broussailles qui enveloppent les rochers, les constructions de l'île LOGA-DEC, terre presque aussi vaste que Biniguet, les falaises de l'île LAVREC, le mamelon de l'île Raguenec, les îlots rocheux qui les relient ont plus

---

1. Voir le 4ᵉ volume du *Voyage en France*, page 196.

de couleur et de vie que les blocs dénudés de la Chambre des Glénans. La Chambre de Bréhat, à marée basse surtout, quand l'intérieur est une sorte de prairie de goémon accidentée, est un des coins les plus curieux de nos côtes.

Le sol est cultivé jusqu'au bord de la mer. La moisson est faite de façon primitive; seules les femmes y travaillent, car les hommes sont à la mer. Les épis sont coupés presque au ras de la tige, les chaumes restent dans les champs, très hauts; quand le blé est rentré, les femmes reviennent au champ, se mettent à genoux et arrachent les tiges avec les racines. De la sorte toute la paille est recueillie. Le sol n'y perd pas d'humus, on lui rend abondamment en goémon ce qu'on lui a enlevé.

Près du hameau de Gardenno, les rochers deviennent plus beaux encore : ils se dressent en obélisques, en dômes, en masses superbes. Le chemin court entre ces granits, bordés de maisons très propres que précède un jardin fleuri; mais si l'on fait le tour, on voit, plaquée au mur, la bouse de vache qui sèche en vue d'alimenter les foyers. L'île manque de bois de chauffage.

En face de la très petite île Séhères, la côte s'infléchit, une baie se creuse et le sentier longeant le rivage conduit à une chaussée dont chaque côté est battu par la mer. A l'est s'ouvre un nouveau bassin, moins encombré de rochers que celui de la Chambre, c'est la Corderie, le plus grand havre de l'île, véritable fjord, long de 1,900 mètres, dont l'entrée, rétrécie entre deux rochers, atteint à peine 100 mètres; il s'élargit ensuite à 200 mètres pour se bifurquer en deux anses ayant chacune 300 mètres. C'est un abri excellent, mais le vent d'ouest y ramène la houle. Toutefois, il est assez sûr pour que les ponts et chaussées y aient établi leur dépôt d'ancres, de chaînes et de bouées et pour qu'une petite usine à traiter le goémon s'y soit installée. Ce port naturel est fort joli, sur sa rive méridionale, couronnant un piton aigu, une chapelle à toit rouge commande le passage.

Sans la chaussée qui borne son extrémité orientale, la Corderie mêlerait ses eaux à celles de l'anse de Séhères, Bréhat serait ainsi divisée en deux îles d'égale grandeur : même la partie nord se répartit en deux fragments réunis par un isthme de galets.

La chaussée est entre deux petits hameaux formés de riantes maisons, dont un possède une petite chapelle. Peu d'habitants dans les ruelles, les hommes sont à la mer, les femmes aux champs. A en juger par les débris de cuisine, on doit vivre

surtout de coquillages ici : il y a de chaque côté
de la chaussée des prodigieux amas de coquilles
de berniques et d'ormeaux ; sous le soleil les faces
irisées de ces dernières ont un éclat qui les décèle
de loin. Il y a là une perte assez considérable
pour le pays : l'ormeau ou oreille de mer a une
certaine valeur industrielle, les Anglais utilisent
la nacre pour faire des boutons, une grande partie
de ces coquillages employés à Londres provien-
nent de nos côtes de Bretagne, qui expédient
ces mollusques à Jersey où on les consomme en
quantité.

La partie nord de l'île où l'on aboutit est moins
peuplée que la péninsule du bourg, on n'y trouve
que de rares villages, plus pauvres ; les cultures
sont moins nombreuses aussi. C'est un plateau
élevé, aux formes trapues. Un moulin et le sémaphore en couronnent les deux plus hauts mamelons. Du sémaphore la vue est immense : toute
l'île apparaît avec ses fjords, ses obélisques de
granit, ses hameaux rouges. Sur la mer le regard
est d'abord arrêté par l'île Modez qui, avec les
roches voisines marque l'entrée de la rivière de
Trieux. Entre Bréhat et Modez le chenal est large
et profond. Cette petite île a une longueur de
800 mètres et une largeur de 200 ; elle est échan-

crée par de petites anses qui rétrécissent la partie cultivable, elle renferme cependant une métairie et des cultures assez vastes. C'est, d'un petit archipel secondaire qui occupe la rive gauche du Trieux, la terre la plus éloignée du continent. A l'endroit où le fleuve échappe aux collines pour se frayer à mer basse un chenal dans les sables et les vases est l'îlot appelé Ile a Bois, qui allonge sur 910 mètres de longueur et 300 de largeur une croupe irrégulière. En arrière, à une petite distance du rivage, est l'île de Coalin.

Au delà de Modez un étroit îlot porte le nom, si commun dans ces mers, d'île Vierge; d'autres écueils, Roch ar Liorzo, l'île Blanche, parsèment la baie jusqu'au sillon de Talbert, cette étonnante flèche de galets retroussés par les vagues entre le Tréguier et le Trieux et qui offre aux navires une sorte de môle les abritant des vents d'ouest en attendant la marée pour monter dans le Trieux. Le sillon de Talbert, les roches qui le continuent au large ont reçu des marins un nom bien expressif, ce sont les *Épées de Tréguier*. Au delà de la pointe des Épées, le plateau de roches des Héaux de Bréhat parsème la mer, autour de la haute et mince tour du phare.

Dans le nord-est, la mer présente encore quelques rochers, pointant au-dessus de plateaux sous-marins : Ringue-Bras, Men-Marc'h, les Échaudés, la Horaine. Mais, au nord, elle est complètement libre. Il faut fixer longtemps l'horizon pour apercevoir le phare des Roches-Douvres, se détachant comme un fuseau de vapeur.

Le sémaphore possède encore un petit jardinet où croissent des choux et d'autres légumes ; au delà, plus rien ; l'île, si riante dans son autre partie, devient sauvage. Les roches n'ont qu'une couche mince de terre végétale, recouverte de fourrés bas d'ajoncs et de bruyères ou de pelouses d'une herbe courte. Au-dessus des anses qui festonnent la côte, une ligne de petites tours ou plutôt de larges guérites en pierre furent sans doute des observatoires au temps des incursions anglaises.

Une anse se creusait ici, la mer l'a fermée par un sillon d'énormes galets, le fond de la petite baie est devenu un marais salin séparé de la mer, à l'est, par un autre sillon qui réunit au corps insulaire la troisième île de Bréhat, ce qu'on pourrait appeler la presqu'île du Paon, le nom d'un rocher célèbre. Celle-ci est absolument sauvage. Le plateau n'est couvert que d'ajoncs et de gazons paccagés par les moutons et dont les mottes sont exploitées pour le chauffage. Des traces de batteries indiquent les anciennes défenses de l'île, un amas de superbes roches rouges semble les avoir remplacées, c'est comme une formidable citadelle, aux remparts à pic, aux parapets menaçants. Au-dessus de ce massif la tour blanche d'un fanal est campée comme un donjon.

C'est le rocher du Paon, célèbre en dehors de Bréhat, et peu soupçonné dans l'île. On prétend, dans les Guides, qu'un des rochers soulevé par la mer montante retombe en faisant : Pan ! d'où le nom de paon ou pan. Les gardiens assurent qu'ils n'ont jamais ouï le phénomène. Mais si l'on peut éviter d'aller chercher ici la surprise d'une enclume maritime, le massif rocheux du Paon, composé de syénites et de porphyres rouges très durs, étrangement érodés et découpés par les vagues, mérite une excursion, il est d'une grandeur majestueuse ; même si l'on a déjà vu Ploumanac'h et les côtes voisines, on reste frappé par la beauté sauvage de ce site.

Sauvage, tout l'est ici, les choses et les hommes. Pas de hameaux, des masures isolées, véritables taudis. Évidemment cette partie de la population vit surtout de pêche et d'épaves et le manque d'abri contre les vents d'ouest rend la culture impossible. Cependant autour d'une source abondante, près de l'isthme, sont quelques champs d'où l'on a une vue fort belle sur une vaste baie remplie d'aiguilles de rochers et de petits îlots dont le plus important est Ar Morbil.

Le paysage change dès qu'on a atteint de nouveau la seconde presqu'île ; les cultures deviennent nombreuses, un joli chemin les traverse, des maisons vastes et propres sont égayées par des fleurs. Bientôt on rejoint le bourg ; il était calme tout à l'heure, le voici bruyant et animé, la petite colonie de peintres qui séjourne dans l'île est à table, dans les deux ou trois auberges, et les éclats des discussions esthétiques emplissent le placide village. A cet élément l'on doit sans doute l'enseigne de cabaret, en fer forgé, simulant une hallebarde, placée sur une maison de l'île. Cela gâte un peu Bréhat. Peut-être les rapins et les yachtsmen veulent-ils étonner les gens du pays, on pourrait se croire dans les cabarets de Montmartre.

A déjeuner nous devons subir une discussion sur les mérites comparés des diverses écoles d'art et de littérature. Le réalisme tient la corde dans ce milieu. Un peintre ayant émis quelques aphorismes bien sages et pondérés, une dame indignée lui crie :

— Mon cher, je vous croyais intelligent, et vous ressemblez à Sarcey !

La bonne versait du cidre, elle a contemplé l'interpellé avec une horreur profonde; elle ignore évidemment M. Sarcey et doit croire qu'il s'agit d'un grand criminel.

Dans le jardin de l'auberge, où des tables sont dressées, mêmes colloques.

— Oui, crie une voix de basse profonde, toute votre littérature ne vaut pas ça. — Et l'on entendait une tape retentissante. — Aucun de vous ne m'a donné encore la sensation de cette phrase d'Homère :

« La nuit tomba du ciel et les chemins s'emplirent d'ombre. »

Les rires accueillirent cette profession de foi, ponctués par le bruit des couteaux frappant sur les verres et sur les assiettes, comme pour conspuer Homère. Yvonne, la petite Hébé qui versait le cidre, a dû associer M. Homère au coupable M. Sarcey.

Toutes ces folies se débitent — oh! l'été seulement — sous la vaste ramure des ormes et des figuiers noueux, dans un cadre exquis de grandes fleurs roses, de lauriers et d'autres plantes méridionales, éclairé par un ciel d'un bleu doux.

Et sur le chemin passent, ombres silencieuses, les femmes de l'île revenant des provisions; le bruit ne les arrête pas un instant; elles ont à gagner leur rude existence : en dépit de l'heureux aspect de Bréhat, la vie est dure pour cette population, nourrie presque exclusivement de pommes de terre que le sol, il est vrai, produit abondamment et de coquillages recueillis à mer basse. Le pain est préparé dans les maisons, il n'y a pas de boulanger; le pain de 10 livres venant du continent y coûte 30 sous; 21 seulement à Paimpol, me disait avec regret un des gardiens du sémaphore; le bois vaut à la côte 22 à 23 fr. la corde, il en coûte 30 dans l'île ; on ne produit pas ou presque pas de beurre. L'île n'a ni médecin, ni sage-femme; il en coûte gros de les faire venir de Paimpol, encore pendant les mauvais temps ne peut-on faire la traversée.

Ces doléances sont celles des rares habitants non originaires de l'île, humbles fonctionnaires auxquels l'État n'alloue pas de suppléments de salaire. La population native, habituée de longue date aux privations, ne s'aperçoit guère de ces choses. Elle fait corps avec son rocher, elle a plié sa vie aux ressources qu'il donne. Les marins, il est vrai, ont dans la grande pêche pour les armateurs de Paimpol une existence assurée, tant que les mers du Nord ne les emportent pas dans une de leurs colères...

Voilà à quoi on se prend à songer pendant que

les esthètes en rupture de Montmartre et du Quartier-Latin ratiocinent sur des questions dont l'intérêt final est assez nébuleux.

Avant de quitter Bréhat, je vais parcourir la rive sud de la Corderie. Cette partie de l'île faisant face au gros hameau de Kenarguillis et à la pointe de Rosido, éclairée par un petit phare, est la plus pittoresque de l'île ; le piton élancé qui porte la chapelle est entouré de belles cultures, les arbres y prennent, de loin, l'aspect de bois ; des sommets on a une jolie vue sur l'île de Biniguet, sa petite voisine l'île Tridurzen, dont nous sépare le chenal de Kerpont, véritable fleuve marin et la petite île Verte. On va ainsi, par des chemins ombrageux, sinueux, montant ou descendant jusqu'à la pointe de Crech-Gueit, où reste encore debout une batterie aujourd'hui sans valeur. Crech-Gueit domine l'entrée de Port-Clos, où nous embarquons sur une des chaloupes. On ne quitte pas sans regret cette riante et curieuse terre de Bréhat, la plus verte et la plus fleurie de toutes nos îles — après l'île aux Moines du Morbihan.

X

LE GOËLLO ET LE PENTHIÈVRE

Les Mâts de Goëllo. — Triste aventure d'un troupeau. — Le comté de Goëllo. — La flottille de Paimpol. — Pêche de la morue. — Méfaits de l'alcool. — La vallée du Trieux. — Le pays de Guingamp. — Saint-Brieuc et sa campagne. — Le port du Légué. — Le duché de Penthièvre. — Lamballe et ses terrassiers.

Lamballe, août.

La flottille paimpolaise échouée sur la vase au moment où je m'embarquais pour Bréhat, se berçait mollement, à mon retour, sur les flots houleux de l'anse capricieusement découpée par les péninsules et les îles. Tout à l'heure, les Mâts de Goëllo surgissaient de l'immense plage de sable, de vase et de tangue, ils dressent maintenant leurs pics du sein de la mer qui vient briser contre eux. Ces flots pittoresques sont le dernier souvenir vivant de l'ancien comté de Goëllo, dont Guingamp était la capitale, resté célèbre dans l'histoire de la Bretagne. Ces îles, aujourd'hui habitées par les seuls lapins, avaient autrefois une réputation fort grande par un petit troupeau de soixante têtes de moutons dont la chair était réputée. Une famille de bergers les veillait, mais pendant l'hiver elle devait aller chercher des ressources sur le continent; pendant ce temps, des marins de passage s'emparaient des moutons, ils ont mangé jusqu'au dernier. Et les bergers ont fui, laissant les lapins maîtres des îles; ceux-ci ont pullulé à tel point que la chasse, rigoureusement surveillée d'ailleurs, s'y fait à coups de bâton.

La demeure de ces léporides est la dernière terre bretonne frôlée par les goélettes paimpolaises avant leur départ pour « Islande ». Les Mâts de Goëllo sont aussi le point du rivage qu'ils découvrent avec le plus de joie lorsqu'ils reviennent de leur rude campagne dans l'Océan Glacial.

Si Dunkerque, avec ses 70 navires de pêche, est le port d'armement le plus actif pour la pêche « à Islande », comme disent les marins, Paimpol est beaucoup plus connu : les morutiers de Paimpol ont bénéficié du courant de curiosité et de tourisme qui se porte vers la Bretagne. D'ailleurs, les 62 goélettes pampolaises font route avec les 17 de Binic, les 15 de Saint-Brieuc et les 2 ou 3 de Tréguier. Une centaine de navires quittent chaque année ces parages de la baie de Saint-Brieuc, pour aller poursuivre la morue dans le Nord. Or, en 1893, la France entière en expédiait 177. Les Pampolais comptaient 1,948 marins sur 3,375 pêcheurs.

En ce moment les goélettes sont toutes de retour d'Islande, mais une partie seulement est en rade de Paimpol, les autres sont encore dans les ports où elles sont allées porter leur cargaison, jusqu'à la Rochelle, Bordeaux et Bayonne. En mars, lorsque ces élégants navires sont tous réunis sous l'île de Saint-Rion ou dans les bassins de Paimpol pour procéder à leur armement, l'animation est grande, c'est un mouvement incessant dans la rade et dans la ville ; les cabarets sont particulièrement bruyants, car ces rudes pêcheurs sont de grands consommateurs d'alcool.

A bord, surtout, ils boivent d'effrayante façon. Leur ration journalière est de 25 centilitres d'eau-de-vie, autant de vin et deux litres de cidre. Cette proportion excessive s'explique en partie par le rude climat des mers froides et brumeuses de l'Islande, mais dans la pratique elle est encore dépassée avec ce que les marins trouvent moyen de cacher à bord ; on peut évaluer à plus de 40 centilitres la quantité d'alcool journellement ingurgitée en mer. Et quelle eau-de-vie ! Les armateurs la paient 25 centimes le litre. C'est un véritable poison.

Cette intoxication journalière a pour résultat de rendre les marins indifférents au danger; lorsqu'on accuse le départ trop hâtif de la flottille des désastres dont les pêcheurs sont victimes pendant le gros temps, on ne fait pas assez la part à l'espèce de torpeur dans laquelle vivent ces gens. Il faut cela pour leur faire braver les dangers de ces mers et la dure existence qu'ils mènent et ne peuvent plus quitter. Lorsqu'ils ont pu satisfaire leur rêve : acheter un coin de terre, bâtir une maison, cultiver un petit jardinet, vivre de leur pension, la nostalgie ne tarde pas à les prendre; à la première occasion, ils s'enrôlent de nouveau pour la pêche à Islande.

Si à terre, avant le départ, les cabarets du port débitent l'eau-de-vie en proportion peut-être moindre, ils n'en sont pas moins fort achalandés aux heures où l'armement des goélettes ne demande pas tous les bras. Mais il y a fort à faire à bord pour préparer le départ, les débits y perdent un peu de leur clientèle. On répare les dégâts causés par les tempêtes, on visite les voiles et les cordages, on complète les lignes, on embarque l'appât, couenne de lard qui suffira jusqu'au moment où l'on aura assez de peaux de flétans et d'entrailles de morues pour fixer aux hameçons.

Cette période de préparation est pour Paimpol le moment de grande fièvre. L'été venu, la petite ville reprend son calme aspect, pourtant elle est active encore, son port reçoit des navires assez nombreux et la quantité de marchandises débarquées ou de poissons expédiés est considérable.

Il manquait à Paimpol un chemin de fer pour prendre une importance plus grande. Depuis l'an dernier (1894), une ligne à voie étroite la relie enfin au réseau général à la gare de Guingamp. Ce petit chemin de fer est appelé à jouer un grand rôle dans l'économie de la Bretagne agricole, il donne aux belles cultures de la « ceinture dorée », c'est-à-dire de la zone côtière adoucie par le gulf-stream et fertilisée par les goémons et la langue de mer un débouché utile ; en même temps il amènera jusqu'au cœur de la presqu'île, vers Carhaix, les amendements calcaires des plages qui transformeront les terres granitiques et refouleront peu à peu les landes. Pour le touriste il ne sera pas moins précieux, il le conduira rapidement dans ce beau et plantureux pays du Trieux et du Tréguier, où la végétation a tant d'opulence, où les rivages sont d'une rare beauté.

Les bords de la petite voie ferrée sont eux-mêmes fort beaux. Lorsqu'après avoir traversé la banlieue de Paimpol on atteint la vallée du Trieux, on découvre un site inattendu. Le large fleuve, soutenu par la marée, serpente au fond d'une faille profonde où les hautes falaises rocheuses ou boisées, et les landes couvertes de bruyères, forment un cadre grandiose. Le chemin de fer court au flanc de la rive droite, presque taillée à pic et donne la sensation d'un railway de montagne. En face, commandant un coude du Trieux, le vieux château de la Roche-Jagu dresse sur la falaise ses toits couronnés de hautes cheminées, ses tours, ses murs à mâchicoulis. C'est un des plus beaux sites de Bretagne.

Grâce au flot de la mer, le Trieux reste profond. Avec la marée, deux petits navires montent en ce moment ; de la portière des wagons, il semble qu'on va toucher leurs mâts. Ils sont bientôt dépassés, la rivière se rétrécit, voilà Pontrieux avec ses quais bordés de navires : la petite ville est coquette et riante.

Au delà le Trieux, n'étant plus gonflé par le flot, devient une aimable rivière, claire, sinueuse, barrée par des usines, à demi enfouie sous les arbres de la rive. Jusqu'à Guingamp nous remontons sa vallée creuse et joyeuse. Le chemin de fer la quitte pour contourner la ville, passer sous la grande ligne de Brest, se souder à la voie de Carhaix et pénétrer avec elle dans la gare de Guingamp.

DE PAIMPOL A SAINT-BRIEUC

D'après la carte de l'état-major au $\frac{1}{390,000}$.

Je ne me suis point arrêté à Guingamp, je dois revenir ici demain pour me rendre à Carhaix. Ce soir je suis attendu à Lamballe. Mais j'ai le temps de revoir un moment Saint-Brieuc. Trente kilomètres séparent Guingamp du chef-lieu des Côtes-du-Nord, ce serait un voyage charmant à faire par la route, le train passe trop vite à travers ce pays couvert d'arbres, où chaque hameau disparaît entre les hauts talus plantés de chênes, de hêtres et d'ajoncs. Mais en approchant de Saint-Brieuc le pays s'accidente, les ruisseaux et les rivières descendus des montagnes Noires et du Menez, se creusent de profondes vallées; dans les escarpements, le granit apparaît à nu entre les mousses, les fougères, les bruyères et les genêts; les torrents bondissent. Aux abords de Saint-Brieuc, la vallée du Gouët est vraiment superbe; on la franchit sur un viaduc haut de 59 mètres, à deux rangs d'arches, qui ne le cède pas en majesté à celui de Morlaix. Toute cette région est très belle et mériterait d'être mieux connue. C'est du reste une de celles où l'agriculture est le plus en progrès; les champs de choux, dont l'étendue est si prodigieuse et qui sont la caractéristique de la culture bretonne, sont alimentés par les semis faits autour de Saint-Brieuc; le plant briochin est une sorte de gloire locale pour cette contrée qui fut jadis le duché de Penthièvre et qui s'étend du Goëllo à la Rance.

L'élevage du bétail est une autre source de

prospérité. Le lait et le beurre abondent dans le Penthièvre, déjà Paris s'alimente dans ces campagnes verdoyantes. Les produits sont vendus aux halles comme beurres de la Prévalaye ou d'Isigny.

Saint-Brieuc a bien l'aspect d'une capitale de terroir agricole. A parcourir ses rues noires et tristes, ses vastes places irrégulières servant de champs de foire, à visiter ses magasins étalant des étoffes voyantes, on devine que la population voisine est entièrement livrée à la culture. Çà et là, cependant, des débris de la vieille ville : quelques tourelles d'angle, des maisons sculptées, arrêtent un instant l'attention. La partie moderne est monotone, le granit dont les édifices sont construits se prête malaisément à la sculpture.

Saint-Brieuc est cependant un centre; c'est, entre Rennes, Brest et Lorient, la ville la plus peuplée de la Bretagne, les marchés et les foires y attirent la foule. Il ne lui manque que d'être assise au bord même de la mer pour prendre un rang plus distingué parmi les villes de Bretagne. Mais elle domine de 100 mètres la faille profonde où le Gouët, refoulé par la marée, reçoit les navires. Des routes conduisent à ce point par la vallée bordée de hautes roches boisées ; des faubourgs se sont établis sur les pentes et au fond de la gorge où l'on a trouvé la place pour creuser un bassin à flot et aménager un outillage maritime assez complet. Cette partie marine de Saint-Brieuc s'appelle le Légué ; un chemin de fer ouvert seulement aux marchandises y descend par de fortes rampes et des courbes d'un développement total de sept kilomètres de gare à gare ; or, 1,500 mètres seulement séparent la ville de son port.

Le Gouët débouche dans l'anse d'Yffiniac qui assèche complètement à mer basse ; le port n'est donc accessible qu'à haute mer et pour des navires calant 400 tonnes au maximum. Malgré ces conditions défavorables, il est fort actif, le voisinage de l'Angleterre permettant d'écouler les produits agricoles d'une vaste partie du Penthièvre et des monts Menez. Les beurres, les cidres, les salaisons, les pommes de terre, sont pour le Légué un élément de fret important. Aussi, à la sortie, le mouvement du port a-t-il été, en 1894, de 763 navires et 19,216 tonnes, pour la plupart sous pavillon anglais. A l'entrée, le nombre des navires a été de 781 et 56,883 tonnes. Le nombre de navires armant pour la pêche à Islande est de 15. Saint-Brieuc est donc une ville maritime assez importante, elle ne saurait manquer de développer encore son commerce, le pays voisin étant appelé à une prospérité plus grande

lorsque l'on exploitera le sol par des procédés moins
empiriques. Peut-être alors deviendra-t-il nécessaire d'améliorer l'accès du chenal pour le rendre
abordable à de plus grands bâtiments.

Du Légué des sentiers abrupts, mais bordés de
beaux arbustes, conduisent au village de Cesson,
dépendance de Saint-Brieuc, d'où surgissent de
la verdure les ruines curieuses d'un donjon fameux dans l'histoire de la Bretagne. Ces environs
de Saint-Brieuc sont charmants et très accidentés.
A l'heure de la haute mer ils sont superbes, grâce
aux indentations profondes de la côte, mais à
marée basse les vastes grèves sont d'une inexprimable mélancolie.

Je les vois ainsi du chemin de fer que j'ai pris
pour gagner Lamballe. L'anse d'Yffiniac n'est
qu'un désert gris entre de jolies collines vertes,
fort étrange par son horizontalité immobile; au
delà de cette laisse, la mer est d'abord laiteuse,
puis peu à peu ses teintes se foncent jusqu'au
bleu profond. L'anse asséchée est couverte de
voitures chargeant la tangue, non moins recherchée ici qu'au Mont-Saint-Michel. On la domine
assez longtemps, puis elle disparaît bientôt et de
nouveau on est en pleine campagne bretonne,
entre les champs bordés de hauts talus. Mais ici

le fourré est moins inextricable. Les séparations des champs ne sont pas toujours plantées, on dirait que le paysan est orgueilleux de ce travail de fortification et veut le montrer. Nous sommes dans la contrée où l'on apporte le plus de soin à ces travaux. Les gens de Lamballe ont une réputation pour leur adresse et leur patience à remuer la terre.

... Non même aux Lamballais, ces maîtres fossoyeurs,

a dit quelque part Brizeux, condensant le dicton de la Bretagne bretonnante :

Un Lamballais est un maître pour faire de bons talus.

La culture est bien plus savante que dans la Bretagne où l'on parle breton ; on approche du pays de Rennes et de la Normandie ; le Penthièvre est breton par l'organisation politique et non par la race. Bien rarement entend-on les syllabes gutturales du brezonnec. Aussi les Bretons bretonnants ne ménagent-ils pas les sarcasmes à ces frères d'au delà du Gouët. Leurs habitudes de travail et de frugalité sont raillées : « fèves rouges et fèves bariolées, abricots des Lamballais », dit un dicton local.

Lamballe, centre de ce district, ne ressemble

guère aux villes bretonnes ; très pittoresquement assise sur les pentes d'une haute colline entourée par le Gouessant et le Chifrouet, elle a, vue de la gare, un aspect attirant : sur la colline deux églises attirent l'attention, l'une d'elles est dominée par une haute tour carrée flanquée d'une mince et élégante tourelle bizarrement coiffée d'un dôme d'ardoises. Dans les faubourgs pointent deux autres flèches d'église. L'intérieur ne cause pas de désillusions, peu de petites cités sont plus propres et ont conservé de plus intéressants monuments. Du haut d'une terrasse qui avoisine l'église Notre-Dame on a sur la ville et la vallée des aperçus heureux. Cité et paysage s'harmonisent à merveille. Malgré les chemins de fer, malgré « l'avenue de la Gare », cet ensemble a conservé toute sa saveur archaïque. La petite capitale des comtes de Penthièvre semble avoir traversé sans trop de transformations et de ruines la période révolutionnaire qui débuta par la mort d'une de ses princesses, cette pauvre Mme de Lamballe, dont la tête fut promenée dans Paris au bout d'une pique.

XI

AU BERCEAU DE LA TOUR D'AUVERGNE.

Guingamp et le guingan. — En route pour les monts d'Arrée. La vallée d'Hyère. — Carhaix. — La Tour d'Auvergne et ses origines. — Les mines de Poullaouen et d'Huelgoat. — Ce qu'elles furent jadis. — Le vallon de Pont-Pierre et ses merveilles. — Le gouffre. — Huelgoat. — La Roche Tremblante et la cuisine de la Vierge. — Saint-Herbot. — Le pèlerinage des queues de vaches. — Le château de Rusquec. — Saut de Saint-Herbot. — Dans les monts d'Arrée.

Carhaix, septembre.

Les robes de guingan, chères à nos arrière-grand'mères et dont le roman, vers 1830, employa tant d'aunes à vêtir ses héroïnes, ne sont plus ; cela n'empêche pas bien des auteurs de signaler Guingamp comme ayant donné son nom à une étoffe de coton servant encore à l'habillement. J'avais peu de temps à consacrer à cette petite ville et je me suis aussitôt mis en campagne pour chercher du guingan, afin de raconter sa fabrication ; j'ai interrogé les marchands de nouveauté et les marchands de toile, j'ai demandé à acheter du guingan, on m'a ri au nez ou l'on a témoigné une stupéfaction profonde. On est encore primitif dans ce pays. A Paris, le premier calicot venu m'aurait dit avec aplomb :

— Nous venons justement de vendre la dernière pièce. Si monsieur peut repasser lundi ?

A Guingamp on a laissé voir un honnête étonnement. On tisse de la toile de Bretagne, on fait même de la bonneterie, on ignore le guingan. C'était, paraît-il, une étoffe de coton très fine et brillante.

A courir par la ville pour trouver des traces de cette industrie disparue, je n'ai pas perdu mon temps ; elle est fort amusante, Guingamp. Notre-Dame-de-Bon-Secours, sa principale église, ouvre dignement les monuments et les sanctuaires de la Bretagne bretonnante, et sa fontaine de la Pompe, avec ses figures de nymphe, est une des œuvres les plus exquises de la Renaissance. Les figures en plomb, nymphes et chevaux marins, dominées par une statue de la Vierge, étonnent par leur grâce dans le décor un peu sévère de la grande place aux maisons nobles, qui rappellent l'ancien rang de capitale de cette ville-maîtresse du Goëllo et du Penthièvre. Quelques maisons à tourelle, les façades sculptées, les débris des tours du château et du rempart rappellent seuls le passé féodal et guerrier de Guingamp. De nos jours on lui a donné un régiment d'infanterie qui entretient la vie dans cette cité d'ailleurs commerçante, dont la création du réseau ferré secondaire de la Bretagne accroît aujourd'hui l'activité.

Par Guingamp, on se rend à Paimpol et à Bréhat, par là encore on pénètre au cœur de la Bretagne, dans ces monts d'Arrée jadis difficiles à atteindre, tant les moyens de communication étaient rares et défectueux. Aujourd'hui, ces hautes collines noires qui ferment l'horizon vers le sud, sont devenues accessibles ; les chemins de fer à voie étroite, appelés à sillonner la Bretagne intérieure, ont fait de Carhaix leur centre principal. De là rayonnent déjà des lignes vers Guingamp et Paimpol, vers Morlaix, vers Concarneau, d'autres achèveront d'ouvrir aux visiteurs ces pays inconnus il y a si peu de temps.

La ligne de Guingamp à Carhaix parcourt un des plus riants pays de la presqu'île. On remonte d'abord la vallée du Trieux, très accidentée, très verte, bordée de grands bois, égayée par sa jaseuse rivière ; bientôt les collines s'abaissent en de grands détours au milieu de vastes prairies tourbeuses ; le petit chemin de fer monte sur un plateau accidenté, véritable toit des eaux pour toute la Bretagne où naissent la rivière de Lannion, le Trieux, le Blavet et l'Hyère, qui deviendra plus bas une partie du canal de Nantes à Brest. Les nuages accourus des deux mers se heurtent sur ces hauteurs et produisent des pluies abondantes entretenant sans cesse le volume des ruisseaux et des rivières.

Cette ligne de faîte est peu large, on ne tarde pas à descendre dans une vallée moins accidentée que celle du Trieux. Là coule l'Hyère, dont on voit, un peu au-dessous de la grosse bourgade de Callac, se gonfler le courant par l'arrivée de ruisselets nombreux. Bientôt l'Hyère est large et ample ; sa vallée, très verte, est assez austère, on n'y retrouve pas la grâce des petits bassins qui s'ouvrent vers la Manche. Plus moroses encore sont les sites aux abords de l'antique métropole de la Bretagne celtique, Carhaix, « la cité montueuse » dont parle Brizeux, si fièrement placée au sommet d'un plateau où se croisaient jadis toutes les voies romaines de l'Armorique, aujourd'hui encore centre des routes et des chemins et, bientôt, nœud central du réseau intérieur des chemins de fer bretons.

La ville, où l'on monte, de la gare, par une rue en pente bordée de maisons basses, a encore des apparences de fête. Il y a quelques jours à peine une compagnie d'infanterie est venue de Morlaix, en grande tenue et a pris ses logements chez les habitants qui l'ont reçue avec joie. Le lendemain, la compagnie se rendait sur une vaste esplanade d'où la vue s'étend sur un superbe horizon des Montagnes-Noires aux monts d'Arrée. Les hommes gantés de blanc, les officiers et l'adjudant en épaulettes, au milieu d'une foule de Bretons accourus dans leurs pittoresques costumes des vallées de l'Aulne et du Blavet, de Landerneau et de Roscoff, de Guingamp et de Huelgoat, défilaient en portant les armes devant la statue d'un capitaine qui décore la promenade. Il en est ainsi chaque année.

L'officier à qui cet honneur est réservé mérite cet hommage. C'est la Tour d'Auvergne, premier grenadier de la République.

On ne trouverait cependant pas la Tour d'Auvergne sous ce nom sur les registres de l'état civil de Carhaix. Le livre où étaient inscrits les « baptêmes, mariages et décès » dans cette petite ville, porte, à la date du 23 décembre 1743, la mention suivante :

Théophile Malo, né le 23 décembre 1743, fils légitime de noble maître Olivier Louis Corret, avocat à la Cour, sénéchal de Trébivan, et de dame Jeanne Lucresse Salaun, son épouse, a été baptisé le 25 dudit mois par le soussigné recteur ; parrain et marraine ont été les M. : maître Théophile Mathurin Huchet, sieur de Dangeville, conseiller, avocat, conseiller du Roi au siège présidial de Quimper, et demoiselle Vincente Le Roux, dame de Kervasdoué, soussignés.

Signé : Vincente Jeanne Le Roux, Huchet Dangeville, de Thilbaut, notaire, Bronnec de Botsey, Ladugentil Pourcelet, de Beauverger Pourcelet, Armelle Pourcelet, Beauverger Pourcelet, subdélégué, Botsey Guezno, Pécourt, Treveret Pourcelet, adjoint, Corret, L. D. Veller, recteur de Plouguer et Carhaix.

Rien dans cet acte ne donne à l'enfant la moindre parenté avec l'illustre famille de La Tour d'Auvergne, c'est-à-dire avec les Bouillon et les Turenne. Tous les noms inscrits dans l'acte de baptême sont ceux de bons bourgeois, de cette bourgeoisie des petites villes qui fit la Révolution et dont les fils devinrent les chefs des armées de la République et de l'Empire.

Même en Bretagne, surtout en Bretagne, pourrait-on dire, dans ce pays que nous nous représentons si volontiers arriéré, presque sauvage, cette bourgeoisie de bourgade était éclairée et éprise de progrès. Nulle part plus que dans ces contrées sur lesquelles devaient s'appuyer la Vendée et la chouannerie, on ne vit un tel élan pour les idées nouvelles. Si les campagnes se laissaient enrôler dans les rangs de l'insurrection à la voix de quelques-uns de leurs recteurs, les centres prêtèrent aux colonnes républicaines l'appui de leurs gardes nationales. Des nombreux monuments élevés depuis quelques années en l'honneur de la Révolution, aucun n'est plus éloquent que celui érigé à Pontivy pour commémorer la fédération de près de 200 bourgs ou villes de Bretagne et d'Anjou.

Dans ce milieu de libéralisme éclairé naquit et vécut Théophile Malo Corret. Sa petite ville était une des plus humbles par le chiffre de la population, mais une des plus illustres par les origines de toute la Basse-Bretagne. Il y avait là une petite noblesse d'épée et une petite noblesse de robe qui avaient pris à cœur d'orner la cité de demeures de belle allure. Plusieurs hôtels de la Renaissance et du dix-septième siècle sont restés debout, pittoresques et élégants à la fois. Ce n'est point dans l'un d'eux que vint au monde le futur grenadier. La maison où l'on a apposé une plaque rappelant la naissance du héros est une des plus simples de la ville ; comme ses voisines, elle est bâtie de robuste granit à gros grain ; des pierres énormes forment le linteau et les montants des portes et des fenêtres ; le reste est un crépi qui depuis longtemps n'a été renouvelé. Cette demeure a un caractère froid, banal, pauvre, jurant

avec le pittoresque des hauts pignons, des murs
ventrus, des façades sculptées qui l'avoisinent.
Rien n'y sent la race et le terroir.

De fait, Théophile Malo n'était Breton que par
sa mère. Son grand-père était le fils naturel du
père du grand Turenne, Henri de la Tour d'Auvergne, vicomte de Turenne, duc de Bouillon,
prince souverain de Sedan et de Raucourt. La
mère, Adèle Corret, paraît avoir été une suivante
attachée à la famille. Quoi qu'il en soit, l'arrière-
grand-père de Théophile Malo fut reconnu en
quelque sorte comme appartenant à la famille de
Bouillon, car la princesse Henriette de La Tour
d'Auvergne l'emmena avec elle en Bretagne, lorsqu'elle alla épouser le marquis de la Moussaye.
Henri Corret grandit dans la province, s'y maria
et fit souche d'une famille alliée à plusieurs familles nobles ou de robe de Basse-Bretagne. Mais
les Corret n'en demeurèrent pas moins roturiers,
de mince bourgeoisie.

Le sénéchal de Trébivan ne rêvait pas de hautes
destinées pour son fils Théophile Malo ; il le désirait magistrat ou prêtre : dans ce but, il le fit
entrer au collège des jésuites de Quimper. Mais,
par un phénomène fréquent d'atavisme, le jeune
homme répugna à devenir conseiller du Roi ou
recteur. Le sang des Turenne se réveilla en lui,

il voulut être soldat et entra à l'école de la Flèche, âgé déjà de vingt-deux ans. Il en sortit trop tard pour aller à l'École militaire et sollicita son admission dans la maison du Roi, d'où il pouvait sortir officier.

Ce n'était point chose facile : il fallait prouver sa qualité de gentilhomme. Théophile Malo Corret, ne songeant point encore à se prévaloir de sa qualité d'arrière-petit-neveu naturel du grand Turenne, eut recours à la famille noble de sa mère, qui lui fit délivrer par quatre gentilshommes de l'évêché de Tréguier un certificat déclarant que Théophile Malo *de* Corret était écuyer. Ce faux témoignage, car c'en est un dans nos idées modernes, permit au jeune homme d'entrer à la 2ᵉ compagnie des mousquetaires. Rouget de l'Isle, Carnot, Bonaparte, bien d'autres encore, durent employer les mêmes procédés pour pénétrer dans une carrière jalousement réservée à la naissance.

Dès qu'il eut le temps de service exigé, Théophile Malo de Corret, voyant qu'il n'avait pas grand avenir dans la maison du Roi, sollicita une sous-lieutenance et fut nommé au régiment d'Angoumois, où il parvint lentement au grade de lieutenant en premier, suivant cette glorieuse légion dans toutes ses garnisons : Saint-Hippolyte-du-Fort, Collioure, Marseille, Antibes, Grenoble,

Mont-Dauphin, Embrun, Avignon, Montauban et Huningue, où il eut un duel dont la cause est demeurée mystérieuse et dans lequel il reçut une grave blessure au bas-ventre ; il n'en guérit jamais. Retenu au lit, se sentant seul, presque sans ressources, il se souvint de l'origine de son aïeul et songea à se faire un appui du duc de Bouillon. Il sollicita de son illustre parent une reconnaissance. Peu de temps après, il recevait de « Godefroy, duc régnant de Bouillon », une lettre qui l'autorisait à prendre le nom et les armes de cette maison, « qui sont la Tour d'Auvergne et le gonfanon, en ajoutant dans l'écusson la barre, comme enfant naturel de ma maison ».

Cette lettre est du 23 octobre 1777. Peu après, une autre autorisait le lieutenant de Corret à se faire inscrire dans l'état militaire sous le nom de la Tour d'Auvergne.

Je n'ai pas l'intention de refaire ici l'histoire du premier grenadier de la République. Si j'ai été amené à parler de ce grand soldat, c'est qu'il est impossible de ne pas songer à lui, à deux pas du beau monument dû à Marochetti et de l'hôtel de ville où se trouvent les humbles reliques du héros.

Sur la cheminée du secrétaire de la mairie est

un coffret de verre abritant un petit écrin où sont enfermés des objets envoyés par le roi de Bavière à la suite de l'exhumation du corps de la Tour d'Auvergne, en 1837. Une dent jaunie, mais saine encore, une mèche de cheveux bruns, l'épingle qui fixait le ruban à la queue de cheveux qui flottait sur le collet des grenadiers, deux boutons provenant des guêtres montantes, voilà tout ce que possède la ville natale de La Tour d'Auvergne. Elle avait de lui un portrait le représentant en lieutenant du régiment d'Angoumois, dans son uniforme blanc à revers bleu. Ceux qui ont vu ce tableau disent qu'il montrait un jeune officier de haute taille, vigoureux, de mine fière, sérieuse et franche. Il y a quelques années, on procéda à des réparations à l'hôtel de ville de Carhaix. Ce portrait et celui d'un autre enfant de Carhaix, l'amiral Émériau, furent placés dans un couvent de sœurs, en attendant le moment de reprendre place dans la maison municipale. Les sœurs mirent les deux tableaux dans la cour ! Les élèves prirent plaisir à lapider les portraits ; à l'aide de ciseaux, de morceaux de bois et d'épingles, on enleva la couleur, on troua la toile. Lorsqu'on voulut replacer les tableaux, on n'en trouva plus que d'informes débris. Ce fait s'est passé de nos jours ; il en dit long sur l'éducation donnée aux petites filles bretonnes il y a peu d'années.

Cet acte de vandalisme est bien compensé, il est vrai, par le pieux souvenir que garde Carhaix de son illustre enfant. La fête annuelle du héros n'a certes pas l'éclat de celle de Hoche à Versailles. Carhaix est trop loin de Paris, et la compagnie envoyée de Morlaix ne saurait offrir un spectacle aussi imposant que les escadrons, batteries et bataillons de Versailles défilant dans les majestueuses rues de la ville royale. Mais la manifestation, pour être humble, n'en est que plus touchante. Sans le vouloir, peut-être, on rend au premier grenadier de la République l'hommage qu'il aurait rêvé. Soldat de grande valeur, digne d'être placé au plus haut sommet de la hiérarchie, il ne voulut jamais être que le chef d'une compagnie : une compagnie vient chaque année passer devant la fière statue qui contemple les lignes mélancoliques des Montagnes-Noires et le vaste horizon du plateau breton.

On ne peut s'empêcher de regretter que la Tour d'Auvergne, même lorsqu'il exerça le commandement de troupes représentant parfois plus d'une division d'infanterie, n'ait voulu que ses épaulettes de capitaine. Ce que l'on sait de lui prouve qu'il aurait été un des meilleurs généraux de la

République. Mais le scrupule auquel il obéissait est trop noble pour ne pas faire pardonner cette trop inflexible modestie. Il avait refusé de suivre ses camarades du régiment d'Angoumois dans l'émigration, malgré les instances du colonel et du corps d'officiers lui disant qu'un descendant des Turenne se devait à la royauté. Mais, tout en restant à son poste, il ne voulut pas être accusé d'avoir voulu profiter de la pénurie d'officiers dont l'émigration allait être cause, et il se promit de ne jamais accepter un grade supérieur à celui qu'il avait. Il tint parole, malgré toutes les instances, et lorsqu'un brevet de colonel lui fut envoyé après ses exploits à l'armée des Pyrénées, il le retourna au ministre.

Par cette ténacité, La Tour d'Auvergne tient bien à cette province de Bretagne qu'il a toujours aimée et dont, à ses heures de repos, il se plaisait à rechercher et à retracer les origines.

La Tour d'Auvergne avait en effet fouillé le passé nébuleux de l'Armorique pour écrire l'histoire de sa petite ville; il y voyait la cité d'*Aëtius*, tandis que d'après les Bretons modernes le nom serait Ker-Ahès, la cité d'Ahès, seconde fille du roi d'Is, Gradlon. Ce sont là querelles d'archéologues; la seule chose certaine, c'est que la ville est d'antique origine, les Romains en firent, sous le nom de Vorganium, le centre de leur domination en Armorique.

Chef-lieu de district pendant la Révolution, Carhaix, de nos jours, est un simple chef-lieu de canton. Un moment, la prospérité des mines de Huelgoat parut lui prédire une situation industrielle heureuse, mais les mines sont abandonnées malgré leur richesse et toute la région demeure agricole et pastorale. Peut-être le chemin de fer permettra-t-il un jour de reprendre l'exploitation, jadis grevée de frais de transports énormes.

Connaissez-vous rien de plus sinistre qu'une ruine industrielle récente dans un pays minier? Lorsque les siècles ont passé sur les tas de scories et de déblais, la végétation s'en empare, les broussailles et les graminées masquent l'aspect lugubre des choses, le lierre et les pariétaires couvrent les murailles calcinées. Mais lorsque les plantes ne trouvent pas encore assez d'humus pour vivre sur les scories, quand les murs de brique ou de schiste écroulés ou béants sont dénudés, c'est horrible. Ainsi, dans le morne paysage de landes, de marais et de rochers apparaissent, près de Poullaouen et jusqu'à Huelgoat, les mines abandonnées qui furent célèbres. Les ouvriers sont partis, leurs misérables demeures se sont effondrées, les maisons de paysans encore debout sont d'une misère lamentable. Le sol de terre battue, les meubles déjetés, les grabats qui servent de lit ne rappellent en rien les demeures si propres du bas pays, avec leur mobilier de chêne ciré aux ferrures polies. Ce pays sue la fièvre, comme au temps où les vapeurs sulfureuses du minerai grillé se répandaient dans l'atmosphère. Tout le bassin de Poullaouen et le vallon de Penfeunteun offrent le même spectacle. Des scories noires couvrent les pentes, semées çà et là de vitrifications bleues qui étincellent au soleil. Parfois, en fouillant dans ces débris, on rencontre un morceau de minerai échappé au mineur.

Les mines de Huelgoat et de Poullaouen ont surtout été exploitées au siècle dernier ; des documents datant de 1760 les montrent en pleine exploitation. Lorsqu'il y a cent ans Cambry visita le pays, il y avait encore, à Poullaouen seulement, 2,400 ouvriers, hommes, femmes et enfants. De grandes roues servaient à l'extraction du minerai, de longs appentis, des forges, des cités ouvrières, des chantiers animés par des chevaux et des voitures « annonçaient une grande manufacture ». De vastes bâtiments servaient au lavage, d'autres à la fonderie. La production en plomb et en argent était considérable ; Huelgoat était plus riche en argent et Poullaouen en plomb. Les créateurs des établissements, des mineurs allemands venus en Bretagne vers le xiv° siècle, ont fait pour l'exploitation des travaux extraordinaires ; l'étang d'Huelgoat est leur œuvre, de là partent les canaux qui amenaient aux mines de Huelgoat, après un parcours de près de deux lieues presque entièrement souterrain, les eaux qui servaient à faire mouvoir les machines, au lavage et à l'épuisement des eaux dans les mines.

La profondeur des puits était grande. Six cents pieds, c'est-à-dire deux cents mètres à Poullaouen, quatre cents pieds à Huelgoat. Brizeux, dans son poème des *Bretons*, conduit Lilèz dans les galeries sombres et fait dire au guide :

La terre à huit cents pieds monte au-dessus de nous.

Peut-être *huit* était-il là pour éviter la désagréable allitération de six cents. Les *Bretons* paraissaient en 1846 ; peu d'années après, les mines étaient abandonnées et le temps, accomplissant son œuvre, faisait bientôt de cette contrée prospère le lamentable paysage que je viens de dépeindre[1].

---

1. Il y a cent ans, Cambry évaluait le plomb recueilli chaque année à Poullaouen et a Huelgoat à 1,350,000 livres. L'argent atteignait 4,536 marcs.

Le contraste est grand entre le vallon des mines de Poullaouen et la vallée de l'Aulne, où l'on débouche soudain. Bien ouverte, profonde, animée par sa jolie rivière, couverte de bois, elle évoque l'idée de l'Arcadie. Mais combien plus beau est le ravin étroit de Pont-Pierre, par lequel on monte à Huelgoat! C'est un charme de tous les instants. Un torrent bondit jusqu'à la rivière claire et large déjà, au pied d'une colline couronnée de hauts talus qui doivent avoir été un camp romain. Bientôt le paysage devient grandiose; la route, dominant le torrent, longe des bois superbes où le chêne d'Armorique fait place à de magnifiques futaies de sapins, chose rare en Bretagne. Les vallons adventifs sont profondément creusés; au-dessus de l'un d'eux, on aperçoit, un moment, les ruines des mines de Huelgoat, elles n'ont pas le sinistre caractère de celles de Poullaouen, grâce à la splendeur de la végétation.

Celle-ci devient plus belle encore à mesure qu'on avance dans une forêt rappelant les beaux sites du Jura. Le cocher arrête sa voiture et nous indique un sentier qui descend dans le ravin. On entend des eaux bondir et mugir, mais rien ne prépare à l'admirable spectacle qui nous attend. Qu'on imagine, sous une futaie de sapins et de hêtres, de monstrueux blocs de granit moussus, couverts de lierre, de scolopendre et de fougère finement découpée. Parmi ces blocs le torrent arrive, se heurte, se brise, tourbillonne, plonge au fond d'abîmes, court sous les rochers en d'invisibles canaux d'où monte sa voix frémissante, reparaît au jour, écume et bondit de nouveau. Là tranquille en des vasques, ici amusant dans ses colères contre des blocs monstrueux. La scène à laquelle on peut assister en suivant d'heureux sentiers se passe dans une lumière douce, tamisée sous le feuillage transparent des hêtres. C'est délicieux de fraîcheur et de murmures et grandiose à la fois.

Ce « gouffre » précède Huelgoat, gros bourg prospère et propre, fort curieux d'aspect par le contraste brutal des encadrements de granit gris des portes et des fenêtres, se découpant sur des façades d'une blancheur éblouissante au-dessus desquelles monte la flèche grêle de l'église. Le bourg se termine vers un bel étang entouré de bois, de prairies, de petites collines hérissées de roches. Sur la chaussée, un vieux moulin seigneurial aux murs épais, percés de fenêtres de la Renaissance et empanachés de lierre domine le plus extraordinaire chaos de rochers que l'on puisse voir. Il y a là des blocs dont quelques-uns doivent peser plus de cent tonnes et sont arrondis comme des galets. Quelques-uns ont été brisés, beaucoup sont couverts de verdure, chênes, viornes, sorbiers aux grappes rouges. Entre les roches, le torrent gronde et se perd, tantôt dans un vaste lit, tantôt dans une fissure qu'on franchit d'un petit bond. Il a creusé dans le granit des marmites et des niches, il a sculpté des colonnes; il se précipite de très haut dans des gouffres. C'est d'une grandeur tragique.

Deux choses gâtent ce site : les carriers qui ont commencé à débiter en marches d'escaliers les admirables roches, mais que l'indignation des touristes et des artistes a heureusement arrêtés, et les gamins qui veulent à tout prix guider les visiteurs. On avait placé des écriteaux pour montrer le chemin des curiosités principales, les guides furieux ont tout détruit. On en chasse un, il en revient dix, celui-ci voulant nous conduire à la Roche-Tremblante, celui-là voulant la faire osciller, et, de fait, l'énorme bloc qui pèse, dit-on, 75,000 kilos, s'incline devant nous; d'autres nous amènent de force à la Cuisine de la Vierge, étrange chaos où ils voient bien des choses qu'on ne devinerait guère sans une bonne volonté absolue.

Huelgoat abonde en sites de ce genre; mais

dans la vallée de l'Elez surtout la nature bretonne présente ses coins les plus extraordinaires. Il faut suivre la route conduisant au gros bourg commerçant de Braspart et atteignant à Bellevue la ligne de faîte entre l'Aulne et l'Elez. De là, on a une admirable vue sur tout le grand plateau breton. Voici, au delà de Carhaix, les croupes sombres des Montagnes-Noires ; vers l'Océan, c'est le Mené Hom ; vers la Manche, des hauteurs nues semées de roc, les monts d'Arrée :

> ... Les montagnes d'Arré
> Dressent sur le chemin leur dos morne et sacré,
> Le dos de la Bretagne. Alors tout se déboise,
> Lande courte, aucun bruit, des rocs semés d'ardoise.
> Un lourd soleil d'aplomb, sur le chemin pierreux.

Le paysage ici est vraiment sublime ; en dépit des médiocres altitudes de tous ces petits monts, on a la sensation d'être haut, bien haut, au sommet d'un plateau de montagnes.

La route descend aussitôt dans un vallon riant, d'un côté couvert de bruyères, de l'autre boisé et creusé de ravins. Au fond, des bois très épais, un petit village dominé par une admirable tour gothique percée de hautes baies et couronnée par une balustrade flamboyante aux angles surmontés d'aiguilles. C'est Saint-Herbot ; à lui seul ce village vaudrait le voyage de Bretagne. L'église annoncée par la tour est un des monuments les plus beaux de toute la péninsule, son porche peuplé de statues, ses hautes fenêtres flamboyantes, son merveilleux jubé de bois sculpté, son ossuaire, le calvaire qui la précède, forment l'ensemble le plus complet d'un sanctuaire breton.

Saint-Herbot est un pèlerinage, mais un pèlerinage d'un genre particulier ; on y mène le bétail au mois de mai pour attirer sur lui la bénédiction divine ; de tous les points des monts d'Arrée et des Montagnes-Noires arrivent alors au Pardon les bœufs et les vaches.

Ces animaux sont voués au saint ; lorsqu'on les vendra, on se réservera la queue, elle sera portée à la chapelle et offerte au recteur. L'église, en certaines années, est remplie de ces queues, ou tout au moins de poils recueillis sur ces appendices et destinés à être vendus au profit de la chapelle. Parfois la vente produit plus de 3,000 francs.

Près de l'église, un joli chemin monte à travers des bois et atteint bientôt des restes de remparts et de tours cyclopéennes envahies par la végétation. Une haute porte gothique, délicatement travaillée, ouvre sur une cour ornée d'une grande vasque ; les bâtiments qui l'entourent sont profondément délabrés, mais ils durent être une des plus belles demeures de Bretagne. Devant le château, sous de grands arbres formant parterre, une seconde vasque, supportée par un piédouche et ornée d'armoiries, complète cet admirable ensemble de ruines. Cette vasque, d'une seule pierre, a quatre mètres de diamètre.

Le château de Rusquec est au sein d'une nature admirable, au-dessus de l'étonnante fissure où coule l'Elez, venu des grands marais de Saint-Michel.

On descend un instant à travers bois, puis on atteint un site étrange rappelant le fond de vallon où se perd la Valserine en amont de Bellegarde[1]. Mais au lieu des calcaires du Jura, ce sont des granits que le torrent a sciés et érodés. Qu'on imagine une immense dalle creusée de chenaux où court le torrent. Les eaux, un instant réunies pour faire mouvoir le moulin, arrivent alors au-dessus d'un chaos formidable de rochers, c'est une cascade de blocs plus gros que ceux de Fontainebleau, cascade immobile ayant plus de 100 mètres de hauteur, des milliers de rochers arrondis la forment, ceux-là nus, ceux-ci moussus, d'autres couverts de sorbiers, de chênes, d'aunes et de

---

[1]. Contrée du Sud-Est à laquelle sera consacrée en partie la 1ᵉ série du *Voyage en France*.

mélèzes. Des lierres, des airelles, des fougères croissent sous les arbres, se suspendent aux roches.

Là dedans l'Elez se précipite de roche en roche, se perd, reparaît au jour, bondit de nouveau. C'est un murmure incessant. Parfois une buée légère s'élève et le soleil la transforme en étincelant arc-en-ciel.

Je suis rentré à Huelgoat émerveillé de ces beautés inattendues. Ce matin, au point du jour, je suis reparti pour aller faire l'ascension du point culminant des monts d'Arrée, la chapelle de Saint-Michel. Le temps si doux et pur hier s'était assombri, c'est sous une bruine fine que nous avons remonté la vallée du Faou dont le torrent alimente l'étang d'Huelgoat. Étrange paysage celui-là. Ici des falaises terreuses où des hirondelles de rivage ont creusé des nids innombrables. Çà et là d'énormes rochers arrondis couvrent le sommet des collines, beaucoup ont roulé dans le fond du vallon, d'autres se sont arrêtés sur les pentes. Le paysage riant aux abords de Huelgoat devient bientôt sauvage; le Faou court entre des landes marécageuses, bordées de collines basses sur lesquelles de hauts rochers semblent des monstres accroupis. Souvent des éboulis sont arrivés jusqu'au torrent, celui-ci alors s'irrite, écume, bondit. Et le silence se fait de nouveau, on quitte le ruisseau pour monter sur un plateau de landes mornes, à l'entrée duquel est un beau menhir. La lande est un peu cultivée ; des champs de blé, de choux énormes, de trèfle, montrent que le progrès se fait dans ce pays jadis sauvage.

Sur la route, des hommes et des femmes s'en vont à deux ; les hommes, vêtus d'une veste de bure rousse à basques courtes, portent un sac sur le dos, renfermant la pâte pour le pain, les femmes accompagnent leur mari à La Feuillée, elles mettront le pain en forme, le feront mettre au four et reviendront le soir avec le pain cuit.

Mon cocher s'exprime en bon français, très correctement ; j'en suis surpris, car il est vêtu d'une misérable blouse, malgré la pluie, et a les pieds nus dans des sabots pleins de paille. Je l'interroge, il a reçu une bonne éducation à l'école ; au régiment il a été sergent-fourrier et cinq années durant a tenu garnison à Lyon. On a voulu le faire rengager, on lui a promis l'épaulette, il a tout refusé.

— Mieux vaut la misère ici que l'aisance au loin, m'a-t-il dit.

Et c'est pourquoi il est conducteur à l'hôtel Le Bras !

Il sait bien des choses sur son pays. Je lui raconte que je voulais voir La Feuillée, dont Cambry a fait un tableau si triste en dépeignant ce village comme un lieu sauvage, au milieu d'un désert. Pays alors pauvre et sans ressources, mais dont les habitants, obligés de se faire les intermédiaires du commerce entre leurs voisins des deux versants pour l'échange des produits, étaient plus avisés et instruits que les autres Bretons.

Le paysage n'a pas changé depuis Cambry, c'est toujours l'étendue immense des marais, entourée de hautes collines nues, hérissées de roches d'ardoises. Mais le village est précédé de belles écoles, semblables à un collège, trop vastes même, dit-on ; les maisons se transforment, on devine un bien-être réel. Les landes disparaissent peu à peu, partout on voit des défrichements nouveaux.

— D'où vient cela ? dis-je à mon guide.

— Maintenant tout le monde est soldat, les riches qui ont de la terre comme les pauvres sans ressources. Ils voient ce qu'on fait ailleurs et, en revenant au pays, mettent leurs landes en culture. Ensuite les landes, jadis indivises, ont été partagées ; le pays était couvert de moutons, il n'y en a presque plus, on préfère cultiver des choux de Lannilis et du blé ou créer des prairies. Il y a trente ans que la commune a adjugé ses

communaux, aujourd'hui on ne reconnaît plus la
contrée. Au lieu de transporter du Léonnais en
Cornouailles ou de Cornouailles en Léonnais les
produits de ces contrées, l'habitant de La Feuillée
préfère cultiver sa lande.

En effet, partout on voit des cultures et des
prairies. De La Feuillée à Botmeur, le pays peut
passer pour riche. Seul le marais reste stérile et
ne produit que la tourbe, assez abondante pour
donner lieu à une exploitation industrielle.

Hélas ! la brume fait place à la pluie, une pluie
froide, tenace, chassée par un vent violent. La
chapelle Saint-Michel où nous allons disparaît
dans les nuages. Parvenus à la route de Braspart,
la pluie devient une averse violente. Trois kilomètres seulement me séparent du mont, mais l'ascension sera impossible, d'ailleurs la vue sera
nulle. Il faut rentrer..

Au moins je changerai d'itinéraire ; nous pre-
nons la grande route qui monte sur l'arête même
des monts d'Arrée, au roc Trévezel, croupe étroite
faite de roches ardoisées surgissant de la lande.
C'est une des plus singulières formations géolo-
giques que l'on puisse voir. L'arête se prolonge
régulière pendant près de 30 kilomètres, dominant au sud les plaines marécageuses, au nord
les belles campagnes de Morlaix et de Landivi-

siau. De chaque côté des roches, les landes, allotiés, divisées en damiers par de hauts talus, se prolongent à l'infini. Par le beau temps, me dit-on, la vue est superbe d'ici. Hélas ! il pleut, il pleut encore quand nous arrivons à Huelgoat.

Je suis descendu à Morlaix par le chemin de fer à voie étroite. Il remonte d'abord la vallée de l'Aune, puis, par de fortes rampes, atteint la crête des monts d'Arrée. Sur l'autre versant, la pluie a cessé ; des portières du wagon on pouvait voir la crête ardoisée des monts d'Arrée dresser ses masses fantastiques. Vus des environs du Cloître, les rochers du Cragou surtout sont étonnants. Il y aurait bien des choses à découvrir ici, mais le temps presse et la Bretagne est bien grande !

Des bois, des champs verts encore, une longue tranchée et le train arrive sur le viaduc de Morlaix, dominant la coquette cité aux toits d'ardoises et le port étroit aux eaux tranquilles dans lequel reposent les navires.

Comme nous sommes loin ici du chaos de roches d'Huelgoat et des sauvages marais de Saint-Michel !

XII

EN CORNOUAILLES

Le dragon de Merlin. — Musée monumental du Léonnais. — Landerneau. — Une ville calomniée. — La vallée de l'Elorn. — Le Folgoët. — Lesneven. — Le premier marché du Finistère. — Plougastel, ses mariages et ses fraises. — Crozon et Morgat. — La rivière d'Aune. — Port-Launay. — Châteaulin et ses ardoises. — La vallée du Steir. — Arrivée à Quimper.

Quimper, .. décembre, ...

Voici le dragon rouge annoncé par Merlin...

En simple prose c'est la locomotive dont les deux grands yeux brillent au loin, dans la pâle brume du matin, venant de Guingamp pour gagner Brest. L'express s'arrête un instant à la gare de Plouaret où aboutit le petit embranchement de Lannion ; il nous prend, moi troisième, et se remet en route pour Morlaix et Brest.

Le train court dans la campagne s'éveillant toute frissonnante de la brume apportée par le vent de mer ; à cette heure le paysage de landes rousses est sinistre : eaux rouillées, marécages, maigres chênaies se déroulent sans cesse, mais sur ce plan fauve les genêts et les ajoncs verts ou fleuris prennent une splendeur étrange. De chaque côté de la voie court une haie de charmilles ; les feuilles ont roussi avec l'automne, leur teinte est rutilante, on dirait un buisson d'or rougi.

Ce haut plateau s'anime aux abords de Morlaix. Alors des maisons de campagne, des châteaux, des usines, puis la ville toute mignonne au-dessous de son viaduc, prolongeant ses faubourgs dans les vallées profondes, forment comme un décor de féerie qui se poursuit encore après le long arrêt dans la gare. Mais bientôt la campagne déserte recommence. Pour éviter de franchir à une trop grande hauteur les vallées encaissées, le tracé du chemin de fer se tient près de la tête des eaux ; ici des landes ont offert un passage facile, mais les villages sont rares ou éloignés ; c'est dommage, car on pourrait, au passage, admirer les précieux édifices qui font du pays, entre Morlaix et Landerneau, comme un musée de l'art breton. Nulle part les églises, les calvaires, les ossuaires, les porches monumentaux ne sont plus nombreux et plus beaux. La floraison de la Renaissance a été merveilleuse dans tout ce pays de Léon ; si elle a produit à Saint-Pol ses œuvres les plus parfaites, ces confins de la Cornouailles et du Léonnais se sont enrichis d'une plus grande quantité de chefs-d'œuvre. Saint-Thégonnec, Guimiliau, Lampaul, Landivisiau seraient une joie pour les yeux, si les wagons pouvaient courir près de leurs monuments de granit, ciselés comme des pièces d'orfèvrerie.

Mais on passe au loin, on fait seulement connaissance intime avec le pays, lorsque le chemin de fer est descendu dans la vallée de l'Elorn, si fraîche, si verte. Voici sur les rochers couverts de lierre, entre de grands arbres, de belles ruines, c'est la Roche-Maurice. Le train s'arrête un instant ici, les gamins du village sont rangés le long de la voie, ils chantent en chœur une complainte bretonne, des portières on leur lance un sou et c'est alors une bataille ardente. Ils n'ont pas fini leur mêlée, le train repart et bientôt on est en gare de Landerneau.

Pourquoi donc cette jolie ville bretonne a-t-elle une réputation comique ? Pas plus que Brive, Carpentras ou Quimper, elle ne mérite les brocards dont on l'afflige. Combien de chefs-lieux voudraient posséder son site, sa jolie rivière, ses hautes collines, son pont bordé de maisons, ses jolies églises, ses aristocratiques demeures de granit dont quelques-unes ont des tours engagées d'un effet charmant. Comme on comprend l'amour-propre local de ses anciens habitants plaçant au-dessus de tout leur humble petite ville ! On a conservé le souvenir de ce gentillâtre de Landerneau, amené à Versailles et qui restait froid devant les splendeurs accumulées par le grand roi. On s'en étonnait, il répondit que la lune de Landerneau était plus grande que celle de Versailles ! On rit beaucoup de cette sortie, prise pour de la naïveté, le brave homme voulait parler de la girouette dorée de l'église Saint-Houardon, taillée en disque !

En dépit du dicton : « Il y aura du bruit dans Landerneau », la ville est d'un calme monacal ; dans l'Elorn asséchée, deux ou trois goélettes reposent sur la vase. Le joli torrent de la Roche-Maurice est bien laid maintenant sur ces boues où il se traîne ; vienne le flot, il sera un grand fleuve chargé de navires :

C'est l'El-Orn que la mer sale de son écume.

Landerneau a perdu de son activité ; un moment elle espéra devenir une ville industrielle ; une grande usine s'y était créée pour la filature et le tissage du lin ; on espérait, sous ce climat humide et pluvieux comme celui de l'Irlande, obtenir des toiles analogues à celles de Belfast,

mais cet établissement isolé n'a pu lutter contre
ceux de Lille et d'Armentières ; les lins de Bretagne n'ont pas la finesse des lins de Riga qui
entrent pour une si grande part dans la fabrication en Flandre. L'usine a dû fermer ses portes,
on ne voit plus passer dans les rues de

Villageois enlai tis vêtus e) ouvriers.

Le vœu de Brizeux s'est donc accompli :

Nature, ô bonne mère, éloigne l'industrie !

Les habitants de Landerneau n'ont sans doute
pas pensé comme leur poète ; en somme la disparition de leur usine a été un désastre. Pour la
Bretagne entière c'est un mal, la culture du lin
en a souffert et c'était une ressource précieuse.

Le pays de Landerneau est délicieux ; nulle
part les eaux, les rochers, les bois, les cultures,
ne forment un tableau aussi heureux de formes
et de tons. Si le soleil planait plus souvent sur
cette vallée de l'Elorn, ce serait un paysage incomparable, à mer haute surtout, quand l'estuaire
étincelant, encadré entre les collines boisées, où
les rocs fantastiques surgissent de la verdure, a
toute l'ampleur et la majesté d'un fleuve des tropiques. Le voisinage d'une grande ville comme

Brest a fait naître partout des villas, des châteaux, des hameaux où le menu peuple se rend le dimanche en partie de plaisir.

Moins agreste est la région du nord de Landerneau, vers Lesneven, mais elle est une des plus prospères de la Bretagne. Il y a cent ans, déjà, c'était une contrée agricole qui frappait Cambry par sa richesse, bien que les progrès de l'agriculture fussent nuls ; aujourd'hui, au contraire, les progrès sont considérables, les machines agricoles sont d'usage courant. Lesneven est devenu un des plus grands marchés agricoles, non seulement de la Bretagne, mais de la France entière.

Cependant beaucoup de landes et de maigres taillis attendent encore leur mise en valeur, on en verrait même davantage sans les hauts talus complantés de chênes qui masquent le paysage. Même on rencontre de vastes marais dont le desséchement serait facile et fructueux, à en juger par les tentatives accomplies. Le plus grand de ces marais, Land Gazel, semé de gros blocs de granit erratique, montre, çà et là, parmi les joncs et les mousses, de beaux prés à l'herbe vigoureuse.

Un des petits chemins de fer départementaux du Finistère traverse la contrée de Lesneven ; sa trouée, dans ces terres jalousement encloses, n'ayant pas encore été bordée de haies, permet mieux que les routes de se rendre compte de l'état du pays. On traverse ainsi de belles allées de hêtres, près de Ploudaniel, et, bientôt, on aperçoit Lesneven. J'ai gagné la ville par le Folgoët, pour revoir une fois encore le superbe poème de pierre qu'est l'église, ses porches de granit sculptés et fouillés avec une admirable souplesse, son peuple de statues, son jubé semblable à une fine dentelle et creusé cependant dans la roche dure de Kersanton. A l'autel de la Vierge, sous la noire statue que prient les pèlerins, des religieuses en robe de toile crème, de pieuses femmes en coiffes bretonnes font la toilette de la madone et des ornements sacrés qui l'entourent. Dans ce cadre délicat et précieux où saint Sulpice a apporté trop d'or, de clinquant et de peinturlurage qui affadissent l'œuvre féerique des anciens Bretons, on dirait des abeilles.

Malgré les « ornements » modernes, l'église du Folgoët n'en demeure pas moins une des plus pures merveilles architecturales de la Bretagne, nulle part on n'a plus profondément fouillé et ciselé la pierre ; à l'extérieur comme au dedans ce n'est qu'une broderie capricieuse, donnant à l'édifice entier, des portails aux flèches roussies où gîtent les corneilles, une élégance aérienne. Et tout cela a été construit, dit la légende, pour célébrer un pauvre idiot, nommé Salaun, qui ne sut jamais de ses prières que ces mots *Ave Maria* et les répéta sa vie entière. A sa mort il sortit de sa bouche un superbe lys, portant inscrit en lettres d'or sur ses pétales d'un blanc immaculé : *Ave Maria*. Le miracle fit grand bruit et détermina dans la Bretagne entière un tel enthousiasme qu'en peu d'années, de 1409 à 1419, la splendide église s'élevait au-dessus de la fontaine près de laquelle Salaun passa sa vie.

Le Folgoët (mot à mot le *fou du bois*) possède encore, à côté de l'église, un élégant édifice de la même époque, le Doyenné, destiné au logement des prêtres. Cet ensemble admirable de monuments s'élève presque dans la solitude; le village, très petit, en est séparé par une vaste pelouse entourée d'arbres où se tiennent quatre foires, annexes de celles de Lesneven.

Il y a un kilomètre à peine entre les deux communes. En quelques minutes on atteint les rues larges, bordées de maisons basses, mais propres et bien tenues de la petite ville. Dès les premiers pas on devine un grand centre agricole, vivant uniquement par les campagnes voisines. Les enseignes des magasins et des cabarets sont à ce point de vue fort suggestives. Les quincailliers annoncent des *hache-lande*, c'est-à-dire des machines qui broient l'ajonc et le genêt, désignés en Bretagne sous le nom de landes, et permettent de les donner au bétail et aux chevaux ; plus loin, au delà du grand carrefour formant la place de Lesneven, près de l'élégant édifice moderne bordant le champ de foire, plusieurs cabarets s'annoncent comme la « réunion » ou la « descente » des « bouchers et des marchands de beurre ».

On est fixé aussitôt sur le commerce de Lesneven.

Cette petite ville peuplée de 3,000 habitants à peine est le plus grand marché du Finistère. Les rues d'un calme extrême les autres jours sont, le lundi, envahies par une foule innombrable, fort pittoresque par la variété des costumes venus de tous les points de la Cornouailles, du Léonnais. et du Trécorois, mais surtout d'un rayon de huit à dix lieues. J'ai eu la bonne fortune de rencontrer un habitant à qui j'ai demandé :

— On vend donc beaucoup de beurre ici ?

— Du beurre, Monsieur, mais il part chaque lundi de 25,000 à 30,000 kilogrammes de beurre doux ou de beurre salé, expédiés surtout à Morlaix, qui l'envoie au Havre et à Paris ; nous avons aussi chaque année de 10,000 à 12,000 peaux de bœufs sur le marché, jadis on vendait beaucoup de suif, maintenant le paysan plus aisé le consomme pour sa cuisine.

Nous vendons chaque année 200,000 porcs; tous les lundis on amène au marché de 50,000 à 60,000 œufs. A l'hospice de Lesneven où l'on élève de la volaille, on ramasse 25,000 douzaines d'œufs par an.

Et le bétail! Nous avons douze foires par an, Monsieur; il y vient de 2,500 à 3,000 têtes chaque fois; le Folgoët a quatre foires, à chacune d'elles se vendent 4,000 vaches. Quant aux chevaux, nous en voyons passer 36,000 par an, c'est-à-dire 3,000 à chaque foire. A la foire Saint-Jacques, le 25 juillet, il s'en est vendu 5,000 cette année.

— Et quel cheval fait-on?

— Jadis c'était le gros cheval, on ne nous en demande plus maintenant, nous faisons le postier, obtenu au moyen du croisement de l'arabe et de l'anglais avec la race bretonne.

Nous ne nous bornons pas là. Le paysan fait beaucoup de céréales et de fourrages, nous commençons les primeurs. On travaille chez nous, Monsieur!

— Je n'en doute pas, dis-je à mon obligeant informateur. Mais comme vous connaissez votre marché! Je voulais demander la mercuriale à la mairie, vous êtes une mercuriale vivante.

— C'est bien naturel, vous ne pouviez mieux vous adresser qu'à M. Robin, pendant trente ans placier de Lesneven[1].

A ce moment la sirène qui remplace le sifflet sur le chemin de fer de Lesneven s'est fait entendre, j'ai serré la main de M. Robin et couru à la gare pour retourner à Landerneau et, de là, à Plougastel, par un admirable chemin montant jusque sur les hautes collines de la rive gauche, d'où l'on commande à plus de 150 mètres le large estuaire de l'Elorn et la nappe immense de la rade de Brest. Mais souvent les aiguilles, les blocs, les remparts de rochers masquent le paysage de l'Elorn : l'attention se porte alors sur Plougastel.

Le village serait banal s'il n'avait son admirable calvaire où plus de 200 personnages taillés dans le granit, avec l'esprit et la gaîté des ymagiers du moyen âge, représentent des scènes de l'Évangile ; les figurants portent des costumes bretons qui donnent à l'histoire chrétienne une étrange saveur. L'entrée de Jésus à Jérusalem représente le Sauveur précédé de binious et de musettes.

---

[1]. Le placier est le percepteur des droits de place sur le marché ou le champ de foire, on paie tant par tête d'animal ou par mètre carré occupé.

Plougastel, malgré le voisinage de Brest, est resté breton ; le costume local s'y conserve avec soin dans quelques familles, mais il est à craindre qu'il ne disparaisse avec les coutumes qui ont rendu Plougastel célèbre. Parmi ces usages, le plus curieux est certainement le mariage, en bloc, de la plupart des fiancées de l'année. Comme il est d'usage de ne pas se marier pendant l'Avent, on attend janvier pour célébrer les noces ; il n'est pas rare de voir 30 mariages le même jour[1]. A cette occasion on sort des armoires la large culotte de bure brune, la veste et le gilet de couleurs voyantes, la ceinture éclatante, les grands chapeaux ornés de rubans ; le bonnet de laine rouge, coiffure de Plougastel, se mêle encore à ces chapeaux de cérémonie. Les femmes, les jeunes filles surtout, ont des jupes de diverses couleurs, recouvertes par une robe éclatante ornée de rubans et de broderies ; les grandes coiffes de dentelles ont des plis retombant sur les épaules. Pendant le mariage civil, une foule énorme, parmi laquelle sont nombre de curieux venus de Brest et de Landerneau, entoure la mairie ; tout le monde se réunit ensuite à l'église où se dit la messe à laquelle assistent à la fois tous les couples. On fait ensuite

---

[1]. Le 10 janvier 1895 il y eut à la fois 46 mariages ; le maire ne put achever, il fallut continuer le lendemain.

le tour du calvaire et chaque famille va prendre part au banquet de noces. Toute la journée on chante les vieilles chansons naïves de Bretagne et celles, plus littéraires, de Brizeux, dans le même dialecte, qui ont pris place dans l'âme populaire :

Les chansons d'autrefois toujours nous les chantons ;
Oh ! nous ne sommes pas les derniers des Bretons !
Le vieux sang de tes fils coule encor dans nos veines,
O terre de granit recouverte de chênes !

Le lendemain des mariages un autre service réunit tous les mariés à l'église ; on prie pour les morts de la famille, puis, pendant cinq à six jours encore, on est en fête, ensuite le travail recommence.

Les gens de Plougastel sont d'infatigables jardiniers et de vaillants marins, des jardiniers surtout. La partie de leur péninsule qui regarde vers le sud, abritée des vents du nord et de l'ouest par les rochers riverains de l'Elorn, baignée par les flots tièdes, jouit d'un climat fort doux ; aussi, bien des cultures qui sembleraient impossibles en Bretagne y prospèrent-elles. Déjà, il y a cent ans, quand ce pays était sans route, et naturellement sans chemin de fer, alors qu'il était difficile d'expédier les produits du sol, Cambry signalait avec étonnement la culture des melons en plein champ ; on les préservait des gelées blanches en les recouvrant de débris de verre. On cultivait aussi les petits pois à l'abri de plants de genêts pour les préserver du vent du Nord. « Vous n'êtes plus dans la Bretagne, s'écriait le voyageur : les fraises, la framboise, la rose, la jonquille, la violette et l'églantier couvrent les champs chargés d'arbres fruitiers ; le cerisier, le prunier, le pommier descendent jusqu'au rivage. » Les légumes devançaient de six semaines la végétation, même à deux lieues de là.

Aujourd'hui les chemins de fer ont ouvert à la population de Plougastel et de Daoulas un grand avenir agricole. Sans avoir subi une transformation comparable au territoire de Roscoff, si prodigieusement enrichi, la presqu'île fait un grand commerce de fruits et primeurs, de fraises surtout dont, chaque année, on expédie à Paris pour quatre millions de francs. Combien d'autres parties de la Bretagne sont appelées à une semblable richesse, quand l'éducation économique du pays sera faite.

La promenade dans les vergers de cerisiers et les jardins de fraisiers, de framboisiers et de groseilliers m'a conduit jusqu'à l'anse de l'Auberlach, havre profond où les navires de guerre viennent procéder à la régularisation de leurs compas. C'est un des principaux abris pour la flottille de pêche

PARTIE CENTRALE DE LA CORNOUAILLES

D'après la carte de l'état-major au $\frac{1}{320.000}$.

de Landerneau et je puis trouver là une embarcation pour traverser la rade dans sa partie la plus étroite et gagner la cale de Lanvéoc, un des points de débarquement dans la presqu'île de

Crozon. De là partent plusieurs routes qui relient Brest à la région du Mené-Hom et de Châteaulin, en évitant le grand détour par Landerneau, Daoulas et les contreforts des monts d'Arrée, suivi par le chemin de fer au prix de rampes et de courbes énormes.

Un raide chemin monte de la cale au village de Lanvéoc[1] et par un doux petit pays conduit au gros bourg de Crozon, chef-lieu d'une commune de 9,000 âmes. Le centre en possède un millier à peine, tout le reste est réparti en plus de cent hameaux ou villages. Crozon est donc un des types les plus complets de la commune bretonne qui comprend un vaste territoire (plus de 10,000 hectares à Crozon) possédant de nombreux centres de population dont le chef-lieu n'est pas toujours le plus considérable.

On ferait vingt communes champenoises très peuplées avec un district comme la commune de Crozon[2].

C'est un territoire fort accidenté, profondément échancré par la mer, jeté entre la nappe sans fin de l'Océan, le beau golfe de Douarnenez et la rade de Brest. Si l'intérieur offre des campagnes

---

1. On prononce Lanvau.
2. Consulter au 4° volume du *Voyage en France*, p. 305, la carte de la rade de Brest.

tranquilles, les côtes sont une des plus belles successions de roches et de plages présentées par la Bretagne, si riche cependant en sites maritimes superbes. Les difficultés d'accès ont entravé la visite des touristes, sans cela les rivages de Crozon seraient un des points les plus envahis par la foule. La plage de Morgat, d'un sable si fin et si blanc, avec ses grottes profondes dans lesquelles monte la mer et qui servent d'abris aux baigneurs, n'a guère de rivale. Quelques grottes ne sont accessibles qu'en bateau. Non moins curieuses sont les grottes de Dinan sur le rivage de l'Atlantique ; ici les rochers prennent les formes les plus extraordinaires.

Le bourg de Crozon domine de loin ce beau paysage maritime, il est assis sur une terrasse entre un mamelon portant un des forts qui défendent Brest et une colline plus haute couverte de moulins à vent. De ces moulins on découvre l'immense baie de Douarnenez, fermée par le promontoire rocheux de la Chèvre et la presqu'île du Raz. C'est comme un beau lac couvert de voiles. A cette heure les bateaux de pêche rentrent du large, la plupart se dirigent vers Douarnenez dont on distingue vaguement au loin les maisons blanches. Mais quelques-uns viennent dans l'anse de Morgat. Le village de ce nom possède un port et des confiseries de sardines, des bateaux y chargent les pavés des nombreuses carrières du territoire de Crozon.

Par Morgat, je suis allé au cap de la Chèvre. La presqu'île est plus triste, plus sauvage, plus mélancolique encore que celle du Raz, dont on aperçoit au loin les côtes. La lande y est maigre et chétive, les ajoncs semblent se tapir pour échapper au vent d'ouest qui souffle ici avec une impétuosité extrême. Au-dessus des ajoncs pointent les roches brisées, disloquées, convulsées au milieu desquelles des arrangements indiquent la main des Druides. La nuit m'a pris au milieu de ce paysage sinistre. Pendant qu'au ciel s'allumaient les étoiles, sur la mer s'allumaient les feux éclairant les terribles passages du Raz. L'obscurité s'est bientôt faite, profonde, j'ai dû prendre un guide à Rostudel pour rentrer à Morgat. Nous n'avons rencontré ni korrigans, ni poulpiquets dans ce sauvage coin de la sauvage Armorique, mais combien le vent de la mer est sifflant, combien sourd le bruit des vagues, combien fantastique la silhouette des menhirs surgissant au bord du chemin !

Bien avant l'aurore on a frappé à ma porte ; une carriole m'attendait pour me conduire à Landevennec où je dois prendre le bateau de Châteaulin. La route traverse Crozon et se dirige à travers les landes par la crête des collines. Le jour s'est levé alors que nous traversions la plus vaste de ces terres incultes, vers Kerguidic. La brume qui couvrait la rade de Brest se dissipait peu à peu. On voyait s'entr'ouvrir la rivière de Daoulas, large bras de mer découpé d'autres estuaires profonds ; déjà les bateaux de pêcheurs en sortaient, semblant faire escorte à une goélette venant, me dit le cocher, de Kersanton où elle a chargé ce granit à grain fin, qui a servi à peupler la Cornouailles et le Léon de tant de calvaires, d'ossuaires et de flèches ajourées. Le fjord de Daoulas disparaît bientôt, masqué par la verte péninsule de Logonna et, soudain, la route, jusque-là plane, semble descendre dans un abîme. Au fond une vaste étendue d'eau, bordée de collines couvertes d'arbres fruitiers, projette dans l'intérieur des terres de larges estuaires, c'est la rivière de Châteaulin, l'Aune des cartes, l'Avon des Bretons ; elle est rejointe ici par les rivières de l'Hôpital, de Kérouse et du Faou.

En face de ce triple confluent, au pied de la colline, enfouis sous les arbres sont Landevennec et les débris de son abbaye ; celle-ci fut la mère des maisons religieuses de l'Armorique. Le temps me manque pour visiter une fois encore ces restes informes, le lourd vapeur arrive de Brest, il sera bientôt à quai.

Et me voici sur le pont, le bateau double l'étrange saillie par laquelle l'Aune débouche dans la rade en formant un coude au milieu duquel se dresse l'îlot rond de Térénez. Dans le repli du fleuve, des navires démâtés stationnent. Anciens vaisseaux de haut bord au triple rang de sabords, frégates, bricks, navires à vapeur reposent là, dernier abri assigné à ces nefs qui furent glorieuses ; on les en retire parfois pour les conduire à Brest, elles serviront de pontons, de magasins ou d'ateliers. Quelques-unes pourront être armées encore pour servir de navires-écoles.

Maintenant, adieu aux vastes plans d'eau. La rivière reste très large, car la marée remonte jusqu'à Châteaulin, mais ce n'est en somme qu'un fleuve étalé entre de hautes et vertes collines et décrivant de brusques détours. Parfois on aperçoit le sommet des Montagnes-Noires : elles ont vraiment, d'ici, l'aspect d'une haute chaîne. L'Aune se maintient longtemps très large ; puis, resserrée entre les contreforts des Montagnes-Noires et le massif du Méné-Hom, elle devient un étroit et sinueux chenal bordé de bois et de landes. Bientôt apparaissent les hautes arches du viaduc du chemin de fer, dominant de 50 mètres le lit de la rivière; on passe sous l'une d'elles et l'on accoste les quais de Port-Launay, où, près d'une écluse, s'arrête la navigation maritime. Désormais l'Aune, soutenu par des barrages, n'est plus qu'une section du canal de Nantes à Brest.

Le petit port est assez animé, nombre de bateaux chargent dans le bassin les ardoises des carrières voisines; à Châteaulin même les navires de 350 tonnes peuvent monter et vont prendre une autre partie des produits des carrières. L'ardoise, ici, ne présente pas d'exploitation comparable à celles de Trélazé près d'Angers [1]; les chantiers d'extraction sont au nombre de plus de cinquante, occupant chacune de 15 à 20 ouvriers. Ces carrières ouvertes au flanc des coteaux les souillent de leurs déjections, sans trop assombrir cependant le paysage riant de la ville et des collines rocheuses.

En quelques minutes les omnibus conduisent de Port-Launay à Châteaulin en suivant les bords animés de la rivière. Celle-ci ne tarde pas à se border de maisons et à se couvrir de ponts, d'autres groupes de maisons s'étagent sur chaque rive

---

1. Voir le 2º volume du *Voyage en France*, chap. XIV et XV.

au milieu des arbres et des roches. C'est Châteaulin, aimable petite ville, qu'il faut traverser pour gravir une verte colline sur laquelle est la gare.

Ruide est la rampe gravie par le chemin de fer pour monter de Châteaulin à la ligne de faîte. On a sans cesse sous les yeux la profonde vallée de l'Aune et la ville de Châteaulin. Puis, brusquement, le train s'enfuit en suivant un ruisseau dont on voit augmenter le flot. Le ruisseau devient torrent, puis jolie rivière courant dans les prairies, encaissée entre de riantes collines boisées, couvertes de bruyères et de fougères ; c'est le Steir, tantôt calme, tantôt bondissant entre les rochers ; il coule au fond d'une vallée si étroite, qu'à chaque instant la voie ferrée doit le franchir. Le paysage perd bientôt de sa sauvagerie, voici des moulins, des maisons, au loin de grands édifices. C'est Quimper-Corentin.

> ... Dans le fond la ville de Kemper,
> Assise au confluent de l'Oded et du Ster.
> Comme sa cathédrale, aux deux tours dentelées,
> S'élève noblement du milieu des vallées[1] !

---

1. Brizeux. — Le poète que je cite souvent, car il a su marquer d'un vers précis les gens et les choses, emploie volontiers une orthographe rocailleuse pour les noms de son pays, il a voulu leur donner une saveur plus armoricaine encore.

XIII

AU PAYS DE BRIZEUX

Quimper-Corentin. — L'Athènes armoricaine. — Quimperlé. — L'Isole et l'Ellé. — La Laïta. — Arzano et les bords du Scorff. — Lorient. — Hennebont. — La fabrication des boîtes de sardines. — La rivière d'Étel.

Auray, août 1895.

D'après La Fontaine, le destin, lorsqu'il veut faire enrager les gens, les envoie à Quimper-Corentin. Arthur Young, une centaine d'années après lui, disait que cette ville n'avait de remarquable que sa promenade. Brizeux ignorait Young, mais son patriotisme breton lui a inspiré une vengeance terrible contre le fabuliste : il a brûlé la page où La Fontaine parlait de Quimper en termes offensants.

Ceux qui visitent Quimper comprendront Brizeux. Il est peu de villes plus aimables que cette capitale de la Cornouailles : la cathédrale est un cantique de granit, les deux rivières sont claires et chantantes à marée basse, miroirs d'argent quand le flot, montant du large estuaire de l'Odet, les soutient. La cité sauvage s'est policée ; Quimper est restée bretonne et très bretonne, mais elle y a mis de la coquetterie, c'est une sorte de petite Athènes armoricaine où l'on cultive la littérature et l'art bretons.

Un homme de grand talent et de grand cœur, qui m'a le premier révélé la Bretagne, le regretté M. Luzel, a fait de la ville comme le véritable cerveau de la Bretagne bretonnante. Il y a sept ou huit ans, lorsque M. Goblet vint inaugurer le lycée, M. Monod, le préfet, le présentait au ministre en lui disant : « Le dernier des bardes ! »

Autour de M. Luzel, qui fut un des disciples de Brizeux, s'étaient groupés tous ceux qui aiment leur Bretagne avant tout. Grâce à eux, la bibliothèque s'est enrichie, un musée fort beau s'est créé. Saviez-vous que les galeries de peinture renferment plus de 1,300 toiles dont quelques-unes de grande valeur ? Naturellement la Bretagne, ses paysages, son histoire, y ont la première place; son art du meuble, si personnel, y remplit plusieurs salles. Pour compléter cet ensemble, digne d'une grande ville, deux artistes ont donné à leur ville un musée ethnographique bas-breton, sans doute le seul de ce genre en province. Pendant quatre années, MM. Beau et Foulquier ont recueilli, dans tout le pays, les types qui leur paraissaient le mieux représenter chaque race et chaque costume ; par la photographie et la peinture, ils ont obtenu des représentations fidèles qui ont ensuite été reproduites au moyen du moulage.

« Tous les mannequins sont de grandeur naturelle, articulés, pouvant par cela même prendre les positions les plus variées, disent ces artistes dans une notice. Les masques des personnages ne sont pas d'insignifiantes figures de cire ou de carton. Les têtes et les mains sont en terre cuite dessinées, observées et modelées avec une scrupuleuse exactitude ; ce sont de véritables portraits représentant les types différents du Finistère, et, au moyen de la peinture, on a donné la couleur et le ton de chair propre à chaque personne. Si la partie matérielle et ethnographique a été l'objet d'études et de soins minutieux, la partie artistique n'en a pas été moins soignée. Les personnages ont été placés et mis en scène pour un des actes les plus importants de la vie se prêtant le mieux au déploiement de la richesse des costumes, en représentant *une noce bretonne*. »

Rien ne saurait rendre l'impression éprouvée par le visiteur. Tous ces types sont vivants, les attitudes sont naturelles au point que l'on se croit réellement en présence d'une scène locale.

Le musée ethnographique de Quimper vaudrait, à lui seul, la visite de la ville.

Quimper a encore sa belle promenade du mont Frugy, plantée de hêtres d'une admirable venue qui, d'allée en allée, conduisent au sommet de la colline, son Champ de Bataille et son joli faubourg de Locmaria, sur l'estuaire de l'Odet. Là se trouve la faïencerie fameuse dont les produits ont tant contribué à populariser la Bretagne en répandant partout les images de types bretons. Les magasins de tailleurs, quincailliers, ébénistes, d'autres encore sont remplis d'objets qui servent aux touristes à se créer des mobiliers armoricains. Cet amour du bric-à-brac sauve l'art du pays, car les indigènes achètent plus volontiers maintenant des articles de menuiserie courante, plus commodes et à meilleur prix. Le pittoresque y perd, le confort y gagne ; toutefois, la transformation sera lente à s'achever, tant sont tenaces les coutumes chez ces fils de Celtes ; longtemps encore les voyageurs

> Verront le lit de chêne et son coffre, et plus bas
> (Vers la porte en tournant), sur le bahut énorme,
> Pêle-mêle bassins, vases de toute forme,
> Pain de seigle, laitage, écuelles de noyer.

On peut juger de cette persistance tenace à

conserver les vieux usages en traversant la gare
de Quimper. Les trains de Pont-l'Abbé, de Douarnenez, de Brest et de Lorient sont remplis de
voyageurs aux costumes variés. Chaque canton,
presque chaque village, se reconnaît à première
vue. Aux jours de pèlerinage à Auray, surtout,
c'est un inoubliable spectacle que cette invasion,
à chaque station, d'hommes vêtus de vestes souta-
chés et de gilets éclatants et de femmes aux coiffes
compliquées et aux tabliers chatoyants.

La plupart de ces gens font de longues courses
pour venir prendre le train, les gares sont fort
éloignées les unes des autres ; par suite de
l'énorme dissémination des habitants en petits
hameaux, il y a peu de bourgs, peu de villes aussi,
partant peu de commerce sinon dans les rares
grands centres ; les stations ne feraient guère leurs
frais. Ainsi de Quimper à Rosporden sur 20 kilomètres, il n'y a pas une station intermédiaire.
C'est peut-être exagéré ; s'il y avait des arrêts à
Ergué-Gabéric et Saint-Yvi, on pourrait facilement visiter une partie de la campagne cornouail-
laise encore ignorée et demeurée franchement
bretonne. On peut en juger en remontant par le
chemin de fer l'étroite vallée du Jet, d'une sauvagerie charmante ; on la suit jusqu'à la source
de ce clair ruisseau. Sauf quelques moulins mous-

sus, on ne voit presque pas un hameau ; ils sont nombreux cependant sur les hauteurs, mais masqués par les arbres.

Le paysage ne change guère lorsqu'on a franchi, à Rosporden, l'étang formé par l'Aven, une des rivières les plus aimables de Bretagne ; peut-être est-il plus sauvage encore

> Ce pays de vallons, de rivières, de bois
> De chapelles sans nombre et de petites croix.

Mais aux abords de Quimperlé la campagne se fait plus aimable, il y a de l'horizon, de la lumière partout. O la jolie ville dominant si gaiement ses deux claires rivières, l'Isole et l'Ellé, du haut de ses collines rocheuses !

Le granit sombre s'est laissé dompter, les maisons sont claires et gaies, de grands arbres couvrent les jardins établis en terrasses fleuries de glycines, de clématites, de gueules-de-loup, vertes de fougères, de lierre et de buis, au-dessus des deux rivières, qui, réunies, forment la Laïta. Les rues montantes, les voies étroites aux maisons à poutrelles, puis soudain à la jonction des deux fleuves des édifices de noble ordonnance. Entre l'Isole et l'Ellé, une singulière église de forme ronde comme le Saint-Sépulcre de Jérusalem.

Peu d'industrie ici ; cependant dans le haut quartier, devant une halle, j'ai aperçu, séchant sur le sol, ces chapeaux à grand poil chers aux Bretons et j'ai pu visiter le plus que modeste atelier où ils sont fabriqués. Le poil de chèvre et la laine du pays sont la seule matière première, une cuve où chauffe l'eau pour le foulage, une autre où se prépare la teinture noire, placées sous un appentis. Et c'est tout. Il y a peu d'apparence que la grande industrie s'empare jamais de cette fabrication, celle-ci a pour elle de fournir des produits de longue durée ; un chapeau peut durer trente ans ; aucune fabrication mécanique ne donnera un tel avantage. Aussi les humbles fabriques éparses dans les petites villes et les bourgs de Basse-Bretagne existeront-elles longtemps encore, tant que l'Armorique restera fidèle aux vieux usages.

Cet heureux coin de terre, où le fuchsia et le figuier prospèrent en pleine terre, inspira Brizeux. Le poète était né à Lorient, mais il a vécu sa jeunesse ici, près de la forêt de Cloham-Carnoël aux futaies vigoureuses. Le bassin de la Laïta lui a dû sa place dans notre littérature. Peu de rivières ont chez nous une telle gloire ; même le « Loyre gaulois » du vieux Joachim du Bellay n'a pas eu l'illustration de ces petites rivières bruyantes aux rives fleuries. Partout ici l'eau ruisselle, bondit et murmure :

Car sans cesse on ne voit et l'on n'entend chez nous
Qu'eaux vives et ruisseaux, et bruyantes rivières,
Des fontaines partout dorment sous les bruyères ;
C'est le Scorff tout barré de moulins, de filets ;
C'est le Blavet tout noir au milieu des forêts ;
L'Ellé plein de saumons, ou son frère l'Izôle,
De Scaer à Kemperlé, coulant de saule en saule,
Et de là, pour aller ensemble à Lo'-Théa,
Formant de leurs beaux noms le doux nom de Léta.

L'Ellé, très sinueuse, est la plus jolie des deux rivières. Sur ses flots tranquilles est jeté le pont dont parle l'exquis poème de *Marie* :

Un jour que nous étions assis au pont Kerlo....

Arzano, le bourg où Brizeux connut Marie, n'est pas au bord de la rivière, mais sur une colline d'où il la domine d'un côté, tandis que, de l'autre, il voit le val profond du Scorff descendant vers Lorient. Le Scorff, lui aussi, est un joli petit fleuve, mais l'Ellé est, avec le fleuve Laïta, pour l'auteur des *Bretons*, le cours d'eau le plus aimé. Lorsqu'il put revoir cette Arcadie armoricaine, il s'écriait :

Bourgs d'Ellé je reviens, accueillez notre barde !

Quimperlé est restée la douce cité de Brizeux, même elle s'est embellie ; si la *Ville Close* a conservé son aristocratique allure, la campagne s'est égayée

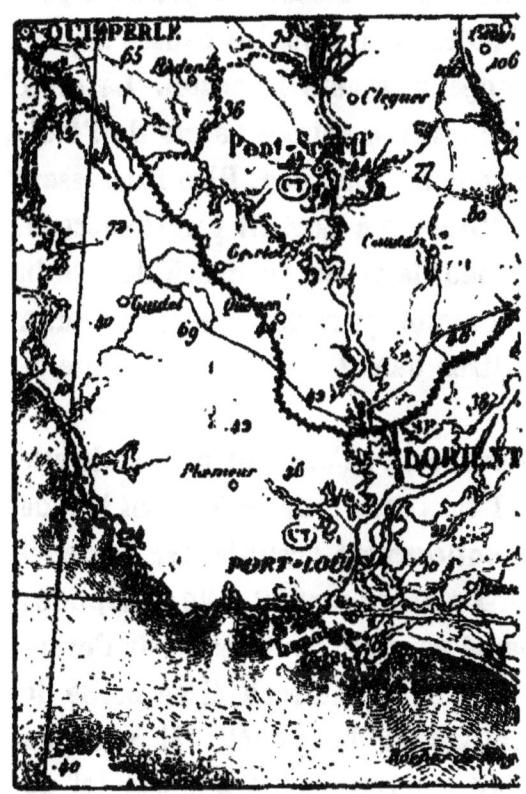

LE PAYS DE BRIZEUX

D'après la carte de l'état-major au $\frac{1}{320,000}$.

encore, les villas ont conquis les pentes. Le chemin de fer en jetant sur la Laïta, soutenue par la marée, un hardi viaduc sous lequel passent à toutes voiles les petits navires, a donné un caractère nouveau à ce site aimable.

Toutefois, il ne faut pas chercher une riante nature en dehors des vallées ; les plateaux sont parsemés de landes et de bois, les hautes séparations des champs masquent l'horizon. La route d'Arzano, après les frais abîmes fleuris de l'Isole et de l'Ellé, m'a paru monotone. Plus intéressant est le chemin d'Arzano à Lorient par Pontscorff. On domine de haut la vallée du Scorff dont le lit étroit s'élargit bientôt, pour devenir un estuaire, avant de pénétrer dans Lorient et rejoindre le Blavet.

Scorff et Blavet sont à l'écart de la grande cité du Morbihan. Leurs eaux réunies forment la rade et celle-ci est entièrement occupée par l'arsenal et ses annexes. Le Scorff surtout a été discipliné ; après avoir passé sous un pont suspendu devant le grand faubourg de Kerantrech, il se borde de cales, de chantiers et d'entrepôts. Il y a peu d'instants, c'était un ruisseau et il porte ici de grands cuirassés, prêts à partir pour Brest où ils seront armés.

Lorient vit uniquement par son arsenal. Il ne faudrait pas y chercher des escadres ; la marine n'y est guère représentée que par des torpilleurs et l'état-major ordinaire d'une préfecture mari-

time. Mais cet arsenal, bien outillé, conserve son
activité; le bas prix de la main-d'œuvre, l'excellent état d'esprit de la population ouvrière préserveront sans doute Lorient des menaces de suppression.

Dans notre Lorient tout est clair, dès qu'on entre
De la porte de ville on va droit jusqu'au centre,

a dit Brizeux de sa ville natale. Cette description
suffit pour cette ville moderne aux rues larges,
propres et animées, où la prospérité dépend des
vastes ateliers qui construisent nos navires de
guerre. Dans l'artère principale, deux statues
arrêtent un moment le visiteur, celle de cet héroïque enseigne Bisson qui se fit sauter avec son
navire au lieu de se rendre à des pirates et celle
de Victor Massé. Le doux auteur des *Noces de
Jeannette* était Lorientais comme Brizeux.

Quant au poète, il a son monument au cimetière;
une tombe où son médaillon a été sculpté par
Etex, est ombragée par un chêne, l'arbre breton
par excellence. Ce fut le dernier vœu de Brizeux.

Le cimetière est non loin de la mer, sur les
petites hauteurs de Kernel, d'où l'on découvre la
ville dominée par la belle tour des Signaux, et
les grands établissements de la marine. Le pano-

rama est plutôt sévère; le soir, quand, du Blavet, du Scorff, des étangs, des laisses de mer, monte une buée légère, il prend une indéfinissable expression de tristesse. Le poëte lorientais avait éprouvé cette sensation mélancolique :

> J'ai vu près du Blavet qui tombe en ses bassins
> Le port de Lorient tout entouré d'écume
> Sauvagement, le soir, se coucher dans la brume.

En plein soleil et à haute mer, au contraire, la rade est fort majestueuse grâce aux promontoires, aux anses, à l'île Saint-Michel et à l'Océan aperçu au loin entre les remparts de Port-Louis et l'élégant clocher de Larmor.

Lorient, ce n'est guère la Bretagne cependant, on n'y parle que le français et les costumes bretons y sont rares, ils y prennent une certaine saveur exotique. Mais à peine a-t-on pénétré dans l'intérieur des terres que la couleur locale reparaît. Non loin de l'arsenal, sur le Blavet, est Hennebont, une des cités héroïques de Bretagne. Comme Quimperlé et Concarneau, elle a conservé sa Ville Close, c'est-à-dire la vieille cité militaire encore entourée de son enceinte et dans laquelle on pénètre par une porte flanquée de deux lourdes tours à mâchicoulis. Entre ces remparts est une vieille petite cité aux rues étroites, bordées de maisons à haut pignon sculpté, à étages en encorbellement, les unes, en bois, sont déjetées, les autres en granit, curieusement sculptées, ornées de tours à mâchicoulis, se tiennent fermes encore. Des fils et des lampes électriques, éclairage de la ville, courent effrontément contre ces antiques demeures. Au pied de la Ville Close, jusqu'au Blavet, s'étend la Ville Neuve ; en face, sur l'autre rive, est la Vieille Ville ; entre les deux le Blavet est bordé de quais où des petits navires fraternisent avec des bateaux de rivière. Le Blavet a été canalisé et réunit Lorient au canal de Nantes à Brest. Les bateaux, un grand viaduc, des toits aigus, des jardins en terrasses, font de ce quai une charmante chose.

Le petit port est assez animé, grâce à l'industrie. Hennebont est en effet une ville active. Elle a eu la bonne fortune de conserver des établissements métallurgiques à une époque où la Bretagne a vu peu à peu fermer toutes ses petites forges. C'est à Hennebont, ou plutôt sur son territoire, près du hameau de Lochrist, que l'on imprime le fer-blanc destiné à fabriquer les boîtes dans lesquelles on conserve le thon, les sardines et les légumes verts. On sait l'énorme emploi de ces produits, aussi n'est-on pas surpris d'apprendre que les forges d'Hennebont occupent 1,400 ouvriers, occupés à transformer chaque jour en acier 22 à 23 tonnes de fonte pour en fabriquer des tôles minces qui sont ensuite étamées ou décapées, puis imprimées en lettres et dessins noir et or. Là viennent s'approvisionner Concarneau, Douarnenez, Port-Tudy, Audierne, Port-Louis, Nantes, Saint-Gilles, les Sables-d'Olonne et autres centres sardiniers. Les fabricants de conserve de légumes de Nantes, du Mans, de Bordeaux, se fournissent à Hennebont ; là encore Périgueux, Pithiviers, Chartres, Barbezieux et autres patries de succulents pâtés demandent des boîtes. Ce n'est pas tout, les fabricants de jouets d'enfants, les bimbelotiers, sont des clients et aussi les fabricants de cirages et de pâtes vantées pour entretenir les cuivres et les meubles. La parfumerie, la confiserie demandent à Hennebont de véritables impressions artistiques. Cette industrie est donc, par bien des côtés, autre chose qu'une forge.

La création des usines d'Hennebont est récente, elle ne s'expliquerait guère aussi loin des centres métallurgiques sans le voisinage des grands arsenaux où l'on achète les métaux hors d'usage, sans le caractère marin du Blavet qui permet aux charbons anglais d'alimenter l'usine, et sans le voisinage des centres sardiniers. Paris est le grand client pour Hennebont : les 5 à 6 millions de produits de l'usine sont pour moitié destinés à la capitale ; Bordeaux en emploie un million, Nantes pour 500,000 à 600,000 fr. Le reste va à Lyon et dans un grand nombre de centres. Hennebont est donc le plus grand producteur de fer-blanc pour la France entière.

L'usine occupe une grande surface au bord du Blavet dont les eaux fournissent une part de la force motrice. La nuit, les feux rouges des forges, les éclats aveuglants des lampes à arcs reflétés dans les eaux bruyantes du barrage font un tableau grandiose. Une visite aux ateliers est fort intéressante, rien de simple et d'ingénieux à la fois comme les procédés qui ont permis d'obtenir par la lithographie la netteté de l'impression égale, sinon supérieure, à celle du papier. A un simple contremaître de l'usine on doit l'invention du cylindre en caoutchouc qui transmet les couleurs de la pierre au métal, évitant ainsi le contact entre deux corps durs, qui fut longtemps un obstacle à la netteté des lignes.

Les scories de déphosphoration sont transformées en engrais dans une autre usine. A Hennebont et dans ses environs, des tanneries, des faïenceries, un atelier de ferblanterie attiré par le voisinage de la matière première, se sont établis et font de cette petite ville un centre industriel et commercial considérable, dont l'existence dans ces contrées agricoles est assez inattendue.

Partout, au delà d'Hennebont, de vastes campagnes sont presque désertes ; elles n'ont guère changé depuis le temps où Young disait que de Lorient à Hennebont c'étaient les plus tristes « milles » qu'il eût encore traversés en Bretagne. Toute la vie s'est portée vers la mer. Là sont les populations les plus denses, surtout autour de la rivière d'Étel, cet autre Morbihan, moins connu que le Morbihan de Vannes, mais non moins curieux.

Je me proposais de visiter ce golfe et, ce matin, je suis parti pour Landevant. Il pleuvait, une de ces pluies bretonnes, fines et continues, qui voilent les paysages. J'ai pu cependant gagner les rives du fjord. A peine pouvait-on distinguer l'autre rive, pourtant cette partie du bassin est assez étroite. Un pêcheur a consenti à me conduire à Belz, sous la pluie fine ; grâce au jusant, nous avons descendu ce vaste estuaire. Parfois une éclaircie se produisait, on distinguait de petites collines boisées, des hameaux, un moulin à mer. Et, de nouveau, la pluie fine embrumait le paysage jusqu'à quelque promontoire où, sous l'effort d'une

LORIENT, HENNEBONT ET LA RIVIÈRE D'ÉTEL.
D'après la carte de l'état-major au 1/320,000.

faible brise, le rideau se déchirait, laissant apercevoir les mystérieuses profondeurs des golfes allongés qui indentent si profondément le pays de Belz. Cette rivière d'Étel est plus déchiquetée que le Morbihan, mais, sauf Locoal et deux ou trois îlots, elle n'a point de terres complètement entourées d'eau. Sur les rivages, beaucoup de hameaux et de maisons isolées, habitées par les pêcheurs et les parqueurs d'huîtres. Toute cette population vit ainsi de la mer.

Le fjord m'est resté comme une fantasmagorie, apparition à peine devinée dans la brume. Après une longue navigation, pendant laquelle l'aviron dut remplacer la voile, nous avons abordé à l'île de Saint-Cado, reliée à la terre ferme par une chaussée d'où j'ai gagné les quelques maisons de Belz et le bourg d'Étel.

Étel est presque une ville, elle est assise au bord du chenal qui descend de la petite mer d'Étel. Sur ce large fleuve marin une quantité de chaloupes sont à l'ancre : Étel est un des ports de pêche les plus actifs de la côte. On y poursuit surtout la sardine, plusieurs fabriques de conserves sont venues s'installer sur le rivage, des ateliers de presseurs de sardines expédient en grande quantité ces poissons salés. Si la barre de la rivière n'était pas impraticable pendant l'hiver, le port serait bien plus fréquenté, car il est excellent et sûr.

La pluie n'a pas cessé pendant toute l'après-midi, le baromètre baisse encore, il faut renoncer à parcourir la rivière, ses péninsules et ses îles et se résigner au départ. Je rentre à Auray ayant à peine aperçu au passage les menhirs farouches d'Erdeven.

Locoal-Mendon, août 1895.

Ce matin, à Carnac, la pluie ayant cessé, j'ai tenté une nouvelle excursion dans le fjord d'Étel. Le paysage, sinistre hier, était ce matin simplement sévère. Aucun grand relief, des collines basses, des étangs, des champs d'oignons, bordent, jusqu'à Erdeven, la route inflexiblement droite. Des hameaux gris, sans verdure, couronnent les coteaux; l'un d'eux, Sainte-Barbe, fut le quartier général de Hoche pendant la courte campagne de Quiberon; sur une dune, une masure porte encore le nom du glorieux général. Plus loin, voici les menhirs d'Erdeven, moins nombreux et moins tragiques d'aspect que ceux de Carnac, mais superbes encore. Bientôt on atteint Étel. La mer est calme, cependant elle brise avec fureur sur la barre. Dans le port quelques barques seulement, les 300 bateaux de pêche de l'estuaire sont au large, courant après la sardine ; depuis deux jours on en prend un peu ; elle avait complètement fait défaut cette année, tandis qu'en 1894 elle est venue dès le 23 juin ; aussi la misère est-elle grande dans cette population imprévoyante dépensant en eau-de-vie le revenu des pêches abondantes. Pauvres gens, victimes de leur ignorance, au point que toutes les tentatives pour les syndiquer en vue de l'achat de la rogue et de l'armement ont échoué ; cependant s'ils s'étaient associés comme on a voulu le faire, ils auraient pu gagner 10 fr. par baril de rogue, or, on emploie 3,000 barils par année. Ces 30,000 fr. et une faible cotisation de 1 fr. par semaine auraient donné des ressources (près de 50,000 fr. par an) pour les années maigres ; au moyen d'un tirage au sort pour l'achat de bateaux, les marins seraient tous devenus propriétaires d'une barque. Le syndicat n'a pu se créer, les armateurs s'y sont montrés hostiles. En ce moment, toute cette population en est réduite à vivre de palourdes, de moules, de berniques. Mais si la pêche est bonne, chacun mettra un panier de sardines sur le gril et boira sa chopine d'eau-de-vie. Et ce seront longtemps des scènes d'ivrognerie. Pour se livrer plus à leur aise à ces goûts, les marins ont pris l'habitude d'aller vendre leur poisson loin d'Étel : à Port-Maria-de-Quiberon, à Groix, à Port-Louis où le contrôle est moins facile. Aussi la population végète-t-elle dans la misère alors que l'aisance pourrait être générale.

D'ailleurs, la pêche devient de moins en moins rémunératrice ; le grand chalut détruit beaucoup de poissons, le fretin lui-même est pourchassé par les paysans qui le vendent aux pêcheurs comme appât ou *boëtte*. Si l'on ne réussit pas à moraliser les populations maritimes, cette industrie de la pêche ne tardera pas à péricliter. Il faudrait faire pour le poisson ce qu'on a fait pour les huîtres, c'est-à-dire repeupler nos côtes.

La rivière d'Étel est bien belle aujourd'hui ; elle descend, rapide, jusqu'à la barre sur laquelle ses flots et ceux de l'Océan se heurtent avec fureur. La remonte contre le flot est très difficile, me dit-on, mais si je prends la barque du père Hervé, nous pourrons franchir le dangereux passage du pont Lorois. Le père Hervé consent à nous conduire et nous mettons à la voile. Celle-ci suffit d'abord, nous courons sur le flot, entre les parcs à huîtres qui déjà découvrent, mais l'estuaire se rétrécit aux dimensions d'un modeste fleuve. Le courant est violent, il descend, bruyant, d'un étroit goulet sur lequel un pont suspendu tend ses câbles ; le tablier a été emporté par une tempête et il reste ces fils qui, de si bas, paraissent fort ténus. C'est le pont Lorois, ainsi nommé du préfet qui le fit construire[1]. Il est précédé sur la rive droite par une longue chaussée en maçonnerie.

Le courant ici, par la teinte et le tumulte des eaux, rappelle le passage du Rhône vers Pont-Saint-Esprit. La voile ne suffit pas à le dompter, les deux fils du père Hervé doivent prendre les avirons et, de remous en remous, remonter le fleuve terrifiant. Ce passage n'est rien encore auprès de ceux qui nous restent à franchir. Voici la pierre tournante (men-dron), surmontée d'une balise, et la pierre de sel (men-alen). Il faut passer entre ces deux écueils, la dénivellation d'amont en aval est telle qu'on croit remonter un plan incliné. Pourtant, à force d'avirons, la voile aidant, nous doublons l'îlot de Guerninès et pénétrons dans le bassin supérieur où les courants sont moins violents. Des barques massives descendent, conduites par des femmes vêtues de noir ; la tête couverte de grandes coiffes, elles manient vigoureusement de grands avirons. Ce sont les femmes de Saint-Cado, intrépides marins, qui vont pêcher la crevette ou vendre leur poisson à Étel. Saint-Cado plus qu'Étel a des pêcheurs infatigables ;

---

1. La carte de l'état-major l'appelle à tort pont Le Roy.

sans cesse sur l'estuaire, de jour et de nuit, ils se
jouent de ses courants terribles. Même ivres, ils
évitent les dangers dont cette lagune est semée.

Nous abordons à l'île Saint-Cado. Je puis la
visiter cette fois. Un petit hameau précède la
chapelle, faisant face au village assis sur le roc de
la terre ferme et relié à l'île par une jetée due,
d'après les légendes, à saint Cado. La chapelle est
petite mais curieuse ; à la voûte pend un grand
modèle de navire en bois, le *Villon*, armé de trois
rangs de canons. Des peintures naïves rappellent
la légende du saint, des inscriptions la racontent :

> Anglais de nation, prince de Clamorgan
> Puis abbé vient et débarque céans.

> Les jugements de Dieu sans cesse méditants
> C'est ainsi pèlerins qu'il a vécu céans.

> Aux pirates en ce lieu l'assaillant
> Il dit : « Je suis sans biens, solitaire, céans. »

> « Oratoire, mon œuvre, dit-il, pleurant
> « Belz, t'oublierai-je ? non ? Il cingla de céans. »

Une ange en pierre, dans une chapelle, est représentée comme le lit de saint Cado ; au dehors,
sur une pierre, un dessin, qui doit être une empreinte d'ammonite, est appelé la queue du diable,
sur le continent on montre un trou qui aurait été

creusé par le pied de Satan. On retrouve ici la légende qui accompagne toutes les œuvres dont l'imagination populaire a été frappée. La digue qui relie l'île à la terre ferme ne peut être considérée comme œuvre humaine, elle serait due au diable ; en une nuit il l'aurait construite, sur la promesse de saint Cado de lui livrer l'âme du premier être désireux d'aller à pied sec. Quand la digue fut achevée, le saint fit passer un chat, le diable, furieux, battit la terre de la queue et du pied, de là ces empreintes !

Saint Cado aurait bien dû aussi construire une jetée pour aborder son île, il nous aurait évité un échouage qui, un instant, faillit arrêter notre navigation. Enfin les efforts de l'équipage mirent de nouveau la chaloupe à flot et, rasant les petites îles voisines de Nihou et de Fandouillec, nous avons pu aborder à la Forest, dans l'île de Locoal, la mer étant trop basse pour atteindre le nord de l'estuaire. J'ai pu gagner ainsi Mendon, qu'une jetée relie à l'île boisée de Locoal ; c'est un bien curieux village, par sa belle église, les portes et les fenêtres de plusieurs de ses maisons bâties par les moines-soldats des ordres du Temple et de Saint-Jean.

XIV

BRETAGNE CELTIQUE — BRETAGNE FRANÇAISE

Plouharnel. — Carnac et ses monuments druidiques. — Auray et sa rivière. — Sainte-Anne d'Auray et son pèlerinage. — La vallée du Loch. — Le champ de bataille et le champ des martyrs. — Redon. — La vallée de la Vilaine. — Rennes et les beurres de la Prévalaye.

Rennes, septembre 1895.

Plouharnel ! Carnac !

Le train se vide presque en entier, rares sont les voyageurs pour au delà, vers Quiberon. Ceux qui mettent le pied sur le trottoir de l'humble gare sont d'une essence particulière ; en cette saison, les bains de mer ont pris fin, les visiteurs sont des touristes du genre savant : scandinaves, teutons, anglais ; anglais surtout, ce peuple a un faible pour les rochers druidiques, pour ceux de Carnac d'abord : n'est-ce pas un Anglais, M. Miln, qui s'est fait le « découvreur » du pays ; il a éventré les tumuli, fouillé les dolmens, cubé les menhirs et réuni dans un musée les débris curieux de l'antique civilisation celte. Aussi les indigènes de la Grande-Bretagne croient avoir un droit de propriété sur les monuments de la petite Bretagne. Ils prennent possession du sol avec une certaine affectation, en y posant un pied large et sûr. *All right !*

L'omnibus de Carnac se remplit donc de touristes antiquaires et d'antiquaires touristes, la France y est représentée par un membre de l'Institut, un ostréiculteur de la Trinité et moi. Le cocher fouette ses chevaux, la voiture s'ébranle, douze étrangers ouvrent douze Bedeker et cherchent sur le chemin les pierres annoncées par ce cicerone.

On ne tarde pas à découvrir le premier monument. Au delà du village de Plouharnel, au sommet d'une petite côte, voici le dolmen de Kergaval. Le temps est brumeux, il donne à cette apparition préhistorique un aspect plus fruste encore. L'énorme masse est baignée dans une lumière grise, comme tremblante. A droite et à gauche de la route se dressent de petits mamelons aux formes régulières, la plupart d'entre eux sont des œuvres humaines : on les a fouillées, ce furent des sépultures. Au-dessus, dominant le clocher de Carnac, un de ces mamelons commande le paysage, c'est le géant de ces taupinières de nos aïeux celtes : le mont de la Trinité. Les maisons le cachent bientôt, nous voici dans le village de Carnac.

Comme d'un commun accord, aussitôt les bagages à l'auberge et les chambres retenues, la foule des touristes s'envole vers le mont de la Trinité et les allées de menhirs, guidée par des enfants. Je me dirige seul, grâce à ma carte, sur le chemin de Plœmel, jusqu'au Menec, par une campagne tranquille où, dans les pâtures jalousement closes, paissent de petites vaches noires et blanches. On dépasse un moulin à vent et soudain, au milieu d'une lande, rose des fleurs de bruyères, apparaissent les fameux alignements de Carnac.

A mon départ d'Auray, on m'avait dit : « Vous serez déçu, ces rangées mornes de pierre ne vous produiront pas l'impression dont parlent les livres. Ces cailloux ne sont pas si gros ! »
Certes, si j'étais venu chercher la grandeur des roches, il y aurait déception, Ploumanac'h présente d'autres entassements ! Mais, sous le ciel gris, dans la lande solitaire, ces roches debout, plantées selon un ordre absolu, répondant à une conception mystérieuse dont le sens nous échappera sans doute toujours, sont d'une tristesse inexprimable ; au bout d'un instant, quand on a erré dans la solitude des menhirs gris ou roux, on sent revivre ces âges morts ; confusément,

comme si un lointain et atavique souvenir se faisait en nous, on a une conscience nébuleuse de ce site, on croit avoir vécu au milieu d'un peuple dont ces roches immuables furent la cité sacrée. La suggestion est plus forte à Kermario qu'à Menec, où la route traverse les menhirs près d'une auberge. Pour atteindre Kermario, il faut traverser un bois sauvage de pins rabougris et l'on se trouve alors dans une lande désolée où plus de 800 roches se profilent en d'étranges perspectives. Un autre groupe, celui de Kerlescan, domine un hameau de grandes fermes auquel il imprime un puissant aspect de tristesse. Peu de coins dans cette campagne de petits coteaux, de maigres pinèdes ou de champs fermés ne possèdent un débris celtique : dolmen, menhir, cromlech, cist-wœn ou peulven. L'énorme développement de cette cité des pierres, où plus de 2,000 monuments peut-être sont encore debout, est un des plus irritants problèmes de la science historique. Qu'était le peuple auquel on doit ce surprenant travail, quel était le but surtout de ces alignements qui s'étendent encore d'Étel à la Trinité ?

Au milieu de la ville morte, le tumulus appelé mont Saint-Michel, dresse sa petite chapelle édifiée sur d'informes ruines. De la terrasse de l'église, on a une vue immense sur ces champs

stériles où les roches druidiques s'alignent. Grande
est l'ampleur du paysage : Quiberon, Belle-Isle,
Houat, Hoëdic, Locmariaquer, forment un inoubliable tableau ; cependant on contemple avec
plus d'intérêt la morne plaine où dorment des
milliers d'ancêtres dont nous ne savons et ne
saurons jamais rien, sans doute ; les rares signes
cabalistiques gravés sur quelques-unes de ces
pierres resteront à jamais muets pour nous.

La nuit m'a surpris au sommet de la butte ; les
feux de Quiberon, de Belle-Isle, de la Teignouse,
des Cardinaux et d'Étel se sont allumés, et je suis
rentré à Carnac.

Le lendemain était un dimanche ; le bourg s'est
réveillé sous un soleil éclatant. Et le site, banal la veille dans l'après-midi grise, est devenu
charmant ; la grande place avec ses maisons enguirlandées de feuillage, où fleurissaient les dernières clématites et les taches sanglantes des
grenadiers est un riant décor, en face de la vieille
église dont le porche, en baldaquin de granit, est
d'un adorable mauvais goût. Belle journée pour
flâner par la campagne bretonne. Je suis remonté
à Saint-Michel pour contempler encore la plaine
de Carnac, de là j'ai gagné Kercado et suis allé à
Crac'h en traversant sur un bac la rivière de la

Trinité, si belle avec ses étranglements, ses épanouissements et les bois touffus de ses rives. De Crac'h j'ai gagné Auray par la campagne couverte de petits bois de pins, délaissant le fjord aux eaux calmes qui roulent, selon le flot, de la ville à la mer ou de la mer à la ville. Voici bientôt le belvédère du Loch, fût carré autour duquel monte un escalier conduisant à la plate-forme ; de là on découvre toute la ville, la rivière remplie de navires, le vieux pont aux piles saillantes, les campagnes, si couvertes d'arbres, qu'on pourrait se croire en pleine forêt. Ces abords d'Auray sont charmants, mais la petite cité elle-même manque un peu d'intérêt et de vie ; la gare est trop loin, à Sainte-Anne se porte la foule, foule de pèlerins et foule de touristes.

Le fameux rendez-vous religieux est sinon en décadence, du moins un peu délaissé au moment du pèlerinage de Lourdes. Ce dernier est devenu le pèlerinage universel, même les Bretons, si fervents jadis à Sainte-Anne, veulent connaître Lourdes ; chaque année, ils vont par milliers dans les Pyrénées, mais la longueur et le prix du trajet empêcheront sans doute l'exode de se développer et conserveront encore à Sainte-Anne le peuple armoricain, celui-là même dont les costumes variés donnent tant de couleur au pèlerinage d'Auray.

Une gare spéciale, établie au village de Pluneret, dessert Sainte-Anne ; le haut pignon de l'édifice est couronné par une statue de la sainte ; de vastes abris reçoivent les pèlerins accourus en multitude à certaines dates, surtout à la Pentecôte et le 26 juillet, fête de sainte Anne. En tout temps, d'ailleurs, l'affluence est nombreuse ; pour conduire les visiteurs au pèlerinage, une foule de voitures se pressent dans la cour : grands breaks, omnibus, calèches, conduits souvent par des cochers en costumes bretons, se disputent les voyageurs. Les conducteurs s'accrochent à nous, les jours ordinaires, surtout, c'est comme une enchère à prix décroissant. Le tarif est de 0 fr. 50 c. ; nous avons été poussés dans un break par une sorte d'hercule qui nous prenait pour quatre sous. Aussitôt une voiture remplie, elle s'élance sur la route et tout cela déambule à grand bruit de ferraille, chaque équipage cherchant à prendre les devants ; dans la lutte, nous battons honteusement le courrier lui-même.

Le chemin est mélancolique, de vastes landes, des bouquets de pins, des cabarets, puis une rue assez large bordée d'auberges, conduit à l'ensemble d'édifices religieux constituant le pèlerinage de Sainte-Anne. Dans une vaste piscine, dont les bords en amphithéâtre sont dignes de la belle époque de l'art breton, se déversent les eaux de la source miraculeuse, trop peu abondantes pour ce vaste bassin. Près de là, Yves Nicolazic, longtemps traité d'illuminé, découvrit la fameuse statue de sainte Anne, origine du pèlerinage. L'église a été reconstruite de nos jours avec goût, dans le style ogival breton, mais le cloître de 1625 a été conservé, il est fort beau.

La partie la plus curieuse est peut-être la *Scala sancta,* chapelle surmontée d'une coupole, à laquelle on parvient par deux larges escaliers couverts dont les pèlerins gravissent les marches à genoux. Devant ce singulier édifice s'étend une vaste pelouse entourée d'un mur où la foule des pèlerins peut entendre la messe dite à l'autel qu'abrite la coupole. 20,000 personnes se pressent parfois dans cette enceinte.

Dans l'église, fort luxueuse, des milliers d'ex-voto tapissent les murailles, hommages venus de loin parfois ; j'ai relevé parmi ces inscriptions un vœu à sainte Anne par le contre-amiral Cavelier de Cuverville, commandant en chef les forces de terre et de mer au Dahomey, portant la date du 3 octobre 1890. Un autre ex-voto est ainsi conçu :

« A sainte Anne, le commandant de la division navale de l'Atlantique-Sud 1885-1886. »

Sainte-Anne d'Auray perd un peu son caractère populaire. Non loin de la *Scala sancta*, sur le chemin de Brech, une sorte de calvaire politique s'érige à la mémoire du comte de Chambord et des zouaves pontificaux. Il est peu probable que la dévotion à sainte Anne en soit fort ébranlée ; le tempérament breton ne porte guère à ces conceptions trop précises, il n'a jamais poétisé ni sanctifié les grands faits historiques dont sa terre natale fut le théâtre, préférant ses saints et ses saintes. Nulle part, on n'en juge mieux qu'aux abords mêmes du sanctuaire de sainte Anne où deux événements fameux se sont produits : la mort de Charles de Blois et le supplice des émigrés pris à Quiberon.

Ces grands faits se sont passés dans le petit vallon du Loch, ruisseau dont la marée fait plus bas un bras de mer. On s'y rend de Sainte-Anne par une campagne d'un calme presque auguste, à travers des landes qu'on a transformées en bois de pins, comme celles de Gascogne. Il y a là un exemple frappant de ce qu'on aurait pu faire pour transformer les terres pauvres, si étendues dans la péninsule. Mais on s'est arrêté, on ne plante plus, malgré les débouchés offerts aux bois par le voisinage des houillères anglaises et les innombrables ports intérieurs de l'Armorique. Vannes faisait jadis un commerce assez considérable avec les bois de sa banlieue, maintenant elle doit aller chercher au loin les poteaux de mine expédiés par son port. La richesse du pays et aussi son aspect se ressentent de cet abandon.

La vallée du Loch a un tout autre caractère; de hauts rochers de granit, des chênes, des châtaigniers, bordent le joli ruisseau; soudain le vallon s'élargit pour faire place à un grand marais au milieu duquel le Loch, où remonte la mer, est devenu un chenal vaseux. Là se passa un des grands actes de l'histoire bretonne, la bataille décisive livrée entre les deux compétiteurs au trône ducal, Charles de Blois et Jean de Montfort. Le premier fut tué après une lutte rappelant les fautes de notre chevalerie à Crécy et à Azincourt. Montfort devint seul maître de la Bretagne, parmi ses prisonniers se trouvait Duguesclin.

Un monument très simple, croix de pierre sans ornement, rappelle la bataille; près de là d'autres monuments bien plus considérables dominent les tristes marais de Kerso. Un édicule dit *chapelle expiatoire*, entouré de plantations, s'élève sur l'emplacement où les émigrés pris après le combat de Quiberon furent fusillés. Le nom de Champ des martyrs est resté à ce rivage. Plus haut, contre l'église d'une ancienne chartreuse, une chapelle a reçu les restes des victimes. Tout cela est assez froid, tant à cause du style des monuments, portant bien la date de 1823, que par les souvenirs réveillés. Quiberon ne fut pas seulement un triste événement de nos guerres civiles, ce fut surtout une expédition conduite par l'Angleterre, comme l'avait été, en 1342, la lutte de Montfort contre Charles de Blois et Duguesclin. Il est difficile de ne pas s'en souvenir.

Aujourd'hui, Auray semble avoir oublié ce passé historique ; en dépit de son rang effacé de chef-lieu de canton, elle a conservé une importance économique assez considérable, sa rivière en fait le centre naturel du commerce pour les îles voisines et le pays de Quiberon[1]. Son estuaire, ceux du Crac'h et de Rono, sont mis en exploitation réglée pour la culture des huîtres ; des centaines d'ostréiculteurs ont établi des parcs, mais les bancs naturels exploités à outrance ont une tendance fâcheuse à diminuer. Un point des environs, appelé Bascatique, a été mis en réserve et sert à régénérer les bancs épuisés par l'imprévoyance des pêcheurs. La quantité d'huîtres récoltée dans le bassin d'Auray (Auray et la Trinité seulement) s'est élevé à 1,748,150 du 1er janvier au 31 octobre 1895, soit 2,500,000 par an envi-

---

1. Mouvement du port d'Auray du 1er janvier au 31 octobre 1895 : 310 navires jaugeant 8,663 tonneaux.

ron. La surface des parcs atteint 10 hectares 44 ares dans la rivière d'Auray, 4 hectares 3 ares dans la rivière de la Trinité et 4 hectares 55 ares dans celle d'Étel.

Avec Auray et Vannes, j'ai quitté hier la Bretagne bretonnante pour quelques jours. Elle ne s'étend guère au delà de Questembert, les noms de lieux perdent peu à peu leur consonance rude et la syllabe *ker* dont presque tous sont précédés. Mais il y a encore des landes, des bois de pins, des campagnes désertes en apparence, même le paysage est le plus franchement sauvage de toute la péninsule ; il ne change guère qu'aux abords de Redon, lorsqu'on aborde la vallée de l'Oust, large et verdoyante en été, sorte de lac en hiver. Cette fois ce n'est plus la Bretagne, mais quelque coin tranquille de la Flandre ou de l'Artois. La ville même de Redon avec son port, son bassin, la longue ligne de ses canaux bordés d'arbres, contraste fort avec ses voisines du Morbihan et même de la Loire-Inférieure, départements auxquels elle confine. Redon et son territoire s'avancent en effet en pointe à la limite de ces autres districts bretons ; les villages voisins, véritable banlieue, n'appartiennent point à l'Ille-et-Vilaine.

Malgré son morne aspect, relevé par la fort curieuse église Saint-Sauveur, Redon n'en est pas moins une ville assez active ; si les hauts fourneaux ont éteint leurs feux, le port fait encore un commerce important, la Vilaine y devient maritime et, pendant les hautes marées, des navires de 600 à 700 tonneaux peuvent la remonter. Le bassin à flot est relié à la gare commune aux compagnies de l'Ouest et d'Orléans par une voie ferrée, aussi y a-t-il dans la ville et ses environs un certain nombre d'établissements industriels, la fabrication des engrais occupe quelques usines et il y a une des rares fabriques françaises de papier à polir : verre ou émeri. La situation de Redon pour le commerce, à la tête d'une des lignes de Paris vers l'Océan, au bord d'un fleuve dont on pourrait facilement accroître la profondeur, est d'ailleurs excellente, mais Saint-Nazaire attire de plus en plus l'activité de cette partie de la Bretagne.

Il reste à Redon le plantureux pays agricole constitué par la vallée de la Vilaine, d'aspect et de production si variés. La rivière est insignifiante par elle-même, au-dessus de Redon, mais, relevée par des écluses, elle est devenue partie d'une grande voie navigable de Redon à Saint-Malo, c'est-à-dire de l'Océan à la Manche. Le chemin de fer qui accompagne le petit fleuve présente une succession de sites très divers. Autour de Redon, ce sont de vastes plaines marécageuses, inondées pendant la plus grande partie de l'année ; même, vers Massérac, près de l'embranchement de Châteaubriant, il reste en permanence une nappe d'eau que les végétations aquatiques ne masquent jamais entièrement, c'est le *lac* de Murin, formé par le Don ; pauvre lac, sans profondeur, aux eaux mornes, aux rivages bas où se déverserait la Vilaine sans les levées. Pendant l'été, les étendues vertes des marais sont couvertes de bétail et de chevaux ; l'hiver, la nappe d'inondation est remplie d'oiseaux, oies, canards et toutes les races voyageuses.

A mesure qu'on monte, la vallée se resserre, verte, bien cultivée, bordée de jolies prairies, mais assez déserte ; la population se disperse en petits hameaux, rares sont les bourgs. Souvent la rivière est resserrée entre des collines rocheuses, véritables falaises de schistes recouvertes de bruyère. La rivière est lente et sombre, mais au-dessus des barrages elle s'épanche, frémit, écume, babille sur les roues d'un moulin. Le chemin de fer la borde, la franchit, troue en tunnels les promontoires rocheux. Ce tableau paraît surtout heureux et pittoresque à qui voit les plateaux peu accidentés, encore couverts de landes. L'Ille-et-Vilaine, dans cette région, offre encore de grands espaces à transformer; l'emploi de la chaux est facilité dans la vallée par la voie navigable et le canal qui apportent cet amendement des environs de Rennes, Bruz et Chartres, même de la Mayenne[1]. Mais, à une faible distance, le prix des transports rend malaisé l'arrivage de la chaux.

La vallée est particulièrement belle à partir de Messac: les rochers sont nobles de forme et de couleur, les arbres sont touffus; beaucoup de grandes fermes, de villas et de châteaux; on devine le voisinage d'une grande ville. Partout de tels rivages seraient vantés, peu de nos rivières méritent davantage une visite que la Vilaine, dans ce couloir tantôt sauvage, tantôt entaillé par les carriers, tantôt couvert de cultures sur des pentes ensoleillées. Il en est ainsi jusqu'au delà de Laillé, où le pays s'élargit soudain; la voie ferrée quitte alors la rivière pour traverser la vaste plaine onduleuse dans laquelle abondent les pommiers.

Cette région, d'aspect agricole, où l'on ne découvre jamais une cheminée d'usine, renferme

---

1. Voir *Voyage en France*, 2ᵉ série, le chapitre consacré au chaulage et aux fours à chaux de Laval et des environs.

cependant des richesses industrielles assez considérables.

Près de Bruz, sur les bords de la Seiche, est la mine de plomb argentifère de Pontpéan, une des plus productives de France, celle qui alimente la belle usine de Couëron dont j'ai parlé dans un autre volume[1]. Ces mines, creusées dans un site fort tranquille, où rien ne semblerait appeler la vie industrielle, occupent 971 ouvriers, dont 448 hommes sous le sol, employés à l'extraction. Au dehors, pour le concassage et le triage du minerai et les transports, il y a 38 enfants, 147 femmes et 348 hommes. La valeur des salaires dépasse 700,000 fr. Le produit de l'extraction est évalué à 1,500,000 fr. environ. La production est d'environ 7,000 tonnes de galène, 1,500 tonnes de blende, 3,000 tonnes de pyrite et 12,000 tonnes de schlamms ; galènes et schlamms vont à Couëron, les blendes et pyrites sont dirigées sur la Belgique. Le manque de charbon a empêché de créer sur place des usines pour le traitement du minerai, c'est pourquoi Couëron, où abordent les charbonniers anglais, où l'on reçoit aussi les minerais d'Espagne, a pris l'importance industrielle qui semblait dévolue à la vallée de la Seiche.

---

[1]. *Voyage en France*, 2ᵉ série, page 318.

BRETAGNE CELTIQUE, BRETAGNE FRANÇAISE. 249

J'ai gagné Rennes à pied par la grande route. Il y a là dix kilomètres sans un village. Chartres,

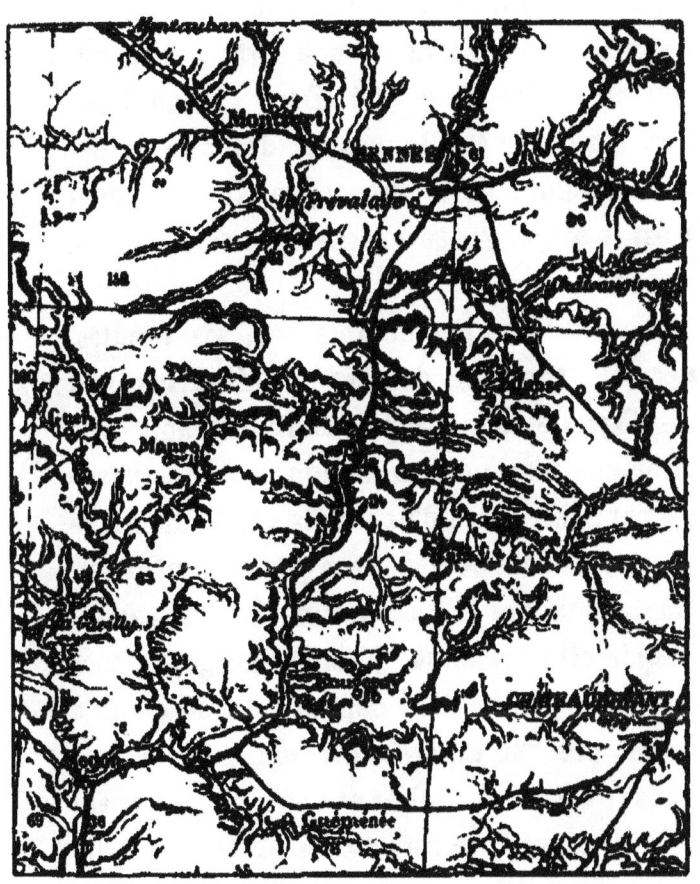

VALLÉE INFÉRIEURE DE LA VILAINE

D'après la carte de l'état-major au $\frac{1}{320,000}$.

le seul de cette partie de la banlieue, est à l'écart; on ne trouve des maisons qu'après avoir traversé le ruisseau de la Blosne ; elles forment peu à peu une rue continue jusqu'à l'entrée de Rennes où l'on pénètre au delà du chemin de fer, près des vastes casernes qui forment une sorte de ville militaire au milieu de la cité. Dans l'organisation nouvelle de l'armée, Rennes est devenue un des grands arsenaux de la France, le X° corps, dont elle est le siège, y a ses magasins et sa plus forte garnison.

Malgré ses troupes nombreuses, ses facultés, ses écoles, son rang de chef-lieu départemental et de siège de cour d'appel, l'antique capitale de la Bretagne manque d'animation, le cadre est trop large pour le nombre d'habitants, et, d'ailleurs, le pays environnant possède trop peu de centres importants pour que la foule vienne nombreuse dans la grande cité bretonne. C'est dommage, Rennes est une fort belle ville ; depuis l'incendie qui la détruisit presque entièrement, elle a été reconstruite sur un plan régulier et l'on a réussi cependant à lui donner un caractère bien tranché ; elle le doit au granit dont ses maisons sont construites ; dur à tailler, il ne se prête guère aux ornements, les lignes sont donc régulières et graves, cela s'harmonise à merveille avec le ciel, avec ce que l'on sait du passé parlementaire de Rennes. Mais cette majesté sévère gagnerait à être animée par la foule, comme la Vilaine étroite et sombre, entre ses quais de granit bordés de beaux édifices, aurait besoin d'une navigation plus active.

Il ne faut pas chercher la Bretagne à Rennes. Malgré son rang prééminent sur la province, c'est surtout une ville française, la campagne voisine ne parle pas le breton, sauf à Pontpéan où une petite colonie de Bas-Bretons, attirée par les mines, s'est fondée. Il y a un monde entre Rennes et Vannes, sa voisine. Les Celtisants parlent peu de la capitale, à peine en est-il question dans Brizeux. Cette région d'Ille-et-Vilaine est moins bretonne d'allure que Nantes même. Il ne faut chercher ici ni mœurs, ni coutumes, ni costumes tranchés : cela tient à la fois de la Normandie et de l'Anjou. De même l'art breton, si florissant en Cornouailles et dans le Léon, n'a donné lieu qu'à de timides essais.

Le pays de Rennes a dû sa prépondérance sur la Bretagne à la facilité de la vie et des communications de l'une à l'autre mer, sur le grand chemin de la Bretagne à Paris. La noblesse bretonne en a fait pour la province ce que Paris était au reste de la France sous la monarchie.

L'industrie ne s'y est point portée, bien que Rennes compte de belles usines, tanneries, imprimeries, etc. La ville est surtout un marché agricole où viennent s'entreposer les produits d'une campagne fertile et singulièrement en progrès. Les chemins de fer, en ouvrant aux beurres bretons les marchés de Paris, ont donné à l'élevage du bétail un immense essor. Même Rennes, par le nom d'un des domaines de sa banlieue immédiate, la Prévalaye, a centralisé — avec Morlaix — le commerce des beurres bretons. Une trentaine de maisons recueillent le produit des campagnes ; les moins importantes exportent au moins 500,000 kilogrammes; beaucoup envoient chaque année dix millions de kilogrammes. Jadis Rennes faisait chaque année pour 30 ou 35 millions d'affaires en beurre ; ce commerce s'est décentralisé, les centres de production expédient directement, mais l'exportation rennaise atteint encore plus de 15 millions. La fraude a causé de grands désastres ; ces beurres sont, à Paris et même en Bretagne, mélangés de margarine, ce qui a fort réduit le prix ; les beurres d'exportation sont un moment tombés de 2 fr. 60 c. à 2 fr. 10 c. le kilogramme, et la margarine vaut 1 fr. 30 c. à peine. Les marchands de Rennes se sont émus, leur action contre la fraude n'a pas été sans effet dans le vote de la loi qui frappe sévèrement les fraudeurs.

La Prévalaye, dont le nom a été donné aux plus

fins des produits bretons, même aux moins fins parfois, est un petit castel, à une faible distance de Rennes, non loin de la Vilaine, qui serpente ici au sein de belles prairies. La campagne est fraîche, mais on n'y trouverait pas les pâturages plantureux dont ce nom de la Prévalaye évoque l'idée. Même les abords du château, par les haies et les talus, sont fort bretons d'aspect. De belles avenues percent ces clôtures et donnent grande allure à cette demeure historique où l'on aurait bien fait d'installer l'école de beurrerie et fromagerie de Rennes située dans un faubourg. Un semblable établissement, créé dans le domaine de la Prévalaye, aurait vite gagné une célébrité que n'a point l'école de Rennes, si bien dirigée cependant, et d'où sortent pour les laiteries bretonnes d'excellentes ouvrières. Celles-ci transformeront peu à peu les procédés parfois primitifs et augmenteront par la fabrication des fromages les rendements des métairies de Bretagne.

A Rennes va s'installer bientôt l'école nationale d'agriculture de Grand-Jouan. Puisse l'illustre renom de cette belle école grandir encore dans la grande cité bretonne [1].

---

1. Sur l'école de Grand-Jouan qui va disparaître voir la 2ᵉ série du *Voyage en France*, chapitre XXI.

XV

MI-VOIE ET BROCÉLIANDE

De Saint-Brieuc à Loudéac. — Quintin. — Le château et la forêt de Lorges. — Loudéac et les toiles de Bretagne. — Pontivy. — Excursion à Rohan. — La vallée du Blavet. — Ploërmel. — Mi-Voie et le combat des Trente. — Josselin. — L'Étang au Duc. — La fontaine de Baranton et la forêt de Brocéliande.

Concoret, septembre.

Au cœur de la Bretagne se mêlent la légende et l'histoire. Le revers sud du Mené a vu, dans la forêt de Brocéliande, Merlin et ses enchantements ; Beaumanoir et les Trente y combattirent. A la Révolution, les villes et les bourgs de Bretagne et d'Anjou ont conclu, à Pontivy, une fédération solennelle. Ce coin d'Armorique compris entre la Vilaine et le Blavet est peut-être le canton sacré de la péninsule. C'est aussi le point de suture entre la Bretagne bretonnante au rude parler gaélique et la Bretagne française où l'antique langage des druides n'est plus compris.

C'est aussi l'une des contrées les moins fré-

quentées ; aucun chemin de fer ne permet encore
de s'y rendre facilement, les deux lignes transversales de Pontivy et de Ploërmel sont faiblement
desservies. Même pour un voyage rapide, il faut
compter trois ou quatre jours si l'on veut s'arrêter
à Loudéac et à Pontivy, voir Rohan et les landes
de Lanvaux, Ploërmel, Mi-Voie et Josselin et parcourir la forêt de Paimpont, l'antique Brocéliande.
Lorsque le chemin de fer central, depuis si longtemps projeté, de Châteaubriant à Châteaulin par
Ploërmel et Carhaix, sera construit, on pourra
alors visiter ces contrées si curieuses et qui diffèrent tant de la Bretagne maritime.

Dès qu'on a quitté Saint-Brieuc par le chemin
de fer d'Auray, on s'aperçoit qu'on entre dans
une région nouvelle, bien différente de celles
qu'on a traversées jusqu'alors. Aux abords mêmes
de la ville, c'est une contrée agricole prospère; à
plus d'un détail on devine que les progrès sont
rapides, même les haies sur talus disparaissent
un peu, on voit que le sol a une valeur plus
grande. Mais ce n'est qu'une banlieue de ville ; à
quelques kilomètres le paysage se fait agreste et
varié. Près de Saint-Julien, non loin du curieux
camp vitrifié de Péran, les hauts talus boisés de
chênes recommencent, la plaine cesse, la locomo-

tive haletante s'élève sur les premières terrasses des monts Mené.

Soudain, au delà de Plaintel, les arbres s'écartent et l'on découvre une vue merveilleuse sur les sommets du Mené aux croupes robustes; vers le nord, par des échappées, le Goëllo et le Penthièvre apparaissent, mer d'arbres où l'on distingue à peine quelques toits ou flèches d'église. La campagne est ici d'une variété infinie. Il reste encore quelques landes, mais de médiocre étendue, carrés de bruyère rose; moissons blondes, sarrazins fleuris dont la blancheur est rendue éblouissante par le contraste avec le vert sombre des chênes, prairies d'un ton doux où les joncs et les prêles sont parfois trop abondants, ces oppositions de couleur forment un tableau d'un charme pénétrant, bien particulier, rendu grandiose par les perspectives lointaines des petits monts et les profondeurs indécises des vallons qui vont à la mer.

La vie manque cependant à ce paysage; les agglomérations humaines sont rares aux abords de la voie ferrée. La seule ville de la route, Quintin, est assez loin de la gare, mais un instant on l'aperçoit pittoresquement assise aux flancs d'une colline. C'est aujourd'hui le marché, les voyageurs descendent nombreux, vêtus de grandes

BRETAGNE CENTRALE, DES MONTS MENÉ AUX LANDES DE LANVAUX

D'après la carte de l'état-major au $\frac{1}{320,000}$.

blouses et armés d'aiguillons ou portant de grands paniers.

Plus loin on pénètre dans un vallon profond, aux pentes boisées ; des fumées montent d'établissements qui bordent la chaussée d'un bel étang. C'est le haut fourneau du Pas, la seule usine métallurgique restée debout dans les Côtes-du-Nord. Une mine de fer et les charbons de la forêt de Lorges ont fait naître cette fonderie en cette partie écartée de la Bretagne.

La forêt de Lorges, aux abords du Pas, n'est qu'un vaste taillis, mais, plus loin, de belles avenues bordées d'arbres magnifiques rayonnent autour d'un château de noble ordonnance reflétant sa façade dans l'eau calme d'un petit étang. C'est Lorges, chef-lieu de l'ancien comté de Quintin, érigé en duché-pairie pour le maréchal de Lorges, ce lieutenant de Turenne dont les filles épousèrent l'une Saint-Simon, l'autre Lauzun. La terre de Lorges est entre Blois et Vendôme, près de la forêt de Marchenoir, dans ce doux pays du centre cher à nos aïeux. N'est-il pas curieux de voir un seigneur vendômois abandonner son beau ciel pour la brumeuse Bretagne et créer dans une forêt profonde et triste un palais aussi vaste ? Entre les grands arbres, devant l'étang solitaire, l'édifice évoque l'idée d'un château des contes de fée.

Combien devait être plus profonde encore sa solitude avant que le chemin de fer soit venu jeter son double ruban de rails au travers de l'avenue ducale !

Après la forêt, la lande reprend possession du sol, toute rose de bruyères en ce moment, elle couvre tous les mamelons arrondis qui avoisinent Uzel et permet d'apercevoir de vastes et heureux horizons. Plus bas la lande disparaît pour faire place aux cultures, c'est le bassin de Loudéac, région assez prospère où le chemin de fer a accompli son œuvre en amenant des défrichements nombreux. Ces campagnes subissent une transformation profonde : jadis elles étaient fort industrielles, tous les hameaux étaient peuplés de tisserands produisant avec les lins du pays les toiles de Bretagne. Aujourd'hui la concurrence des usines du Nord a restreint la production, les ouvriers ont quitté le métier pour la charrue, la culture du lin, jadis prospère, n'existe presque plus ; de temps en temps quelque bonne femme apporte encore au marché de Loudéac un peu de fil qu'elle a filé au moyen de lin récolté à la dérobée. Bien rares sont les tisserands, comparés au nombre extraordinaire que l'on comptait autrefois. En 1834 un recensement officiel évaluait à 4,000 le nombre des métiers à la main dans le seul arrondissement de Loudéac, la production atteignait deux millions d'aunes valant quatre millions de francs. Loudéac, Quintin, Uzel, Pleuc faisaient un grand commerce de ces toiles avec l'Amérique du Sud. Comme à Laval[1], on doit cette industrie à une dame flamande qui avait épousé un seigneur de la contrée. Cette baronne de Quintin, venue dans le pays au XVᵉ siècle, aurait fait appeler de Flandre des fileuses et aurait appris à ses vassaux à semer le lin et le chanvre. La réputation des toiles de Bretagne s'est perpétuée jusqu'à nous; elles la méritent d'ailleurs, mais les auteurs qui parlent de cette industrie comme florissante encore exagèrent. De 4,000 ouvriers, le nombre des tisserands est descendu à 100 depuis soixante ans, et il décroît encore. Sauf Grâce, Uzel, Quintin et Loudéac, tous les centres de fabrication ont cessé le tissage.

    Loudéac a donc perdu son rang de ville manufacturière. Est-ce bien une ville, ce gros bourg d'aspect rural, dont les rues sont des routes bordées de maisons? La sous-préfecture est presque en pleins champs; des maisons basses, sans caractère, entourent une grosse église. Peu ou pas de magasins, le silence le plus absolu, à peine trou-

---

1. Voir *Voyage en France*, IIᵉ série, p. 60 et suivantes.

blé par les omnibus d'hôtels aux heures des trois trains qui desservent la ligne dans chaque sens. L'industrie des toiles est représentée par un seul établissement; il emploie la plus grande partie des derniers tisserands de Bretagne. Sans lui, cette industrie aurait vécu ; mais il fait venir des filés du Nord et peut ainsi alimenter la main-d'œuvre. Les tisserands ont presque toujours un autre métier, cultivateurs ou boutiquiers. Leurs produits sont excellents, on pourrait dire inusables, aussi les préfère-t-on encore aux toiles mécaniques ; grâce à cet engouement bien justifié, les salaires sont assez élevés. Un bon ouvrier peut même arriver à gagner trois francs par jour ; à la campagne, c'est le bien-être.

Je croyais entendre le tic-tac des métiers dans Loudéac, vainement j'ai parcouru les rues et les ruelles ; enfin, près de la sous-préfecture, j'ai aperçu le bâti d'un jacquard dans une arrière-boutique où je suis entré. Le tisserand m'a fort cordialement reçu, il m'a montré son travail ; lui ne fait pas de la toile, mais une étoffe particulière appelée *garro*, *rigodon*, ou *mi-laine*. C'est une étoffe de laine tissée sur une chaîne de lin dont les femmes se servent pour leur habillement ordinaire. Le lin vient de Lille ou d'Armentières, la laine est tirée de Tourcoing. Le Nord, dont les usines ont ruiné l'industrie de la Bretagne, alimente donc en partie les restes de cette activité jadis si grande.

J'ai vu mon tisserand, j'ai noté ces détails et voilà que sur moi pèse lourdement l'ennui de la placide bourgade. Heureusement un train va passer bientôt, je cours à la gare et me voici en route pour Pontivy.

On traverse un pays profondément solitaire, où les landes dominent, mais la vallée de l'Oust, un moment traversée, est fraîche et riante et le canal de Nantes à Brest, autour de Saint-Gérand, est fort pittoresque avec ses escaliers d'écluses, ses garages et ses réservoirs. Les landes, aux abords de Pontivy, sont parfois boisées de pins.

Qui donc s'est récrié contre Pontivy, la régularité de ses rues et de ses édifices? Celui-là n'avait point vu d'abord Loudéac, autrement il aurait fort apprécié l'élégance un peu triste de cette ville toute moderne surgie au cœur de l'Armorique. Née par la volonté de Napoléon, comme Napoléon-Vendée aujourd'hui la Roche-sur-Yon, Pontivy, un moment appelée Napoléonville, porte l'empreinte de ce génie ordonné. Elle a ce qui manque à sa sœur vendéenne, un beau paysage, une large rivière et surtout une vieille ville où la pioche n'est point entrée encore. Les fervents du vieux temps trouveront dans le Pontivy d'avant 1805 assez de rues tortueuses, d'antiques maisons à auvents et à poutrelles pour pardonner à la ville moderne sa longue et large rue bordée de magasins, ses squares, ses édifices massifs créés pour une grande ville. Pontivy, d'ailleurs, n'a-t-il pas son château des Rohan, dont les énormes tours gothiques, les murs à mâchicoulis, les profonds fossés, les avancées plantées de grands arbres ont encore si grande allure? La cour de ce palais jadis princier sue la misère, il est vrai, mais Pontivy veut transformer la ruine grandiose en musée.

Si Pontivy n'a pas eu les hautes destinées prescrites par Napoléon dans un décret daté de Milan qui devait faire d'elle la métropole militaire de la Bretagne, elle n'en doit pas moins au conquérant une originalité propre, par son caractère de ville double : ici armoricaine, là très française. Dans la ville moderne, elle a placé la statue du général de Lourmel, tué devant Sébastopol ; dans la ville bretonne, elle a érigé une statue au docteur Guépin et un monument d'assez grande allure a été élevé en commémoration des deux assemblées des communes de l'Ouest, en 1790, dans lesquelles 168 villes ou bourgs jurèrent fidélité à l'Assemblée nationale.

Pontivy fut alors le cœur de la Bretagne, les chemins de fer, en suivant le littoral de l'Océan et de la Manche, lui ont enlevé son rôle prépondérant. Désormais ce n'est plus qu'une sous-préfecture, sur laquelle Vannes à la prééminence.

Le rôle révolutionnaire de Pontivy était d'autant plus remarquable que la ville, après la destruction du château de Rohan, était devenue la capitale du duché de ce nom. Rohan, retombé dans l'obscurité, était un humble village où nul n'allait jamais, même les ducs de cette maison illustre.

Rohan ! Qu'allez-vous voir à Rohan ! On ne va pas à Rohan ! m'ont dit des amis. Et le cocher, conducteur ordinaire de voyageurs de commerce, m'a dit, d'un air fin :

— Vous n'avez pas d'échantillons, les marchands ne vous achèteront rien !

Si Rohan ne voit pas d'autres visiteurs que les commis-voyageurs, le petit bourg n'en mérite pas moins une visite, son déclin même en fait une curiosité. Les puissants seigneurs qui ont pu dire

>   Roi ne puis,
>   Duc ne daigne,
>   Rohan suis,

ont eu leur souche dans cette vallée solitaire de

l'Oust, le nom de leur village familial se retrouve à chaque pas dans l'histoire de la Bretagne et de la France. A ce titre seul il vaut une visite.

Je ne regrette pas ces dix lieues de route. Bien peu de voyageurs sans doute ont fait de jour cette excursion ; la voiture publique entre Pontivy et Ploërmel passant la nuit seulement. Le pays, certes, n'a rien de fort curieux, ce sont de vastes plateaux ondulés où les landes font chaque jour place aux champs de sarrazin et aux genétières. Ici la culture du genêt se fait en grand, on sème une variété haute, donnant des produits au bout de la deuxième année. On fait paître le jeune genêt au bétail, vieux on le broie au moyen de machines pour le donner aux animaux. Lorsqu'elle est régulièrement semée et entretenue, une genétière est une fort jolie chose, à l'époque de la floraison surtout.

Les travaux de défrichement ont été activement poussés entre Pontivy et Rohan ; partout on voit des terres récemment remuées, encloses de hauts talus plantés de jeunes chênes qui donneront bientôt des fourrés inextricables. Voici un immense champ de seigle, c'est une lande produisant sa première récolte. Dans cinq ou six ans, me dit-on, cette région aura vu disparaître ses dernières landes. Moins grands sont les progrès vers Guéméné et Gourin, à l'est de Pontivy, ici la lande règne en maîtresse ; pendant des lieues et des lieues on peut traverser les bruyères. Rares sont les champs de seigle et de sarrazin.

Longtemps tracée sur le plateau, la route de Rohan atteint un ravin et descend alors dans la vallée de l'Oust. Des bois, des pentes vertes tranchent heureusement avec le caractère morose du haut pays. Bientôt voici Rohan, c'est un village sans caractère, mais il borde l'Oust en un site inattendu : de grands rochers bordent la rivière retenue par des barrages pour la navigation, des allées d'arbres la bordent, sur les pentes sont des prés ombragés de pommiers.

Du château, rien ne subsiste ; la cour d'honneur est devenue une pelouse ombragée de grands arbres où se tiennent les foires, les remparts ont comblé les fossés, des châtaigniers noueux et des chênes occupent la place des tours. De là et du cimetière voisin, on a une vue ravissante sur la rivière, les rochers et une chapelle gothique bâtie au bout du port, fort élégante de proportion.

Je redescends à la rivière ; sur le bord, des laveuses au costume curieux font retentir l'air du bruit de leur battoir. Ma venue est tout un événement, si rares sont les étrangers au bord de l'Oust! Devant la chapelle où je suis assis pour copier cette inscription, une foule de gamins m'entourent :

> L'an que dit fust mill cinq cents X
> Jehan de Rohan me fist bastir
> Et rediffier à l'honneur
> Micheloup en fut le miseur
> Et afin que mon nom me celle
> De bonne encontre l'on m'appelle.

Cette chapelle de « Bonne encontre » mérite une visite ; l'intérieur, d'une pure élégance, a été outrageusement badigeonné, mais les fines nervures ont été remises à nu. Le mobilier est pauvre ; rien à signaler sinon une peinture représentant un pape, un seigneur de Rohan et plusieurs personnages, sans doute autant de portraits. Quel contraste entre ce joyau gothique, si bien assis sur le rocher au bord de la rivière, et l'église paroissiale d'une invraisemblable pauvreté ! C'est un bâtiment carré, très bas, sans clocher, construit dans l'angle d'une place assez intéressante par sa halle en charpente et ses vieilles maisons.

Le grand charme de Rohan est dans sa rivière. Pour rentrer à Pontivy, j'ai changé de route en remontant jusqu'à Saint-Samson les bords de l'Oust par le chemin de halage, cette vallée est délicieuse; mais combien paraît triste le plateau que l'on retrouve à Gueltas, avec sa forêt de Branguily devenue un maigre taillis!

Non moins belle est la vallée du Blavet au-dessous de Pontivy. Certes, les landes y sont nombreuses encore, mais elles sont en ce moment si roses! De grands rochers, de beaux arbres bordent les méandres du petit fleuve malheureusement assez déserté par la navigation. Et que de force motrice perdue à ces barrages destinés à relever le plan d'eau, où la nappe frémissante étincelle au soleil! Quand l'industrie manquera de charbon, la Bretagne tient en réserve, grâce à l'abondance de ses rivières, des milliers de chevaux hydrauliques aujourd'hui inutilisés.

Que monotones sont les landes aux abords d'Auray et d'Auray à Questembert! Combien mélancoliques ces bois de pins régulièrement plantés qui, chaque jour, gagnent sur l'immense lande de Lanvaux! Tout ce pays est d'une tristesse profonde. Il faut redescendre dans la vallée de l'Oust vers Malestroit pour retrouver la vie et la fertilité.

Mais alors quelles belles campagnes! Arrosée par des ruisseaux sans nombre, la région de Ploërmel possède un charme agreste qui séduit. La ville elle-même n'attire guère l'attention, sans l'admirable église de Saint-Armel, fouillée comme une châsse, parfois égayée par des sculptures dignes des conteurs licencieux du moyen âge ; elle ne mériterait guère une visite, mais elle a dans ses environs l'Étang au Duc, Josselin et la lande de Mi-Voie. Celle-ci est à mi-chemin de Josselin, comme son nom l'indique, sur la route de Quimper. Le pays, pour s'y rendre, est très vert, très boisé, égayé par de petits étangs et des ruisseaux jaseurs. Les ardoisières n'ont pas trop brutalement creusé les coteaux. La route est franchement bretonne avec ses haies épaisses, les croix à personnages érigées aux carrefours, les pommiers rongés de lichens et de mousses. Aussi n'aperçoit-on pas sans surprise, se dressant tout à coup, le massif de verdure sombre formé par un bois de sapins.

Nous sommes à Mi-Voie. Les conifères, séparés de la route par une barrière, ont été plantés près d'une pyramide de granit élevée en l'honneur du combat des Trente. Le site est émouvant. Autour de l'obélisque, les arbres se dressent, immobiles aussi, mais dans leurs aiguilles le vent qui passe semble chanter et gémir. Malheureusement ceux qui ont rédigé l'inscription rappelant la lutte entre Beaumanoir, ses trente chevaliers et les chevaliers anglais ont été inspirés de façon malheureuse : « Vive le Roi et les Bourbons toujours ! » Les Bourbons n'existaient pas encore en 1341, lorsque Beaumanoir adressa à Bembro son chevaleresque défi, et ils venaient d'être ramenés par les Anglais quand, en 1819, fut érigé ce monument.

Combien plus suggestive est, en arrière de l'obélisque, l'humble croix de pierre rongée par les ans, brisée par la Révolution et relevée plus tard avec son inscription :

A la mémoire perpétuelle
de la bataille des Trante
qve Mgr le mareschal de Beavmanoir
a gaignée en ce liev l'an 1350.

La lande illustre où les chevaliers bretons soutinrent l'effort des Anglais, où Geoffroy du Bois jeta à Beaumanoir altéré le cri fameux : « Bois ton sang, Beaumanoir, la soif te passera » ; où Guillaume de Montauban, après avoir feint la fuite, revint au galop sur les Anglais dont il renversa sept, cette lande est en arrière de l'obélisque et de la croix, couvrant un mamelon au sommet duquel est un moulin à vent. Le moulin est endormi ; la lande, toute rose de bruyère, jaune d'ajoncs, est entourée de jeunes pins vigoureux.

D'ici la vue est immense ; les Bretons qui luttaient pour leur pays pouvaient voir une grande partie de la Bretagne. En dépit des siècles, le paysage n'a guère changé. Ce sont toujours les ondulations couvertes de landes, et les chênes robustes croissant dans les creux. C'est ici, en vue de ce paysage grandiose, et non sur la route qu'il aurait fallu placer le monument commémoratif de cette belle journée.

On ne quitte pas sans une émotion profonde ces lieux témoins de tant d'héroïsme et bientôt on oublie Mi-Voie en approchant de Josselin. La ville n'attirerait guère le visiteur sans le château formidable que les ducs de Rohan avaient construit au bord de l'Oust et que les Rohan possèdent encore ; peu de châteaux féodaux ont autant de majesté, il en est peu surtout d'aussi admirablement conservés.

Un pavillon, dont les couleurs me sont inconnues, flotte aujourd'hui sur la porte d'entrée, un autre s'élève au-dessus des remparts ; ces couleurs seraient-elles celles des Rohan ? Elles donnent à la vieille forteresse un caractère plus imposant encore ; il semble que la féodalité revit ici. L'illusion n'est pas de longue durée, sur la porte même du château, dans les rues de la ville s'étalent avec profusion les affiches annonçant des élections municipales. En tête de l'une d'elles figure le nom de M. le duc de Rohan. L'héritier de tant de titres, de tant de duchés, de tant de baronnies, n'aspire plus qu'à être conseiller municipal dans la petite ville où ses aïeux furent presque souverains jadis. N'est-elle pas vraiment curieuse cette affiche placardée sur les murs de l'admirable édifice où les Rohan ont fait entourer de tant de motifs sculptés leur devise : *Av plus*, à deux pas du tombeau d'Olivier de Clisson et de sa femme Marguerite de Rohan, qui est, après le château, la grande curiosité de Josselin ?

L'Étang au Duc passerait partout ailleurs pour un lac et attirerait les visiteurs en grand nombre. Nos voisins de Belgique ont fait une attraction de l'étang de Virelles près de Chimay, ils l'ont baptisé lac ; ils ont organisé des voyages d'excursion pour faire admirer ses eaux glauques. Virelles est loin cependant d'avoir le charme de l'Étang au Duc, aux rives sinueuses, entouré de vertes collines. Il est tout simplement exquis, ce lac profond, au-dessus duquel se dresse la haute flèche de Taupont, mais dont les eaux n'ont guère d'autre utilité aujourd'hui que de fournir la lumière électrique à la ville de Ploërmel.

Quant au Pardon de Ploërmel, popularisé par Meyerbeer, il n'a jamais existé, m'assure-t-on. Les

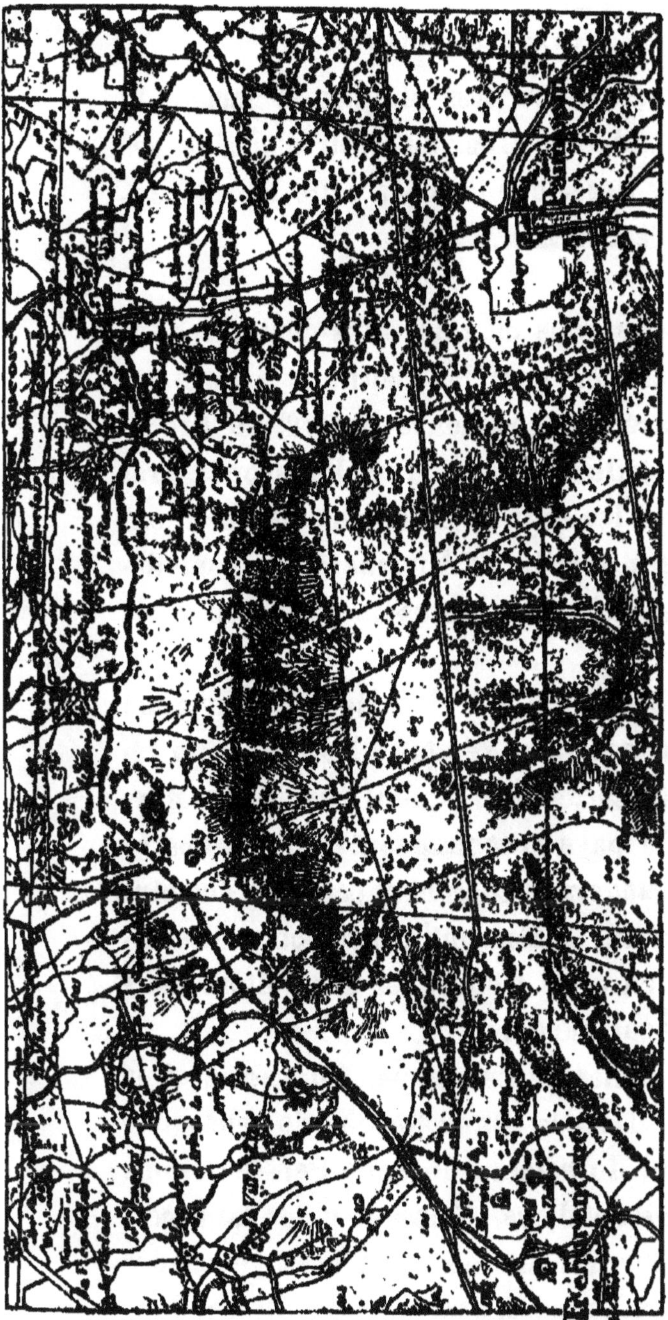

LA FORÊT DE PAINPONT (BROCÉLIANDE)

Échelle au $\frac{1}{80,000}$

fêtes locales sont ici très simples et portent le nom d'assemblées. C'est au bruit d'une de ces journées de liesse que j'achève cette lettre, dans le village de Concoret.

Ce nom ne vous dit rien, sans doute; cependant Concoret est pour les Celtisants comme un endroit sacré. Là commence la forêt de Brocéliande (Brécilien) aujourd'hui Paimpont; près d'ici coulent les eaux de la fontaine de Baranton. Là ont vécu Merlin et Viviane et se sont déroulées les scènes les plus fameuses du cycle d'Arthur.

Mais combien il est difficile de trouver un guide pour ces lieux rendus illustres par la légende! Les cartes n'indiquent pas la fontaine, les gens du pays la connaissent seulement parce que des étrangers en cherchent parfois le chemin. Tout à l'heure, à Mauron, grosse bourgade commerçante, on a pu me trouver une voiture mais personne pour me guider.

Nous sommes partis un peu au hasard. A la Saudrais j'ai eu la bonne fortune de rencontrer un habitant du hameau de Folle-Pensée qui m'a offert de me conduire. Certes le guide est nécessaire, il faut franchir des fondrières, escalader des échaliers, prendre, à travers les cultures, d'invisibles sentiers pour atteindre une des landes les plus étranges de toute la Bretagne : vaste plateau semé de roches aux formes fantastiques, se prolongeant jusqu'à une haute colline de forme régulière au-dessus de laquelle on aperçoit des masses d'arbres. C'est la forêt de Brocéliande. Les pentes qui y conduisent sont semées de bois de pins; des ravins profonds et marécageux s'y creusent. Hésitant sur le chemin à suivre, car il n'est pas allé à Baranton depuis plusieurs années, me dit-il, mon guide nous conduit enfin à travers des landes mouillées jusqu'à la lisière de la forêt, délimitée par un fossé et un talus. Nous longeons ce talus à demi éboulé par places, mon compagnon s'arrête et me montre, à demi envahi par des broussailles, un bassin carré fait d'énormes pierres. Des marches y donnent accès. Entre les pierres sort une eau claire encombrée de conferves. Des bruyères, des airelles, de délicates fougères, des ajoncs nains croissent dans les fentes de cette construction cyclopéenne. La table renversée d'un dolmen gît auprès. C'est la fontaine de Baranton ; là s'était retiré Merlin après la défaite des Bretons et la mort d'Arthur.

Sur la margelle où je me suis assis, le fameux enchanteur, en jetant quelques gouttelettes de l'eau magique, produisait à son gré la tempête et les nuages. Aucun lieu n'a été plus embelli par l'imagination populaire que cette source tranquille disparaissant presque aussitôt dans les mousses.

Le vent siffle mélancoliquement dans les pins, semblant apporter les bruits mystérieux de la forêt. La fontaine est calme, soudain de grosses bulles apparaissent, l'eau bouillonne un moment avec un bruit sourd et l'apaisement se fait de nouveau. Sont-ce donc là ces fureurs soudaines de Baranton qui l'avaient rendue célèbre et les mugissements qui annoncent la pluie ?

La source est oubliée maintenant ; nul n'y vient plus, sauf le voyageur épris de ce lointain passé druidique qui a laissé des traces si profondes. Mais pendant les sécheresses, quand l'eau manque dans les sources du bas, on vient avec des barriques puiser à Baranton. L'an dernier, on a pu incessamment retirer de l'eau sans jamais assécher le bassin. D'après la tradition, la fontaine était jadis recouverte d'une grande dalle et s'écoulait par un orifice creusé dans la maçonnerie. Au-dessus était une croix dont l'ombre, à certaines heures, indiquait l'endroit où Merlin aurait caché une barrique d'or. La croix a été renversée, désormais la barrique d'or est perdue.

Voilà tout ce que savent de Baranton les gens

de Folle-Pensée, hameau du voisinage ! Et cependant cette fontaine et la forêt d'où sourdent ses eaux ont tenu, pendant plus d'un millier d'années, une place prépondérante dans la littérature populaire. Aujourd'hui, sauf les lettrés et, parmi eux, les folkloristes, qui donc se soucie de Merlin, de Viviane et de Baranton?

Ils s'en soucient peu les gars que je rencontre en descendant. Ils vont en foule à l'assemblée de Concoret : les hommes coiffés d'un feutre mou, vêtus d'une blouse bleue toute neuve ; les femmes très simplement attifées ; la dentelle du bonnet donne seule quelque cachet à leur costume, relevé par des fichus de couleur voyante : rouges, verts ou bleus. Dans la pauvre église du village, entourée d'ifs centenaires, où l'on célèbre vêpres, toutes ces coiffes sont d'un effet charmant. Trois ou quatre baraques, des cabarets où tout le monde debout, silencieux, boit des bolées de cidre, voilà une assemblée. C'est lugubre.

La forêt est auprès. Je l'ai traversée jusqu'à Paimpont, très curieux village bâti au bord d'un étang, dans les dépendances d'une abbaye dont les bâtiments se mirent dans l'eau tranquille. Peu de grands arbres, les pins ont presque partout remplacé les chênes sacrés. Sans ses vallons profonds, ses grands étangs, ses rochers de Tréhorenteuc, la forêt ne mériterait guère une visite aujourd'hui. Mais les sites sont superbes si les arbres ont trop été exploités.

La nuit est venue ; j'ai dû rentrer à Concoret d'où je vais gagner Mauron et Rennes, sans avoir pu trouver l'autre fontaine fameuse de Brocéliande, la fontaine de Jouvence. Elle est ici cependant, mais, comme Baranton, elle a perdu sa vertu et le peuple l'a oubliée.

XVI

DE VITRÉ AU MONT SAINT-MICHEL

La vallée de la Vilaine. — Le château des Rochers. — Souvenirs de Mᵐᵉ de Sévigné. — Le pays de Vendelais. — Légende de Roland. — Fougères et son château. — Huit mille cordonniers. — Comment l'industrie naquit à Fougères. — Le pays de Coglès. — Pontorson et le mont Saint-Michel.

Mont Saint-Michel, septembre.

En amont de Rennes, la Vilaine coule dans une vallée ample, claire, heureuse avec son fond de prairies, ses pentes couvertes de pommiers, ses bourgades assises au sommet des coteaux. Paysage simple rappelant certains vallons de Touraine, la rivière coule à la hauteur de son plan de prairies ; on pourrait croire que plus haut le val sera une large et grasse campagne et voici que le paysage s'accidente, la rivière est maintenant profonde, des collines plus hautes la bordent ; elle coule bientôt au pied de falaises noires, ceintes de tours et de murailles ; entre ces remparts les toits d'ardoise, les flèches d'église d'une vieille petite ville tranchent avec tout le pays qu'on vient de parcourir. Le chemin de fer arrive à la hauteur des remparts et s'arrête dans une station voisine d'une place banale bordée de cafés et d'hôtels, nous sommes à Vitré.

Cette ville, la première de Bretagne en venant de Paris, est une digne entrée pour la province. aucune n'a mieux conservé le caractère du passé. La Bretagne qu'on y découvre ne se rencontrera désormais que dans le pays de Vannes et la Cornouailles, et encore d'aspect bien moins accusé. Dès qu'on est sorti du quartier banal avoisinant la gare, on se trouve en plein moyen âge. Quand on arrive de Rennes la régulière, le spectacle est inattendu de ces petites rues étroites, contournées, bordées de maisons déjetées, porches branlants, escaliers disjoints, galeries sombres. Et quels noms bizarres, sonnant bien leur treizième siècle : rue Baudrairie, place du Marchix, rue d'En-Bas. Çà et là des piliers à peine dégrossis supportent les étages, des niches abritent des statuettes, le bois et la pierre sont fouillés. Ajoutez de curieux monuments : un château qui est, avec le château de Nantes, Guérande, l'Île Close de Concarneau et Saint-Malo, un des plus purs échantillons de l'architecture militaire avant la Renaissance et, en même temps, un des monuments les plus ornés de la Bretagne. Contre le mur de l'église Notre-Dame, une élégante chaire à prêcher arrête l'attention. Mais Vitré doit surtout à ses remparts dominant le val profond et vert de la Vilaine, assis sur une roche sombre qu'augmente le ma-

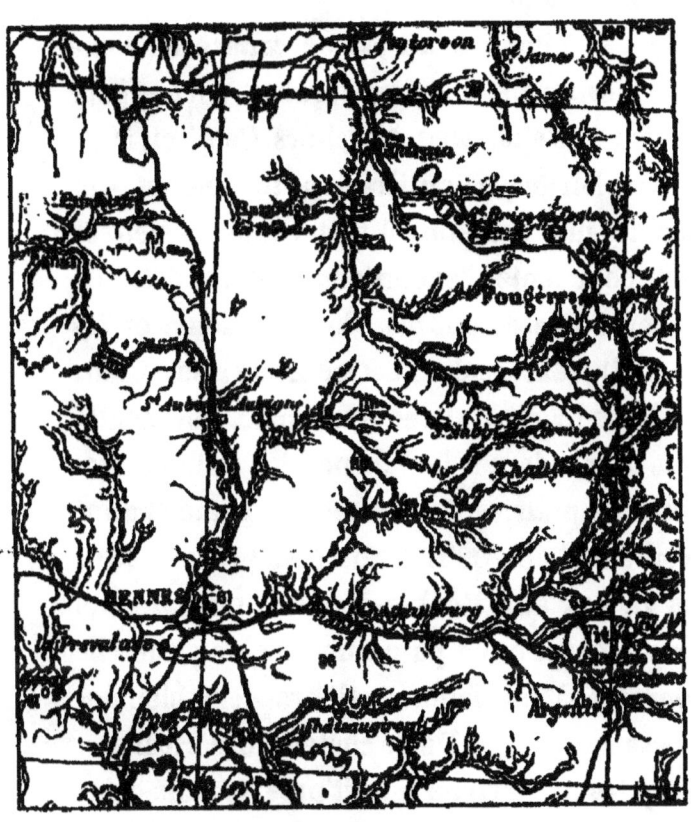

DE RENNES AU PAYS DE COGLÈS

D'après la carte de l'état-major au $\frac{1}{320,000}$

jestueux effet des courtines, des tours, des vieilles maisons aux toitures moussues. Il est bien dommage que Vitré perde peu à peu ce caractère, les édifices privés s'en vont, dans cent ans d'ici, la petite ville sera devenue banale comme tant de ses voisines. Au moins conservera-t-elle son château et ses remparts.

Même si Vitré n'avait pas ce caractère de cité féodale, les touristes s'y arrêteraient encore pour aller visiter le château des Rochers. Celui-ci, il est vrai, n'a rien de particulièrement intéressant pour le touriste non prévenu, il faut avoir un peu de lecture pour tenter l'excursion; c'est une demeure seigneuriale assez simple, dont le dôme et les tours indiquent seuls l'ancien rang; ses beaux bois, les superbes allées d'un parc, les pentes douces descendant à la Vilaine, ici clair et gros ruisseau de prairies, lui donnent un grand charme et éveillent l'idée qu'il ferait bon y vivre. Mais on ne va pas aux Rochers pour contempler un château élégant et un parc ombreux, on y cherche le souvenir d'une femme célèbre dont bien des lettrés se sont épris. De ce château des Rochers, la marquise de Sévigné a écrit près de trois cents de ses lettres, les plus vivantes, les plus intéressantes, les plus étincelantes, les plus spirituelles pour parler comme elle.

L'aimable châtelaine des Rochers est le premier écrivain qui nous ait fait connaître la France de province dans son intimité. Tout en épousant les

passions des gens de sa classe, dans les troubles
dont la Bretagne était le théâtre, elle a su vivre de
la vie même de ceux qui l'entouraient : seigneurs
fastueux, gentillâtres à peine civilisés ne sortant
jamais de leurs gentilhommières, bourgeois et
paysans. Dans ces lettres nous voyons s'agiter
tout ce monde ignoré à la cour, que Sully et
Vauban avaient seuls cherché à comprendre. Si
l'on veut connaître l'économie domestique sous
Louis XIV, il faut aller la chercher dans les lettres de cette belle et brillante grande dame. A
son insu, peut-être, elle a fait pour nous une œuvre
du plus grand intérêt ; c'est le point de départ
des études sociales sur la Bretagne, à laquelle se
rattacherait cent trente ans plus tard le voyage de
Young, qui nous révèle combien peu les choses
avaient changé ; par lui nous pouvons comprendre
l'immense transformation amenée par la Révolution. Le tableau, tracé par Mme de Sévigné, de la
misère du pays, de l'ignorance des gens, de l'état
des chemins, doit être lu pendant les promenades
dans ce gentil pays de Vitré, si l'on veut se rendre compte de l'immensité des progrès accomplis
depuis cent ans.

Les Rochers, jadis perdus dans des campagnes
presque inabordables, sont aujourd'hui sur un
grand chemin ; le parc où Mme de Sévigné prome-

naît ses rêveries borde la route, la cour d'honneur s'ouvre sur elle par une grille ; au tournant de la vallée court la locomotive, elle passe devant le bourg d'Argentré, bâti à la jonction de chemins nombreux. Des Rochers à Vitré, on traverse de riantes campagnes en suivant la route macadamisée, semblable à une allée de parc. On a de la peine à retrouver le terroir affreux où les carosses s'embourbaient et dont la marquise fait un tableau moitié plaisant, moitié tragique. Quelques-uns des hameaux semblent rappeler ces bourbiers. Le Maurepas, la Barboterie, le Guilmarais, ont dû leurs noms à ces fondrières.

Si la grande ligne de Rennes à Paris est peu accidentée, même aux abords de Vitré, le chemin de fer de Fougères relie les deux villes au moyen de rampes et de courbes très prononcées. Un peu après la station on franchit la Vilaine sur un viaduc d'où l'on domine la profonde coupure de roches noires au-dessus de laquelle court la ligne des remparts. La locomotive monte lentement au flanc d'un haut coteau pour descendre ensuite vers une vallée très fraîche et verte au fond de laquelle coule la petite rivière de la Calanche[1].

La vallée, riante et gracieuse, se fait plus sévère

---

[1]. Cette rivière s'appelle aussi Cantache.

aux abords de Châtillon-en-Vendelais. Sur une
haute colline se dressent les ruines informes
d'un rocher; tout autour, les maisons du village
couvrent les pentes et se reflètent dans les eaux
d'un petit golfe d'où sort la Calanche. Ce golfe
est projeté par le vaste étang de Châtillon, un
des plus beaux de Bretagne. D'abrupts rochers,
des bois, des carrières, des collines forment un
cadre heureux à cette grande et tranquille nappe
d'eau. Le pays tout entier est fort pittoresque, du
milieu des campagnes vertes surgissent des chaî-
nons de rochers aux formes superbes, coupés de
fissures profondes. C'est une région bien tranchée,
dotée d'ailleurs d'un nom particulier : le Vendelais. La légende s'est emparée de cette terre accidentée, le souvenir de Roland plane sur elle, un
étroit défilé, où la Calanche coule entre deux hautes roches, est le saut de Roland; une mince cas-
catelle, nommée la *Pierre dégouttante* par les habitants, serait produite par les larmes d'une dame
plongée dans l'affliction par la mort du héros.
N'est-il pas étrange de trouver ici le souvenir du
paladin, à quelques journées de marche du pays
lannionnais où se déroula la légende du roi Artus
et des chevaliers de la Table Ronde[1]?

---

1. Voir page 60, le chapitre sur l'Ile Grande.

Au delà du vallon de la Calanche, le pays perd de sa sauvagerie, les horizons sont plus étendus, les cultures plus variées. On retrouve ici un coin de la plantureuse région d'Ernée [1], quelques champs de lin se distinguent parmi les céréales. D'un val étroit on pénètre dans une vallée plus large arrosée par une rivière sans cesse accrue par de petits affluents. C'est le Couesnon, dont les eaux ici claires seront plus bas souillées par la marée quand elles traverseront les grèves du mont Saint-Michel. Rapidement le train descend entre des collines de plus en plus hautes; au loin apparaissent les toits, les tours, les édifices d'une ville, vaste d'apparence. Le train s'arrête, nous sommes à Fougères, la seconde ville d'Ille-et-Vilaine, la cité industrielle la plus considérable de toute la Bretagne, si on ne considère pas Brest et Lorient comme manufacturières par leurs arsenaux.

Le premier aspect de Fougères, aux abords de la gare, est celui d'une grande ville. Une longue et large rue, bordée de maisons hautes, animée par de nombreux passants, s'ouvre au regard. C'est la voie maîtresse d'une cité de cent mille âmes, et Fougères n'en compte pas vingt mille. Mais à

---

1. Voir le 1ᵉʳ volume du *Voyage en France*, page 96.

l'extrémité de cette artère, on trouve bientôt une vieille petite ville aux rues tortueuses, étroites, bordées de maisons à porche. L'haussmannisation, il est vrai, fait des progrès ; ces vieilles mesures disparaissent peu à peu pour faire place à une ville propre, mais banalement froide, elle rappelle Rennes avec moins de majesté.

A l'extrémité d'une de ces rues se groupent les édifices civils et religieux de la ville, près d'une promenade admirable, plus belle encore par sa situation, c'est la Place-aux-Arbres. Il faut venir là pour comprendre l'enthousiasme de Balzac et de Victor Hugo en présence du site de Fougères. Le pays, hardiment découpé de hautes et verdoyantes collines, creusées de vallons et de ravins, offre d'infinies perspectives. Les eaux, les bois, les rochers forment un tableau d'une beauté indicible. L'homme, par son œuvre, a accru encore ce caractère de grandeur, les remparts et les tours du vieux château de Fougères sont parmi les débris les plus intéressants de la France féodale. Ce petit coin de la Place-aux-Arbres est donc un belvédère incomparable. L'église Saint-Léonard l'avoisine et lui donne plus de caractère encore, plus de pittoresque aussi, grâce à ses fantastiques gargouilles, à sa balustrade gracieuse. Le chemin ardu, mais ombreux de la « duchesse Anne », conduit au-dessous dans la vallée du Nançon, près d'une vieille église, Saint-Sulpice, curieuse surtout par l'ornementation de ses contreforts ornés de pyramides appliquées de pur style flamboyant. Tout autour de Saint-Sulpice, au bord de la rivière, un vieux petit faubourg aux maisons de poutrelles se groupe en désordre sous les hauts remparts à mâchicoulis du château. C'est au bas de la ville, dans cette vallée du Nançon, qu'il faut arriver pour emporter de Fougères une impression ineffaçable. Les ruines sont formidables, tours, donjon, courtines, malgré la végétation qui s'est emparée d'eux, sont encore puissants ; par delà ce site militaire, la ville couvre le sommet de l'abrupte colline de ses maisons, de ses églises, de ses usines. Le château est le point capital de ce paysage d'une beauté rare. A l'époque où je le vis pour la première fois, il s'en allait pierre par pierre, à l'entrée était une des parties restées debout ; le commandant de l'escadron du train en garnison à Fougères avait réussi à s'y créer un logement étonnant par la grandeur des salles, l'épaisseur des murs et ses dispositions singulières. Les tours lui servaient de magasins, dans les cours, son ordonnance avait créé un jardinet. Le reste de l'antique forteresse, envahi par une végétation puissante, formait le plus étrange et le plus charmant dédale que l'on pût voir.

Aujourd'hui la ville a acquis ces ruines, elle les restaure, puisse-t-elle ne pas trop les embellir! Les tours aux noms sonores : de la Haye-

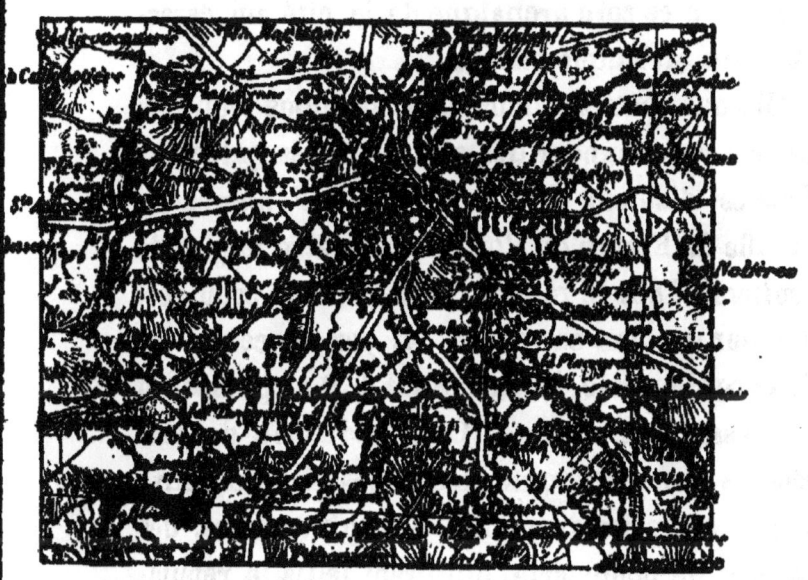

Saint-Hilaire, de Raoul, de Surienne, de Mélusine, de Pleguen, du Hallay, étaient superbes dans leur abandon. Tragique était et est encore la tour du Gobelin surgissant au-dessus d'autres tours accouplées d'une poterne.

Aux abords du château, Fougères a laissé debout des rues montueuses, tortueuses, étroites et amusantes, où la vie locale a conservé toute sa saveur. Les laitières portant le lait sur l'épaule à l'aide d'un singulier instrument à quatre pieds, les paysans revêtus de sayons en poil de chèvre, les ouvriers et les ouvrières rentrant des ateliers en faisant claquer le pavé du choc de leurs sabots, donnent à ce coin archaïque de la cité un caractère plus archaïque encore.

Si nous rentrons dans la ville, nous trouvons partout cette rumeur des sabots et des galoches. Cela est d'autant plus étrange que Fougères est la ville de France où l'on fait peut-être le plus de souliers. Tout le monde y est peu ou prou cordonnier ou, tout au moins, vit par le commerce de la cordonnerie. Fougères lui doit sa prospérité sans cesse grandissante. Cette industrie de date récente a emporté toutes les autres. On ne trouve aucune trace des draperies, des teintureries, des ateliers de bonneterie, qui firent jadis la réputation de Fougères dans les duchés de Bretagne, de Normandie, d'Anjou et du Maine, tout a disparu devant la chaussure. Le développement de cette fabrication, loin de tout autre centre industriel, dans une région tenue à l'écart des grands courants de circulation, est des plus remarquables, c'est un de ceux dont les étapes sont le mieux connues ; les Fougerais en sont fiers, aussi ont-ils patriotiquement tenu à marquer toutes les phases par lesquelles la cordonnerie est passée, depuis les humbles débuts des ateliers pour le chausson de tresse jusqu'aux vastes usines ou travaillent 8,000 ouvriers.

J'ai dû à M. Depasse, qui dirige à Fougères un de nos meilleurs journaux de province et qui m'a guidé dans ma visite, des renseignements fort complets sur la genèse et la progression de cette industrie.

Vers 1829 ou 1830, un industriel implanta à Fougères la fabrication du chausson de tresse, analogue à celui que l'on fabrique encore dans les prisons. Les femmes tressaient la chaussure sur la forme et les hommes plaçaient la semelle ; le travail était peu rémunéré, les femmes gagnaient à peine de 15 à 20 centimes par jour et les hommes un franc ; malgré ces faibles salaires, on aurait eu peine à lutter contre la main-d'œuvre des prisons sans la division du travail pour la confection et l'application des semelles. On put réduire à tel point le prix de revient que, vers 1846, Fougères comptait 10 fabricants occupant 500 femmes, 40 hommes et faisant un chiffre d'affaires de près de 350,000 fr.

En 1848, les entrepreneurs du travail dans les

prisons employèrent les procédés en usage à Fougères et reprirent la supériorité de la main-d'œuvre, le chausson de tresse disparut peu à peu d'Ille-et-Vilaine. La crise fut de courte durée, un industriel essaya de fabriquer le chausson de feutre, les ouvriers se refusèrent à ce labeur nouveau, il fallut y dresser des enfants dont le succès ramena la population au travail. En même temps on commençait d'une façon timide la fabrication de la chaussure clouée ; on ne livra d'abord que le grossier article d'hiver, puis les commandes affluant, on fabriqua le soulier d'été ; cependant cette industrie aurait langui sans l'arrivée d'un ouvrier errant, assez triste personnage, en somme, puisqu'il est en ce moment détenu dans une maison centrale, mais actif et intelligent. Il offrit à l'un des patrons de lui fabriquer la bottine de satin, claquée, à talons, demandant comme rémunération 17 fr. par douzaine ; or, il en faisait une demi-douzaine par jour. Séduits par ces résultats, les ouvriers suivirent l'exemple et apprirent la fabrication nouvelle.

L'élan était donné, désormais le nombre des ateliers ne fit que s'accroître ; bientôt on fabriqua tous les produits ordinaires de cordonnerie ; en 1872, la machine à piquer avait fait son apparition et Fougères comptait 5,000 ouvriers. En

1873 une transformation radicale s'opéra ; la machine à coudre la semelle apparut et fit complètement disparaître la couture à la main. Cette première machine est du reste menacée aujourd'hui par un nouvel engin : la machine Goodyear, qui reproduit à s'y méprendre la couture à la main. Enfin le montage de la chaussure à la main tend à céder la place au montage mécanique.

Cet emploi des machines a causé plus d'une crise à Fougères, les ouvriers voient naturellement d'un très mauvais œil l'accroissement continu de ces engins. Un certain nombre de fabricants s'efforcent, de leur côté, de réagir en appliquant à l'extrême la division du travail, ils espèrent ainsi produire autant par la main que par la machine.

Malgré cette crise, du reste inévitable, le nombre des ouvriers est aujourd'hui, comme je l'ai dit, de 8,000, plus 400 à 500 employés, voyageurs ou commissionnaires répartis entre 33 fabriques, dont quelques-unes occupent jusqu'à 1,000 personnes, la moyenne étant de 200 à 300. La production atteint 5 millions de paires de chaussures valant environ 18 millions de francs ; dans ce chiffre, la main-d'œuvre entre pour près d'un tiers et la valeur de la matière première pour près de la moitié.

Il est assez difficile d'établir le prix des salaires, l'industrie de la cordonnerie étant sujette à des chômages assez prolongés qui réduisent considérablement la moyenne. A en juger par le prix des façons seulement, les hommes devraient gagner 5 ou 6 fr. par jour et les femmes 3 ou 4 fr., mais les chômages réduisent ces salaires d'un quart ou même d'un tiers. Toutefois la situation n'est pas mauvaise : le mari, la femme et l'enfant à partir de 13 ans trouvent à s'occuper dans les ateliers. Même les femmes d'employés à 1,800 ou 2,400 fr. travaillent chez elles pour la piqûre des tiges ou le perlage, c'est-à-dire l'application de motifs en perles sur les bouts. Cette population est excellente ; au noyau primitif d'ouvriers citadins possédant par atavisme toutes les qualités qui firent la réputation de l'artisan de Fougères, est venue se joindre une forte émigration des campagnes voisines, conservant le tempérament du paysan breton. Le travail se faisait jusqu'ici presque entièrement en famille, il tend malheureusement à se concentrer dans les ateliers ; les patrons évitent ainsi les allées et venues qui étaient une perte sèche pour les ouvriers et pour eux. Les femmes, cependant, piquent encore à domicile, mais le nombre de fabriques travaillant exclusivement à la machine s'accroît, il y en a déjà cinq aujourd'hui.

La chaussure de Fougères est surtout pour femmes, enfants et fillettes ; de rares maisons commencent à fabriquer l'article d'été pour hommes. D'ailleurs, une transformation nouvelle s'opère dans la cordonnerie : la chaussure clouée, après avoir détrôné la chaussure cousue, est à son tour chassée par celle-ci, grâce à la perfection des machines. Naturellement un certain nombre d'industries annexes se sont créées : trois ou quatre fabriques de cartonnage produisent les boîtes pour enfermer chaque paire de souliers ; deux fabriques font uniquement des talons ; des ateliers de perlage, des dépôts de machines ou de fournitures, une mégisserie et des tanneries, vivent de la fabrique de Fougères ; même les villes voisines ont créé des ateliers : Ernée en compte trois, Pontorson en possède une.

A en juger par l'aspect général de la ville, le dimanche surtout, la population ouvrière de Fougères vit dans une certaine aisance ; tout le monde est très correctement vêtu ; si les femmes ont conservé avec raison la coiffe ou le bonnet du pays, elles s'habillent avec une véritable élégance. La grande distraction consiste en des parties de campagne, surtout dans la superbe forêt de Fougères qui renferme des sites curieux.

Tel est ce centre industriel, imprévu dans ces

contrées agricoles et herbagères et qui s'accroît sans cesse, grâce au caractère entreprenant de ses enfants. Par bien des côtés, Fougères appartient davantage à la Normandie qu'à la Bretagne. Elle se relie, par Ernée et Mayenne, à l'active région de Flers et de Condé-sur-Noireau, mais elle a su conserver une originalité que l'abus de l'alignement n'a point fait disparaître encore. La cité natale de Lariboisière — à qui Fougères a élevé une statue — mérite d'être visitée à plus d'un titre. N'eût-elle que les lumineux horizons de sa Place-aux-Arbres et sa ruine castrale flanquée de treize tours, elle mériterait d'attirer l'attention.

La forêt de Fougères vient jusqu'aux portes de la ville. Lorsqu'on est passé au-dessous de la cité par un petit tunnel, on découvre un moment les hautes croupes sombres de ces vastes bois dans lesquels le Nançon se creuse un ravin étroit et sinueux. C'est une courte apparition, bientôt la voie ferrée tourne à l'ouest et, dominant de haut la vallée où l'Oysance déroule ses méandres, traverse le pays de Coglès, région agricole, tout à fait normande d'aspect, par ses herbages et ses vergers de pommiers. D'ailleurs la Normandie n'est pas loin, quand on est descendu dans le vallon de l'Oysance, on atteint rapidement le beau bassin de prairies où la petite ville d'Antrain s'étend entre l'Oysance et le Couesnon et l'on entre dans le département de la Manche. Désormais le train court à travers une vallée basse, verdoyante, aux prairies encloses de haies, complantées de pommiers couverts de lichens. Sur les rives du Couesnon de hauts peupliers, au feuillage pâle et rare, se détachent sur le fond brumeux du ciel, les touffes de gui faisant dans leur ramure de grosses taches sombres. Vers le nord, la plaine se confond avec des horizons laiteux où l'on devine la mer.

Le train achève son parcours dans une petite gare, bruyante en été ; aux abords d'une grosse bourgade aux larges rues, bordées de maisons pittoresquement en désordre. Cette petite ville de Pontorson, assise sur le Couesnon, ici endigué, mais où remonte le flot marin amenant les navires, est la porte d'accès de Normandie en Bretagne. Lorsque cette dernière province était autonome, le tête de pont avait une importance capitale, aussi le gouverneur avait-il un rang important. Duguesclin reçut ce gouvernement ; quelques-uns des faits les plus célèbres de son histoire se sont passés là, dans un château dont on chercherait vainement les débris.

Pontorson est aujourd'hui un des coins de

France les plus fréquentés par les touristes ; dans sa gare descendent les visiteurs du mont Saint-Michel, tout aussitôt transportés par de vastes breacks ou omnibus sur la route monotone, bordée de tas de tangues, côtoyant un chemin de fer abandonné qui reliait jadis Pontorson à la côte. Voici les polders gagnés sur les mornes étendues de la grève, et au fond, apparition merveilleuse, éblouissante, inoubliable, le Mont hérissé de tours, de flèches, d'aiguilles, le plus sublime des poèmes de pierre élevés par la main des hommes.

Vous décrirai-je la merveille ? Il faudrait un volume entier pour dire son exquise poésie, la hardiesse de ses murailles, la grâce de ses colonnades, l'élégance de ses voûtes gothiques. Tant d'autres l'ont fait en des livres copieux, sans réussir cependant à exprimer l'impression intense ressentie devant cette floraison de granit et de marbre surgie au milieu des solitudes de la grève ! Un grand poète seul pourrait rendre la magie de l'apparition. Vingt fois déjà j'ai fait le chemin de Pontorson à la merveille et la sensation féerique s'est toujours renouvelée. Hélas ! pourquoi faut-il que la visite du Mont ne puisse se faire sans le cicerone bavard, en compagnie de la foule arrêtée devant les détails bizarres ou tragiques et passant rapidement sous les nervures des grandes salles ou les élégantes et frêles colonnettes du cloître ? Combien l'œuvre grandiose des moines artistes et soldats du mont Saint-Michel semblerait plus belle, encore si on pouvait la parcourir autrement qu'en troupeau !

XVII

LA HOLLANDE DE NORMANDIE

La digue du mont Saint-Michel. — A-t-elle gâté le paysage ? — L'ancienne forêt de Scissoy. — Cataclysme de l'an 709. — Reconquête du sol. — Fleuves domptés. — Les polders de l'ouest. — Dol, le mont Dol et les marais. — Cancale et ses huîtrières. — La pointe du Groin et l'île des Landes. — De Rothéneuf à Saint-Malo.

Saint-Malo, septembre.

La digue du mont Saint-Michel a fait verser beaucoup d'encre. On lui a reproché, comme à la tour Eiffel, de manquer aux lois de l'esthétique. De même qu'on regrette les diligences, on pleure l'époque où l'accès du mont Saint-Michel était souvent interdit, où il fallait attendre dans les parages lugubres de Moidrey le bon vouloir de la marée et des vents. La digue déshonore le Mont, dit-on, elle lui dérobe sa poésie en lui enlevant son isolement.

Est-ce bien vrai ? Lorsque d'Avranches, par exemple, on découvre la vaste étendue des grèves au milieu desquelles se dresse le merveilleux monument, a-t-on l'impression qu'il manque quelque chose à l'aspect d'isolement. Même le voyageur venu de Pontorson et voyant surgir devant lui la silhouette du Mont, hérissée de tours et d'aiguilles, est-il gêné par le long serpent gris destiné à le conduire en sécurité à Saint-Michel? Tout observateur de bonne foi l'avouera, l'attention est trop violemment sollicitée par la beauté du spectacle pour s'arrêter à ce détail de la jetée, pas plus choquée que par le long ruban du Couesnon traînant de paresseuses eaux au milieu des tanguières.

Pendant qu'on s'élève ainsi contre la digue, une autre entreprise se fait aux détriments de l'immense grève, œuvre patiente des années et des siècles pour reprendre le sol arraché au continent par le grand raz de marée de l'an 709.

Avant cette époque, la vaste ouverture appelée de nos jours la baie du mont Saint-Michel avait été comblée par des atterrissements pendant des milliers d'années; une ligne de dunes, cordon littoral comparable à tant d'autres formations de nos rivages, séparait de la mer ces terres basses, à demi inondées, où une végétation puissante de bouleaux, d'aunes, de peupliers, de saules, de chênes même sur les parties hautes, avait constitué une forêt, dite de Scissey. Le cataclysme de 709 rompit le cordon des dunes et le dispersa; la forêt, balayée par une mer monstrueuse, s'effondra dans le sol délayé.

Peu à peu, le flot, passant sur les immenses bancs de mollusques de la baie, s'y chargea de débris de coquilles ; le courant lui porta les matériaux arrachés aux falaises par les tempêtes ; le fond de la baie se colmata, s'exhaussa ; à la longue la région comprise entre Cancale et Dol fut recouverte seulement par les plus hautes mers. Les habitants imaginèrent alors de les séparer du flot par une digue immense, ouverte à de rares intervalles pour le passage des ruisseaux eux-mêmes endigués. On gagna de la sorte un vaste territoire ayant comme pour noyau un îlot granitique, le mont Dol, comparable au mont Saint-Michel et à Tombelaine.

L'opération fut entreprise au xiie siècle. La digue construite ainsi en plein moyen âge ne compte pas moins de 36 kilomètres ; des collines de Cancale à la baie de Pontorson, 14,000 à 15,000 hectares de terres fertiles furent répartis entre 23 paroisses de nouvelle formation ou de l'ancien littoral. Cette œuvre immense a accru dans d'énormes proportions la richesse du pays, on évalue les terres nouvelles à 50 millions, leur produit dépasse deux millions par an.

Le marais de Dol n'est rien comme étendue

auprès des autres terres à conquérir. Il y a là plus de cent cinquante kilomètres carrés découverts à mer basse. Comme aux temps préhistoriques, l'Océan arrache aux bancs de mollusques de Cancale, aux récifs des Chausey, aux falaises du Cotentin des débris minéraux, végétaux ou animaux triturés par le flot, réduits en une argile ténue et apportés deux fois par jour sur la grève. Le flot repoussant toujours vers le fond de la baie ces éléments de colmatage, on voit bientôt la laisse des plus hautes mers se couvrir de végétation dont les débris d'abord, puis les poussières retenus dans les touffes exhaussent le sol. Cette première végétation est formée par une plante sans valeur agricole, appelée criste-marine (*Salicorna herbacea*), d'aspect misérable, à la coloration neutre, vivant dans les terres encore salines. Lorsque, par suite de l'exhaussement, la criste-marine croît à 11^m,50 au-dessus des basses mers, elle n'est plus atteinte par le flot salé que pendant les plus hautes marées, — elles s'élèvent à près de 17 mètres dans le fond de la baie — alors elle fait place à un gazon très fin, court, presque feutré, l'*Agrostis maritima* des naturalistes, appelé *herbu* dans le pays. Cet herbu constitue le pré salé, les moutons le mangent avec avidité.

Les habitants l'ont constaté depuis longtemps ;

la grève, à cet état, devient apte à la culture, on pourrait même prévoir le moment où toute la baie aurait été couverte d'herbu, sans le rôle des rivières et des ruisseaux, notamment le Couesnon, la Sée et la Sélune. Ces cours d'eau, d'un assez faible débit en été, deviennent en hiver et au printemps des torrents dont les eaux, rencontrant peu de résistance dans le sol des herbus, s'y creusent des lits nouveaux et annulent l'effet des forces inconscientes de la mer. En maintenant les cours d'eau dans un chenal immuable, on devrait donc empêcher la destruction des prés salés ou des grèves de criste-marine et aider à la formation des terres aptes à la culture. Telle est l'idée qui a amené la création d'une société ayant pour but de mettre en valeur les grèves de la baie, à mesure qu'elles seraient aptes à recevoir la charrue.

Le colmatage se faisait surtout au fond de la baie, vers l'embouchure du Couesnon, c'est-à-dire au delà de la digue des marais de Dol qui aboutissait à l'anse de Moidrey, formée par l'estuaire du petit fleuve. L'herbu avait peu à peu gagné ; sa vaste pelouse servait au pâturage des oies et des moutons ; les premières arrivaient, elles arrivent encore le matin, paissent et rentrent le soir à la ferme. Les moutons, au contraire, paissent tout l'été sur la grève, sauf pendant les courtes

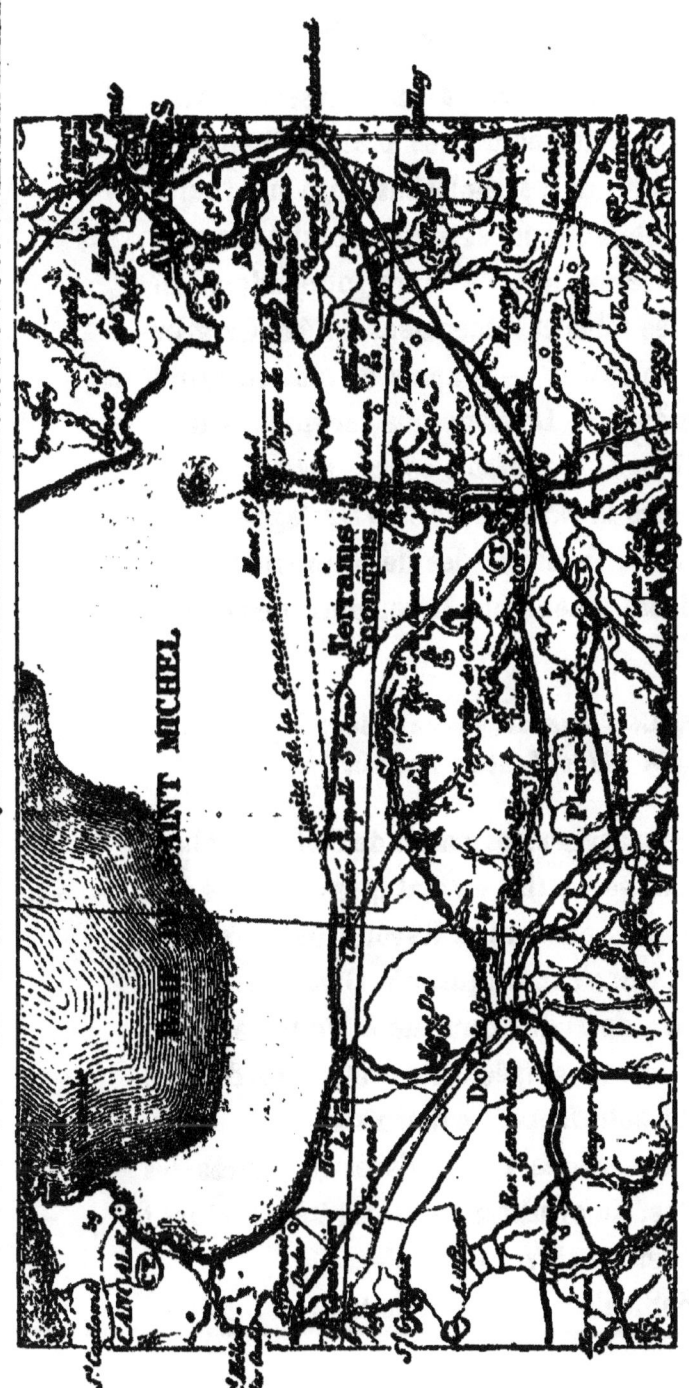

ANCIEN ÉTAT DE LA BAIE DU MONT SAINT-MICHEL ET TERRAINS CONQUIS SUR LA MER

D'après la carte de l'état-major au $\frac{1}{320,000}$.

heures où les grandes marées envahissent l'herbu. On a entrepris de rendre ces prairies inaccessibles à la mer, en les enclosant d'un haut talus. Le procédé était simple et d'une réussite certaine, mais les rivières, lors de leurs inondations, détruisaient les talus et ramenaient à l'état de grève les enclos ou *polders* — d'après le mot emprunté aux Hollandais. — Le Couesnon, surtout, a divagué de telle sorte, que son cours, formant la séparation entre la Normandie et la Bretagne, a souvent fait varier la limite des deux provinces. Un proverbe local a consacré le souvenir de ces fantaisies :

> Le Couesnon, par sa folie,
> A mis le Mont en Normandie.

A diverses reprises, les marais de Dol furent bouleversés ; on ne les tint en état qu'au prix de travaux constants ; pendant la Révolution, la guerre de Vendée, qui s'étendit jusqu'à Granville et fut marquée par de rudes combats à Fougères, Antrain et Pontorson, empêcha l'entretien des digues. En 1791, le petit fleuve les détruisit sur 8 kilomètres : 8,000 hectares furent dévastés ; après les luttes civiles, un syndicat de propriétaires réussit à reconstituer les travaux de défense.

Vers 1858, alors que les capitaux et les énergies entreprenaient de gagner à la culture les déserts de notre territoire : Landes, Sologne, Double, Brenne, Beauce, etc., une compagnie se créa pour rendre plus efficaces les efforts des propriétaires riverains et des syndicats. Cette compagnie, devenue aujourd'hui la compagnie des polders de l'Ouest, reçut la concession de 3,000 hectares de terrain à prendre dans la baie du mont Saint-Michel et 1,000 hectares à prendre de l'autre côté du Cotentin, dans la baie des Veys, à l'embouchure de la Vire [1].

Les 3,000 hectares concédés étaient sans cesse bouleversés par le Couesnon ; il fallait endiguer le fleuve et l'obliger à conduire ses eaux au delà du mont Saint-Michel. Un nouveau lit fut ouvert, tant dans les terres déjà asséchées que dans la « grève blanche ». Grâce à des procédés très simples, un canal de 5,600 mètres a été creusé par le seul jeu des courants contraires de la mer et du fleuve. Contenu par les enrochements, le vagabond Couesnon s'est assagi, il est devenu un cours d'eau tranquille ; à marée haute, il porte de petits navires jusqu'aux abords de Pontorson. La tangue en suspension a trouvé dans les digues du canal un obstacle qui les oblige à se déposer

---

[1]. Voir le chapitre XXIV.

et l'on a gagné sur la mer plus de 2,000 hectares de terres fertiles, dont l'étendue s'accroît peu à peu par le remplacement en herbu des zones occupées par la criste marine.

Le Couesnon a désormais son débouché fixe à l'ouest du mont Saint-Michel ; du haut de la ville on distingue très bien, à marée basse, le ruban des eaux à travers la grève.

Le Couesnon dompté, il fallait empêcher les autres rivières de venir divaguer par la grève. Une ligne d'enrochements partant de la pointe de Rochetorin, près de Courtils, et formant digue submersible, se dirigea vers le mont Saint-Michel sur une longueur de 6,200 mètres. Enfin la fameuse digue-route du mont sert également de base au colmatage. Les adversaires de la digue disent qu'elle a pour effet, en retenant les eaux, de les amener à battre les murailles du Mont qui menaceraient ruine. S'il en était ainsi, ce serait désastreux, mais on pourrait remédier au mal en créant aux abords du Mont une série d'arceaux ou un pont-levis qui permettraient aux courants de contourner le rocher au lieu de lui donner assaut.

Cela n'a pas suffi : d'autres ruisselets aidaient à la désagrégation des grèves, on les a conduits par des digues jusqu'au Couesnon.

Ceci obtenu, on a pu enclore les polders. Dès

qu'un sol est cultivable, et il l'est seulement lorsque l'herbu a remplacé la criste marine, on l'entoure d'un talus en terre dont l'étanchéité est obtenue par un procédé local curieux appelé le *lisage*. Ce sont des remblais de sable et de tangue pilonnés, arrosés, pétris avec les pieds et remplissant une sorte d'ossature de pierraille et de blocs de schistes apportés des carrières de Beauvoir et de Roz-sur-Couesnon. Cette masse molle, semblable à de l'argile, devient, une fois desséchée, d'une extraordinaire dureté. Les talus intérieurs sont revêtus de gazon, un fossé les borde, reçoit les eaux de pluie ou d'infiltration et les conduit, à mer basse, jusque dans le Couesnon.

Les enclos ou polders ainsi obtenus ont été réunis au moyen de chemins carrossables ; pour en assurer la mise en valeur, on a créé dans un grand nombre d'entre eux des petits hameaux destinés aux ouvriers et aux fermiers.

Aujourd'hui (débuts de 1895), la compagnie a mis en valeur une étendue de 2,021 hectares 20 ares 30 centiares, répartis entre 40 polders de terres excellentes où prospèrent les céréales, les racines et toutes les plantes fourragères et légumineuses. Les tentatives de divers fermiers ont démontré que le sol était très propre à la culture maraîchère : asperges, artichauts, choux-fleurs, radis, oignons, pois, etc., y donnent de beaux produits. Les terres sont affermées par baux de 9 et 12 années entre 150 et 200 fr. l'hectare. Même certains polders situés à l'est ont atteint jusqu'à 240 fr. l'hectare [1].

Une visite des polders est fort intéressante ; j'ai parcouru aujourd'hui les terrains nouvellement conquis et les marais de Dol. Le paysage est ample et majestueux par la simplicité et l'horizontalité de ses lignes, comme par sa profonde solitude. En dehors des grandes fermes où se centralisent les travaux d'exploitation de chaque polder, il n'y a aucune habitation. Ces fermes, construites sur de vastes plans, alimentées d'eau amenée des collines voisines, présentent un ordre et un aménagement bien rares en Bretagne ; un bétail superbe remplit les étables. Tout autour les champs disposent leurs damiers entre les levées des polders, celles-ci sont elles-mêmes livrées parfois à la culture, l'asperge y prospère. On a sous les yeux un paysage agricole qui rappelle, avec la variété en plus, les riches contrées du Nord, Picardie et Flandre.

[1]. Ces renseignements sont résumés d'après une notice publiée à l'occasion de l'Exposition de 1878 par la compagnie des polders et une autre rédigée pour l'École des ponts et chaussées par le regretté Durand-Claye.

Tout autre est l'aspect du marais de Dol. La conquête du sol y étant bien plus ancienne, la propriété y étant bien plus morcelée, on sent davantage l'intensité de la vie humaine ; les champs, de moyenne étendue, sont entourés d'arbres : frênes, saules, peupliers. A l'est, les terres reconquises sont bordées par une haute falaise granitique allant de Roz-sur-Couesnon aux abords de Dol ; cette falaise, couverte de beaux châtaigniers et de chênes, est longée par une route où les maisons se suivent presque sans interruption, maisons de granit, dont beaucoup, d'apparence cossue, sont fleuries de géraniums et de roses trémières. Des arbres surchargés de fruits : pommiers et poiriers, quelques noyers, ombragent les jardins et peuplent les vergers. C'est un joli petit pays, digne d'une visite. Les enfants d'un orphelinat établi à Saint-Broladre, que j'ai rencontrés, jouant sous les châtaigniers, ont une mine de santé et de joie qui fait l'éloge de ce doux climat où les fuchsias et les figuiers poussent en pleine terre.

Mais à l'ouest, la falaise étant trop éloignée des cultures, le marais s'anime ; presque chaque lot de terre a sa maison, chaumière de granit aux porches arrondis, ou maisons modernes dont les ouvertures entourées de grands linteaux en granit laissent pénétrer à flot la lumière. Chacune de

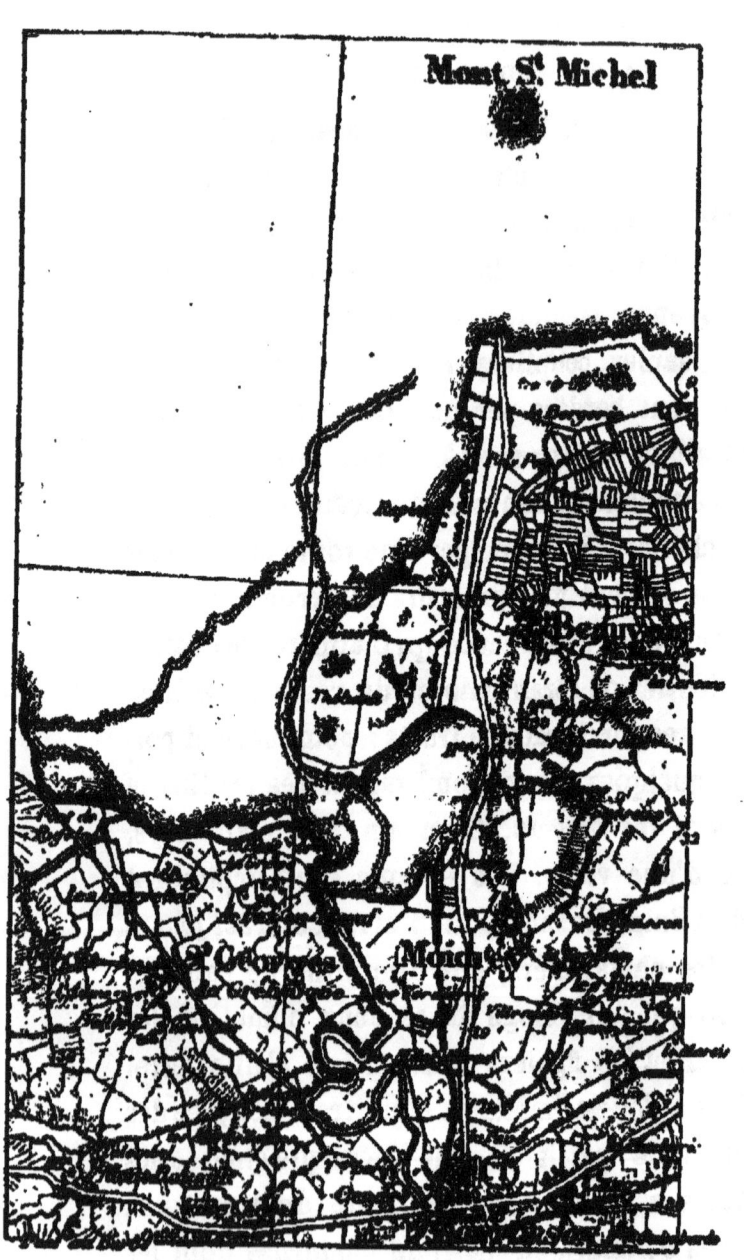

ÉTAT ANCIEN DES ABORDS DU MONT SAINT-MICHEL.

Échelle au $\frac{1}{80,000}$.

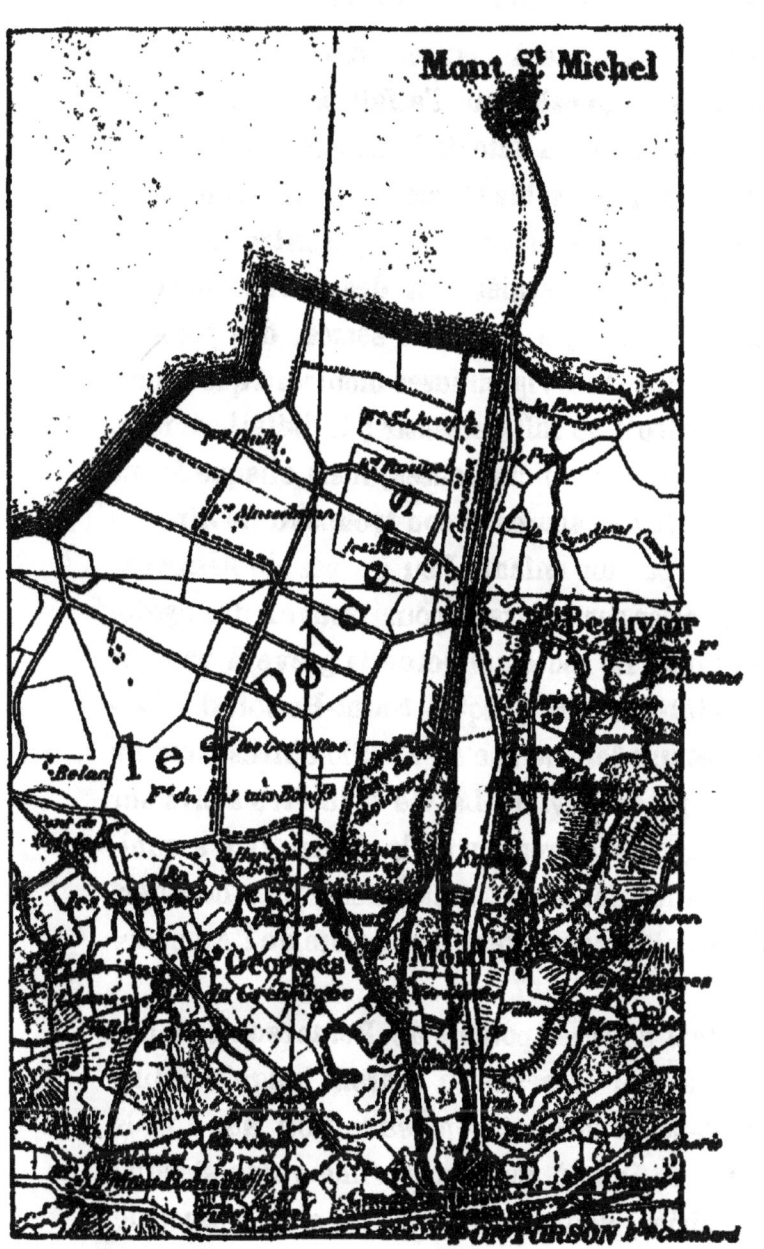

ÉTAT ACTUEL DES ABORDS DU MONT SAINT-MICHEL.

Échelle au $\frac{1}{80,000}$.

ces maisons porte à l'entrée une inscription disant le nom de celui qui l'a fait construire, celui de sa femme, et la date de la construction.

Ici la culture est bien bretonne d'allure, le sarrasin fleuri épand ses blanches nappes entre les arbres. De superbes aspergières et des semis de maïsfourrage, des épis lourds et serrés, des pommes de terre aux fanes vigoureuses montrent que le progrès agricole se fait ressentir ; le bétail est rare, les oies sont peu nombreuses, mais chaque ferme a sa bande de canards et son troupeau de dindons conduit par un enfant. Peu ou pas de hameaux, il faut aller sur le rivage pour trouver des agglomérations. La route qui borde la grève à hauteur de Saint-Broladre jusqu'à Saint-Benoît-des-Ondes, est une longue rue de 10 kilomètres, avec un petit port au Vivier. La vie a dû être active sur ce rivage dès la création de la digue. Il y a quelques belles demeures, notamment, près de Cherneix, la pittoresque gentilhommière de l'Aumône.

Autant donc les polders de Pontorson sont déserts, autant le reste du marais jusqu'à Saint-Benoît-des-Ondes est populeux. Non aux abords mêmes de Dol où ils forment une vaste étendue de prairies, donnant à la vieille cité épiscopale un si grand caractère d'isolement.

Dol mérite un instant d'arrêt ; lorsqu'on a traversé les larges avenues bordées d'arbres reliant la gare à la ville, on découvre tout à coup une vieille petite cité dont la pittoresque grande rue est encore bordée çà et là d'antiques maisons à pignon, à façade reposant sur des galeries à colonnes, ornées de chapiteaux curieusement fouillés. La *maison des plaids*, d'autres encore arrêtent le regard. La cathédrale, si délabrée, si sordidement entourée, est restée belle en dépit de l'abandon dont elle est l'objet ; ses verrières, la légèreté de ses arceaux, la belle ordonnance du plan en font un des monuments les plus intéressants de toute la Bretagne.

Mais le charme de Dol est la vue immense qu'on découvre de la petite place entourant la halle et ornée de deux vieilles colonnes. Par une grille on aperçoit la grasse campagne des marais, près plantés de grands arbres dominés par la haute butte du mont Dol, qui fut longtemps, comme le mont Saint-Michel, une île dans la grève.

Le mont Dol est à deux kilomètres de la ville.

Vu de Dol, il n'est guère qu'un renflement du sol, car il est en partie dissimulé par les arbres, mais si on l'aborde par le nord-est, il se présente comme une belle falaise de granit, escaladée par des châtaigniers vigoureux, dont les ressauts sont couverts d'un gazon épais, de fougères et de fleurettes ; un sentier étroit gravit le mont, dessinant son ruban fauve dans la verdure, dominant des soupçons de précipices, de petites parois à pic entaillées par les carriers qui débitent le roc en pavés pour les villes voisines. C'est une sorte de réduction Collas d'une montagne sérieuse, c'est charmant, d'un charme très intime et personnel.

Lorsqu'on a atteint le sommet du mont, 65 mètres au-dessus de la mer, on se trouve sur un plateau en forme de cuvette, très vert ; une douzaine de châtaigniers énormes étendent des ombres vigoureuses jusqu'à une mare aux eaux louches que les habitants appellent *la Fontaine*. Deux moulins à vent, deux ou trois maisons, une petite chapelle attendant son remplacement par un plus vaste édifice, comme l'indique un tronc placé à la porte d'une tour carrée, isolée, surmontée d'une statue colossale de la Vierge, sont épars sur le plateau. Le point culminant est un amas de granit surplombant la falaise du nord. De là on a une merveilleuse vue sur un paysage grandiose. Au premier plan, sous les pieds, l'immensité des marais de Dol, mer de verdure où le feuillage argenté des saules plantés en bordure formerait l'écume des vagues au milieu des flots sombres représentés par la ramure des frênes, des peupliers et des pommiers. Puis la mer, la vraie mer, étincelante, ouverte entre la pointe de Cancale, bordée d'îles, la longue côte de l'Avranchin, la pointe sombre de Carolles et, très distincte, Granville sur son rocher. Le mont Saint-Michel se projette, d'une blancheur apaisée, à la limite des flots bleus de l'Océan et de la nappe verte des marais. A l'est, au sud, à l'ouest, c'est comme une forêt sans fin, formée par les bordures des champs et les pommeraies qui font de cette partie de la Normandie et de la Bretagne, de Mortain à Dinan, de Saint-Malo à Fougères, un interminable bocage. Du milieu des arbres pointent des flèches d'église, la cathédrale de Dol se détache tout entière sur ce fond vert et paraît le centre de l'immense tableau.

En redescendant du mont, on est de nouveau dans les chemins plats, bordés de frênes du marais.

On retrouve des collines au delà de Saint-Benoît-des-Ondes, au pied de Saint-Méloir-des-Ondes. Elles forment un joli pays, boisé, vert, doucement ondulé et de plus en plus animé à mesure qu'on approche de Cancale, où les pentes douces font place à des roches déchiquetées. La ville elle-même est à demi paysanne. Les rues sont des routes étalées à travers la campagne; le centre, appelé le *bourg*, est moins considérable que la partie maritime, où l'on descend par une

rue en pente rapide. Ce *port* de Cancale est en
réalité une grève vaseuse dont une partie est fermée par deux jetées entre lesquelles, au pied de
la falaise, se groupent les maisonnettes basses des
pêcheurs, c'est la Houle, le plus pittoresque de
nos ports de pêche, celui où se pressent le plus
grand nombre de bateaux, dont l'animation, les
mœurs et les costumes ont le plus séduit les peintres. Une bordure de jolies collines, de hauts rochers, un moulin à vent sur la pointe, forment à
la Houle un cadre charmant. Au large, dans la
partie de la baie qui ne couvre jamais, mais à une
faible distance, surgit le *rocher de Cancale*, de formidable aspect. Cet écueil superbe est le parrain
d'une foule de restaurants de province séduits par
la vogue du fameux rocher de Cancale parisien,
où l'on dégustait les succulentes huîtres, les
plus belles sinon les meilleures de France.

Pauvre rocher de Cancale! Son nom couvre aujourd'hui une situation peu brillante. La culture
des huîtres n'a pas pris ici le développement qu'on
aurait pu attendre. Les procédés d'élevage, un
peu barbares, sont loin de l'organisation savante
d'Arcachon, de Marennes et de l'île d'Oleron[1].

---

1. Voir, pour la culture des huîtres dans ces pays, la 3ᵉ série
du *Voyage en France*, chapitres I, II et III.

Au lieu de se livrer principalement à la récolte du naissain, on récolte surtout les bancs naturels de la baie au moyen de la drague, ces bancs s'étendent, entre Cancale et Granville, sur une ligne allant de l'îlot de Tombelaine à la maîtresse île des Chausey. Les deux ports de Cancale et de Granville se disputent la possession exclusive d'une partie de ces bancs immenses où des milliards de mollusques se reproduisent ; ne voulant pas prendre parti dans le débat, l'administration de la marine a fait comme le juge dans l'*Huître et les Plaideurs*, elle s'est adjugé les bancs litigieux et les garde pour réserve, autorisant un instant la pêche en avril. Grâce à cette mesure, on a pu empêcher la drague de dévaster ces précieuses ressources.

La pêche à la drague se fait au moyen de près de 500 bateaux [1], montés chacun par cinq hommes. L'autorisation de pêcher est donnée par un coup de canon. Les bateaux sont, à l'avance, couverts de toile, la flottille entière semble frémir, le coup de canon tonne et, aussitôt, ces centaines de voiles s'inclinent au vent et s'élancent au large. Il n'est pas de régates au monde qui vaillent ce *caravan* de Cancale. Les voiles se dispersent

---

[1]. 494 bateaux jaugeant 3,383 tonnes, avec 2,390 hommes d'équipage ; ils ont dragué, en 1889, 1,934 tonnes d'huîtres.

sur le banc et bientôt les embarcations commencent à traîner leurs dragues et à se remplir du produit de la pêche.

Aux grandes marées, les bancs découvrent; alors la population entière de la côte, des marais et des collines se rue sur ces espaces pour faire la cueillette. On appelle cela la pêche des « marauds » à cause des gens du marais. En une seule marée on a pris jusqu'à 1,500,000 mollusques. En 1890, la pêche totale avait atteint 6 millions; en 1874, elle était de 25 ou 30 millions, c'est-à-dire que les bancs s'appauvrissent à la fois par l'emploi de la drague détruisant beaucoup de jeunes huîtres et par l'abus de la récolte. Si l'on pouvait laisser les bancs en repos deux ou trois ans, on aurait rapidement reconstitué la fortune de Cancale.

Si le nombre des huîtres de Cancale diminue, le prix s'abaisse. Cette situation étrange est due à l'invasion de plus en plus grande de l'huître portugaise à Paris, où elle entre pour les neuf dixièmes dans la consommation; son bas prix est d'une concurrence terrible. L'huître de Cancale vaut 11 fr. le panier de cent à Cancale; avec le transport elle revient à 12 fr. à Paris, soit 1 fr. 45 c. la douzaine. Elle est vendue 2 fr. 50 c. par les écaillères.

Les huîtres draguées ou recueillies aux grandes

marées sont versées dans des parcs ; chaque bateau, en revenant, s'arrête au-dessus de son parc, reconnaissable à certains indices et y vide sa pêche qui sera ensuite disposée à marée basse par les femmes. En deux ans l'huître obtient toutes ses dimensions et la belle forme qui permet de distinguer à première vue les produits de Cancale. Mais la pêche des bancs ne peut suffire ; on a appliqué les procédés de M. Coste en disposant des collecteurs dans les parties les plus basses de la grève ; dans le langage local, ce sont les *étalages*. Le naissain recueilli, après un séjour dans des *ruches* en bois, contenant aussi de jeunes huîtres amenées du sud-ouest, notamment de Marennes, est placé dans des claires où les mollusques restent jusqu'à ce qu'ils aient atteint une taille marchande. Les 172 hectares de claires et d'étalages de Cancale sont répartis entre 1,276 parts. Chaque jour, à mer basse, hommes, femmes, enfants se rendent dans les claires pour les nettoyer de la vase, du sable et des débris d'animaux et de plantes marines apportés par le flot [1].

Granville participait jadis à cette industrie,

---

[1]. Je n'entrerai pas ici dans de plus amples détails sur la culture des huîtres. Elle a été longuement exposée dans le 3ᵉ volume.

mais il n'y a plus de parcs près de cette ville, ils sont tous concentrés autour de Cancale.

La grève immense du mont Saint-Michel se termine en face de Cancale. Le « rocher » et l'île des Rimains sont déjà en dehors de ces terres découvertes à basse mer. La côte, à partir de là, est superbe, hautes roches et belles plages se succèdent. Non loin, à l'extrême pointe de la presqu'île, une anse dite de Port-de-Mer est bordée d'une jolie grève. De cette baie ignorée on a une vue admirable sur le rocher de Cancale, l'immense étendue des grèves et le mont Saint-Michel aux lignes indécises. Au-dessus de l'anse se dressent des falaises que longe un sentier de douaniers, il conduit jusqu'à la pointe du Groin, très étroite arête de rochers, séparée, par un chenal étroit appelé la Vieille-Rivière, d'une autre ligne de roches très mince, d'aspect terrible, aux strates verticales, l'île des Landes. Entre cet îlot tourmenté et la pointe du Groin se précipitent de furieux courants atteignant jusqu'à sept nœuds. Au delà, un autre rocher en forme de pyramide surmonté d'un phare, le Herpin, surgit des flots, tragique d'aspect.

L'île des Landes est absolument déserte, mais elle a dû être habitée jadis : on y découvre une maison en ruine aux pignons aigus ; une muraille croulante et une « guette » indiquent un ancien poste militaire d'où l'on pouvait surveiller les golfes de Saint-Michel et de Saint-Malo et la mer libre jusqu'aux îles Chausey, dont les roches basses se distinguent nettement par les temps clairs.

Cette pointe du Groin est une des plus sauvages, mais aussi des plus belles de nos côtes. Elle deviendra bientôt célèbre, le jour n'étant pas loin où elle sera reliée à Saint-Malo par une ligne de stations balnéaires. Toute la côte est frangée de jolies plages soudant les unes aux autres les pointes qui déchiquettent le rivage. Entre la pointe du Groin et la pointe du Nid, au-dessous d'une batterie ruinée, l'anse du Verger a une belle grève, en pente trop prononcée il est vrai. De l'autre côté de la pointe du Nid, sur un rocher, île à marée haute, se dresse le fort Duguesclin ; il aurait été bâti, dit-on, sur l'emplacement du château qui a donné son nom à la famille du connétable. De ce château primitif il reste peu de chose, quelques tours et des débris. Le fort actuel remonte à 1857, il est aujourd'hui déclassé ; malgré son fier aspect, il ne saurait résister au canon moderne.

Et ainsi continue le rivage, d'anse en anse, avec de riantes plages, encadrées de verdure, mais dont le sable est grossier et la pente trop forte.

Aux abords du havre de Rothéneuf seulement, l'excessive déclivité disparaît. Le havre est une jolie baie, presque complètement fermée, dont le sable fin se prête bien aux bains; mais sur le rivage même de la Manche, plus que dans le havre, se crée un établissement nouveau, prolongement de Paramé. Le site est charmant, un îlot rocheux portant un sémaphore et relié à la côte par un cordon de dunes, ferme le bassin; une petite anse, celle de Lupin, ouverte dans de profondes et vertes collines, est du plus pittoresque effet, grâce au moulin à mer mû par les eaux que retient un barrage.

Au delà de Rothéneuf, le paysage perd de sa sauvagerie, des bois de pins et des villas annoncent l'approche d'une ville de plaisir; voici en effet Paramé, sa digue bordée de luxueux hôtels, son immense plage. La foule est grande, tramways à vapeur et voitures roulent incessamment. Puis se montrent un bassin, des mâts de navires, des remparts à mâchicoulis : nous sommes à Saint-Malo.

XVIII

SAINT-MALO, LA RANCE ET DINAN

L'île Cézembre. — Embargo du génie. — Saint-Malo et son archipel. — Sur la Rance. — Dinan et son paysage. — Le plateau de Corseul. — Plancoët. — La vallée de l'Arguenon. — Extraction de la tangue. — Saint-Jacut-de-la-Mer. — L'île des Ebhiens. — Château du Guildo. — L'agriculture dans les Côtes-du-Nord.

Plancoët, septembre.

Sur le port de Saint-Malo, hier matin, je cherchais une embarcation pour aller à l'île Cézembre.

— Avez-vous une autorisation du génie? me demandent les bateliers.

— Mais je ne veux pas voir les forts : simplement faire une promenade dans l'île.

— Il est interdit d'aborder, nous ne pouvons pas vous conduire.

Et j'ai dû me contenter de contempler du haut des remparts, avec ma jumelle, ce rocher hardi, le plus grand des cent îlots ou écueils qui parsèment la mer à l'entrée de la Rance et font des abords de la cité malouine un si terrible dédale de passes, où l'on ne pénétrerait pas volontiers sans pilote. Cet obstacle inattendu est décourageant; je viens de parcourir tant d'îles et d'îlots sans autre difficulté que la mer et les vents contraires et me voici, en vue de ces rochers infimes, condamné à les regarder de loin, sans entrer dans la vie des rares habitants chargés de veiller sur les défenses. Je puis, il est vrai, aller au Grand-Bey, visiter une fois encore le tombeau de Chateaubriand, si orgueilleux dans sa modestie, mais tout le monde y est allé, au Grand-Bey! C'est comme si je songeais à décrire Saint-Malo, ses remparts de granit d'où la vue est si belle sur la mer, la Rance, Dinard et Saint-Servan! Tant d'autres l'ont fait, Saint-Malo n'a plus de secret pour personne, ses rues étroites bordées de hautes maisons, ses vieilles tours, son château, précieux restes d'architecture militaire, sont connus de tous.

Consolons-nous, Cézembre aussi a été visitée par des milliers de touristes ; jusqu'au moment où le génie a repris possession de l'île et remplacé par des batteries puissantes les pittoresques mais inoffensives fortifications d'il y a trente ans, Cézembre fut pour les baigneurs une visite obligée, beaucoup de gens n'ont fait d'autre traversée que celle-là. Dans la rue Saint-Denis, bien des commerçants ne parlent pas sans terreur et sans orgueil de leur excursion à la Thulé malouine, ils font d'horrifiques récits sur l'état de la mer devant le passage du Décollé, par le travers du fort Harbour.

L'archipel malouin a donc perdu son grand attrait par la mainmise du génie sur Cézembre, les autres rochers n'ont de curieux que leurs noms, pleins d'une vraie saveur de terroir. Si les Bretons de Basse-Bretagne se sont vengés des récifs par des noms significatifs, comme la Truie et le Cochon, les Bretons de Saint-Malo, voisins des Normands narquois, ont trouvé un vocabulaire un brin méprisant. Qui donc verrait des écueils dangereux dans les Patouillets et les Savates, le Pot et le Beurre, les Herbiers et le Grand-Jardin ? Une seule épithète rappelle la mer grondeuse, c'est celle de Ronfleresse appliquée à un rocher voisin de Cézembre. La mer ronfle bruyamment, en effet, dans ces parages !

Jadis, avant la vapeur, avant l'éclairage des passes, ces dangers étaient plus réels que de nos jours, ils étaient pour Saint-Malo une cause de sécurité ; aujourd'hui, les steamers vont et viennent sans peine dans ces couloirs. La cité de Duguay-Trouin n'y a guère gagné, son port a bien perdu de sa prospérité ; en vain a-t-on créé de superbes bassins, l'activité est moindre que jadis, aux temps où les armateurs commerçaient avec le monde entier, où les corsaires enrichissaient leur ville natale avec les dépouilles de l'Anglais. Le mouvement total des ports de Saint-Malo, Saint-Servan et Dinard — car c'est en somme un seul organisme — atteint près de 400,000 tonnes, dont 315,000 pour la navigation au long cours. Le développement du commerce ne répond donc guère à ce qui s'est produit sur d'autres points de nos côtes.

Saint-Malo est resté cependant un des centres pour la pêche à la morue. Cette pêche à Terre-Neuve et celle du homard dans les mêmes parages font travailler 15,000 marins français. C'est par jalousie contre les pêcheurs malouins que les Anglais de Terre-Neuve ont soulevé tant de protestations contre le monopole de pêche laissé à la France par le traité d'Utrecht. Les pêcheurs n'ont rien perdu de leur hardiesse, les armateurs sont, comme par le passé, des hommes d'initiative, mais l'esprit d'entreprise s'est tourné d'un autre côté ; tout en demeurant un port actif, Saint-Malo est surtout devenu une cité de plaisir. Avec ses satellites, Paramé, Dinard, Saint-Lunaire, etc., c'est le centre balnéaire le plus considérable du

L'ARCHIPEL MALOUIN

D'après la carte de l'état-major au $\frac{1}{80,000}$.

littoral ; un paysage admirable, de belles plages, des rivages accidentés expliquent cette vogue.

En effet, Saint-Malo n'est pas renfermé dans l'étroit espace de l'île d'Aron. En dépit des jalousies locales et de la séparation administrative, elle ne fait qu'une avec Saint-Servan, c'est une population totale et compacte de 25,000 âmes, de 30,000 avec Paramé, de 40,000 si on compte Dinard, Saint-Énogat et les autres faubourgs de la rive gauche de la Rance. La sextuple ville doit à sa rivière, aux petits golfes qui séparent ses quartiers, à l'aspect mondain et coquet des parties balnéaires un caractère particulier; les relations entre les groupes divers sont continues, l'activité est grande : tramways à vapeur, pont roulant, bacs ne cessent de transporter des voyageurs. Si, au lieu de se jalouser, les diverses municipalités de cette grande agglomération se fondaient ensemble, on ne tarderait pas à voir se souder plus intimement ces cités rivales et naître là un centre de population plus considérable, car les efforts pour attirer les touristes seraient d'autant plus efficaces qu'ils ne pourraient plus se neutraliser.

Ce groupe de Saint-Malo devrait se prolonger au sud sur les bords admirables de l'estuaire de la Rance, une des plus belles choses du littoral français et l'une des moins connues aussi, en dépit des milliers de touristes qui, chaque année, font la classique excursion de Saint-Malo et Dinard à Dinan.

Il semble que l'on ait épuisé l'admiration quand on a vu, du haut des remparts, les rochers de la rade, si petits à marée haute, grandir peu à peu, paraître se souder et former sur la mer un rideau de collines aux formes hardies, sur lesquelles les forts découpent leur silhouette. Mais la Rance est bien plus belle encore avec ses anses gracieuses, ses plages verdoyantes, ses rochers, ses flots, ses jolis villages au fond des golfes.

En quittant Dinard sur les beaux vapeurs de la Rance, on peut voir une fois encore les hautes murailles de Saint-Malo, pressant entre leur ceinture de granit les toits d'ardoises et la flèche de l'église; puis voici plus vaste, plus à l'aise sur ses pentes vertes, la jeune cité de Saint-Servan, et l'on perd de vue la mer pour entrer dans le large fjord aux rives harmonieuses. Les cordons de villas ont disparu, mais les châteaux, assis dans de grands parcs, se mirent dans l'eau calme. A chaque instant une pointe de terre semble fermer le passage, aussitôt après apparaît un nouveau lac, bordé de collines et de hameaux riants. A mesure que l'on avance, le paysage s'agrandit, les collines se haussent. Après le grand bassin de Langrolay, la rivière se rétrécit au point de n'avoir plus que quelques mètres entre le port Saint-Jean et le port Saint-Hubert et soudain s'ouvre le dernier grand bassin de l'estuaire, dominé par le village de Pleudihen, aux toits bleus, serrés autour de son église. La vie est plus active ici, beaucoup de gabares au fond des anses; près de petits ports, s'empilent d'énormes tas de bois appelés *mats*, fagots ou bûches destinés à Saint-Malo et que des voitures vont vendre de porte en porte dans les villes. Les collines deviennent falaises, elles se boisent; au Chêne-Vert, où des ruines couronnent la pointe, elles ont un grand aspect. A partir d'ici, l'estuaire perd son caractère, ce n'est plus qu'un fleuve de largeur médiocre, coupé par un barrage et une écluse destinés à retenir l'eau dans le bief supérieur jusqu'à Dinan, port de mer grâce à cet artifice.

Mais combien la Rance, ainsi rétrécie, est plus belle! Les rives sont de hauts rochers rougeâtres couverts de grands arbres; avant l'écluse, le chemin de fer enjambe la profonde fissure par un viaduc hardi dominant de 53 mètres la nappe tranquille sur laquelle passent rapidement les vapeurs. A l'écluse, les bateaux attendent leur tour. mais ils laissent passer le petit paquebot; en quelques minutes celui-ci a franchi le passage. Le paysage est plus grandiose ; un moment le fleuve

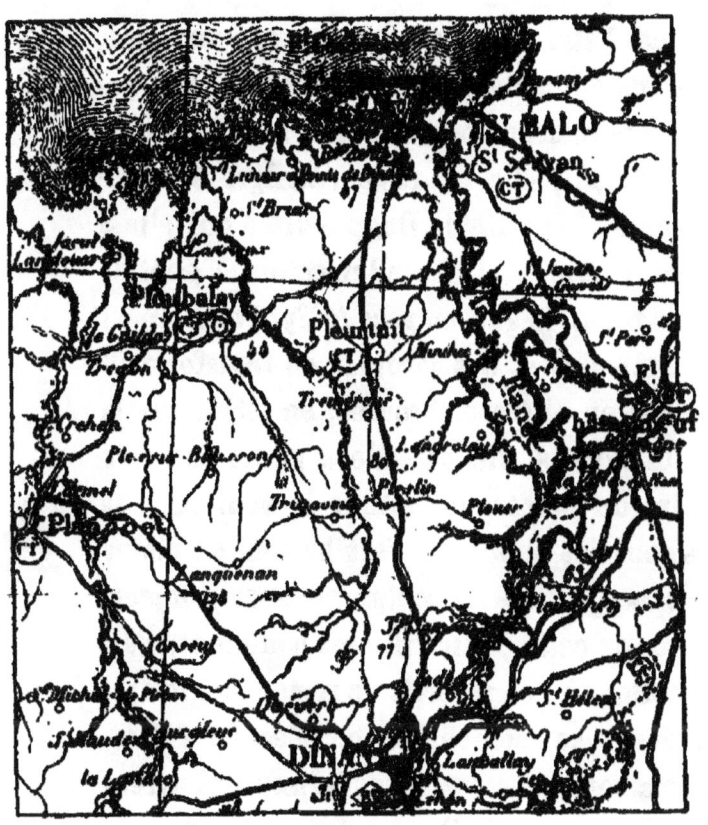

L'ESTUAIRE DE LA RANCE
D'après la carte de l'état-major au $\frac{1}{320,000}$.

s'élargit au-dessous du village de Taden, puis le chenal devient plus étroit que jamais, ce n'est qu'un canal entre de hautes rives. Voici, au fond, une ville sur de hautes terrasses, un viaduc hardi aux arches de pierre, c'est Dinan.

Comme Vitré au sud, Dinan est, au nord, l'entrée monumentale de la Bretagne. Par ses édifices, ses maisons particulières, ses maisons à encorbellement, elle est restée, malgré ses embellissements, la ville de Duguesclin à qui elle a érigé une statue, vrai chevalier selon le goût de Loïsa Puget et de *Partant pour la Syrie*. En créant des promenades et des jardins, en transformant ses douves en allées ombreuses, en jetant sur la vallée un superbe viaduc, elle a gardé assez de souvenirs du passé pour attirer le visiteur. Les églises sont des bijoux où l'art breton, en pleine efflorescence, a semé les sculptures sans compter. Le charme de cette petite ville est pénétrant, c'est une de celles où l'on rêverait de rester longtemps, errant des rues montueuses bordées de fantastiques maisons déjetées, aux églises qui virent Duguesclin — une d'elles renferme le cœur du héros — et aux terrasses ombreuses qui dominent la rivière.

La campagne voisine est fort belle ; elle se creuse d'une infinité de vallons remplis de grands arbres envahis par le gui, ailleurs parasite malfaisant, ici source de revenu, car on envoie le gui en Angleterre pour les fêtes de Christmas, en décembre, c'est un élément de fret pour les vapeurs de Saint-Malo. Peu de villages, mais de grandes fermes entourées d'herbages.

Au delà, sur le chemin de fer de Lamballe, le pays devient moins riant. Aux abords de Corseul, qui fut peut-être une importante cité romaine, ce sont des terres argileuses et humides, travaillées en larges billons. Beaucoup de champs d'ajoncs, témoignant de faibles progrès agricoles ; cependant on emploie en abondance les amendements marins, presque partout on aperçoit des tas de tangue, plus nombreux même que dans les environs du mont Saint-Michel.

Les tanguières sont très vastes dans cette région ; lorsque l'on quitte le plateau de Corseul pour descendre dans la vallée de l'Arguenon, on passe un instant au-dessus d'un petit port où de gros bateaux déchargent cette laisse de mer dont on fait de grands tas sur le quai. C'est le port de Plancoët, assis au-dessous du bourg aux allures cossues, dominé par deux églises. Vu ainsi, avec ses maisons en amphithéâtre, Plancoët a de l'allure ; intérieurement il est assez triste, mais quelques tics-tacs de métier lui donnent un peu de vie. C'est un centre pour la fabrication de ces étoffes mi-laine, c'est-à-dire de laine tissée sur chaîne de lin dont les femmes se servent dans la Bretagne pour leurs vêtements. Pendant l'été, le passage des voitures de Saint-Jacut-de-la-Mer et de Saint-Cast lui donne un peu d'animation ; il y a là, en effet, d'assez nombreux baigneurs que l'étendue des tanguières n'a point effrayés.

A la gare une voiture est prête pour aller à Saint-Jacut, je me juche sur l'impériale et bientôt nous voici en chemin, au bord de l'Arguenon, dont le lit vaseux a été abandonné pour un chenal creusé à la base d'un coteau. La mer est basse, le petit fleuve n'est qu'un étroit filet d'eau au fond d'un fossé tapissé d'une vase inquiétante. L'Arguenon gâte un peu le paysage, fort joli pourtant aux abords du château de Largentaye, grande bâtisse sans caractère, mais bâtie au milieu d'un parc superbe. La route, parfois bordée de grands châtaigniers, semble une allée. De chaque côté, beaucoup de champs de céréales, les récoltes paraissent belles, elles le doivent plus à la tangue qu'aux méthodes de culture, encore fort imparfaites. Mais il y a progrès ; voici à Trégon, village d'où la vue est admirable sur les campagnes lointaines, un atelier de mécanicien fort achalandé ; nombreuses sont ici les machines en réparation.

De Trégon on descend rapidement à la mer par une route large mais défoncée par les charrois,

pleine d'ornières et de boue. C'est que le golfe
long et étroit ouvert entre Saint-Jacut et Saint-
Brieuc n'est à marée basse qu'une vaste grève de
tangue, sur tout le rivage l'extraction est incessante. Devant le hameau de Beaussais ce ne sont
que tombereaux chargeant la tangue accumulée sur
le rivage par les cultivateurs. La mer se retire
en ce moment, c'est un jour de grande marée,
le golfe asséché présente une surface immobile,
d'un gris d'argent. Au-dessus s'allonge, mince et
verte, la longue péninsule de Saint-Jacut, à demi
recouverte par la longue rue aux toits rouges des
hameaux de l'Isle, Saint-Jacut et l'Abbaye. Au
delà, mais fort loin encore, tant les grèves sont
vastes, la mer bleue, que borde l'île des Ehbiens,
dominée par sa tour.

Saint-Jacut et ses hameaux sont habités surtout par des pêcheurs ; la presqu'île, resserrée
entre les baies de Lancieux et de l'Arguenon, est
trop étroite pour permettre des cultures étendues :
tout le monde vit de la mer, les femmes pêchent à
la grève, les hommes poursuivent le maquereau et
le homard au large de Saint-Cast et des Ehbiens.
Autour des bâtiments restaurés d'une ancienne
abbaye devenue un couvent, des arbres et des
champs, des plantes qui aiment le doux climat
des rivages océaniques font comme une oasis,

mais aussitôt on arrive au sommet d'une petite falaise d'où l'on domine l'immense grève, semée de roches verdies par les varechs, étalée jusqu'à l'île des Ehbiens ; l'île moins vaste d'Agot, simple calotte de gazon, et d'autres rochers sans cesse isolés prolongent en mer la traînée des écueils.

La mer se retire encore, il est possible de gagner l'île des Ehbiens à pied. Tantôt sur des rochers, tantôt sur des grèves de sable grossier semées de coquillages, tantôt sur la tangue ferme mais sillonnée de ruisseaux marins, on atteint l'îlot verdoyant après une course de 1,500 mètres. La grève est très vivante aujourd'hui ; toute la population, profitant du retrait extraordinaire de la mer, pêche coquillages et crustacés dans les flaques d'eau et les trous ; aussi lorsqu'on atteint l'île on éprouve une sensation étrange, tant elle est solitaire et contraste avec la vie de la grève. C'est une roche de granit, recouverte de terre végétale, mais trop battue des vents pour être cultivée, le sol, en grande partie, est une lande de fougère et d'ajoncs traversée par d'étroits sentiers et des coulées de lapins. Dans les endroits moins directement exposés à la fureur des rafales, des lierres et des troënes nains plaquent des teintes sombres. On a pu créer quelques pâturages, d'un gazon feutré, fin et court, où paissent des moutons. Dans un creux on tente la grande végétation par une plantation de trembles encore arbustes.

Au point culminant se dresse l'ancienne tour, d'aspect solide et qui pourrait même servir à la défense. Elle est construite de blocs de granit dont l'épaisseur totale atteint six mètres. Elle

serait très lourde d'aspect sans l'élégante tourelle de guet qui la flanque au sommet.

Déclassée aujourd'hui elle ne sert plus qu'à entreposer les provisions du garde, habitant d'une maison basse placée au pied de la petite forteresse et entourée de quelques cultures.

Un escalier de quatre-vingts marches conduit sur la plate-forme bordée d'épais parapets où des embrasures étaient jadis armées de canons. Un autre escalier, à demi aérien, accède à la tourelle.

De là on a une vue immense sur la mer, de la pointe du Groin au cap Fréhel ; on distingue nettement plusieurs rochers de l'archipel Malouin, notamment Cézembre et la Conchée. A l'ouest, le fort Lalatte dresse ses pittoresques remparts et ses tours qui, à cette distance, semblent plaqués contre les hautes falaises du cap Fréhel. Plus près, de l'autre côté de l'Arguenon, la côte de Saint-Cast, ses jolis villages, la colonne commémorative de la bataille du 11 septembre 1758 dans laquelle les troupes françaises, aidées par les milices bretonnes, jetèrent à la mer les 8,000 Anglais qui avaient débarqué et dévastaient le pays. Glorieuse victoire due au duc d'Aiguillon et dont le souvenir est resté vivace.

La tour des Ehbiens est au cœur de ce paysage tragique et guerrier, où la mer pénètre au cœur des terres par les baies de Lancieux, de l'Arguenon et de la Frénaye ; où la terre, à son tour, par ses minces péninsules précédées d'écueils, semble vouloir menacer le flot. Ce rôle d'observatoire est le seul qui lui reste aujourd'hui, mais en 1697, quand on la construisait sur les ruines d'un phare, elle était la sauvegarde des populations contre l'Anglais. Pour qu'elle fût construite, chaque équipage de pêcheurs revenant de la mer abandonnait un lot de maquereaux dont le produit a permis de mettre ces golfes à l'abri des insultes de l'ennemi héréditaire. En même temps le vieux château de Roche-Goyon, transformé, devenait le fort Lalatte, un des rares monuments complets qui restent de la défense des côtes comme la concevait Vauban. Cette admirable forteresse a été vendue ; puisse l'acquéreur la garder intacte !

La mer monte déjà ; si je ne veux pas être prisonnier dans l'île, il faut quitter les Ebhiens ; j'avais le projet de traverser la baie de l'Arguenon pour gagner Saint-Cast et Matignon, mais les pêcheurs me conseillent de ne pas m'aventurer, le flot arrive avec trop de rapidité et il y a trop de vases molles. Je gagnerai donc le Guildo par les bords de l'Arguenon. Un sentier de douaniers court sur les falaises et les dunes, descendant sur des grèves, escaladant des rochers. Peu à peu le large golfe vaseux se rétrécit ; au milieu de la tangue coule un flot grisâtre, bordé de balises, c'est l'Arguenon. Les collines se haussent, s'escarpent, se boisent ; sur l'une d'elles, voici de hautes tours, des remparts couverts de lierre, restes d'une vaste et somptueuse citadelle.

C'est un des beaux sites des côtes de Bretagne que ce château, encore de fière mine vu du dehors. Mais lorsqu'on a pénétré dans l'enceinte par une brèche, ce n'est plus qu'un éboulis de murailles

entourant un champ cultivé. Le château du Guildo
a joué un grand rôle dans l'histoire de Bretagne ;
là fut saisi, par ordre de son frère, ce Gilles de
Bretagne dont la fin tragique est la page la plus
sinistre de l'histoire du duché ; on sait que ce
prince, accusé de trahison, fut longtemps tenu en
prison par son frère le duc François II, laissé
sans nourriture dans le château de la Hardouinais, empoisonné et finalement, comme il ne succombait pas, étranglé.

Le site du Guildo est très beau ; le fleuve, rétréci, coule sous un pont bâti entre des roches
fort curieuses de forme. Deux d'entre elles sont
appelées les « pierres sonnantes » ; lorsqu'on les
frappe elles font entendre un murmure prolongé.

Pour retourner à Plancoët, une route passe par
Saint-Lormel, je l'ai suivie. Elle traverse un pays
agricole d'une sauvagerie aimable ; des ravins
bordés de roches, des bouquets de bois, des prairies rompent la monotonie du plateau. Chemin
faisant, je m'arrête dans les fermes ; les paysans
ont l'esprit très ouvert en ce coin des Côtes-du-Nord, ils parlent volontiers, mais ils se plaignent :
l'année est pluvieuse, la moisson menace de manquer, les blés mal mûris versent et pourrissent.
Cependant les machines à battre sont prêtes à

fonctionner sur l'aire. Ici, dès qu'un propriétaire ou fermier exploite un domaine de cinquante journaux, il achète une batteuse qui fait désormais partie du mobilier agricole. Il y a donc progrès, on commence même à utiliser les engrais chimiques, mais l'emploi en est restreint par le prix élevé des transports. Les principales récoltes sont le sarrazin et l'orge : on consomme le premier, l'orge est vendue à la brasserie. L'élevage augmente, car il est facile de vendre le beurre, les coquetiers de Saint-Malo parcourent les campagnes et évitent aux ménagères le souci d'aller au marché.

Le cidre est abondant, il se vend bien, surtout dans les stations balnéaires du groupe malouin. En somme, malgré la pluie, je trouve ici des gens satisfaits de leur sort. Il en est à peu près de même partout en Bretagne. Les « souffrances de l'agriculture » ne seraient-elles qu'un tremplin politique ?

Nous verrons cela en Normandie où me conduira tout à l'heure le chemin de fer de Lamballe à Granville.

XIX

GRANVILLE, LES CHAUSEY ET LES MINQUIERS

De Coutances à Granville. — Granville. — En route pour les Chausey. — La Grande-Ile. — Les carrières. — Le vieux Château. — Jardin de Provence. — Vie des habitants. — Dans l'archipel. — Les Robinsons de l'île d'Anneret. — Les îles Minquiers.

Grande Ile de Chausey, septembre.

De Coutances à Granville la course est exquise, non par la route nationale : elle se tient trop volontiers sur les hauteurs, depuis Quettreville et Bréhal jusqu'aux abords mêmes du grand port du Cotentin, mais par la vallée de la Sienne. La rivière est claire, profonde, sinueuse, errant par les prairies, babillant sous les moulins dont les roues à palettes noires travaillent avec une activité fébrile. Cette vallée est une des jolies choses de la Normandie ; son charme, il est vrai, est tout intime, il ne faut chercher ni collines accidentées, ni profonds horizons ; la gamme du vert y est d'une variété infinie par la puissance de la végétation herbagère et la vigueur des arbres qui enclosent les champs et les prairies.

GRANVILLE, LES CHAUSEY ET LES MINQUIERS. 345

Le chemin de fer abandonne la Sienne près de Cérences, laissant à l'est la partie de la vallée la plus profonde et la plus pittoresque, celle qui se creuse vers Gavray et Villedieu, pour monter

Échelle au $\frac{1}{320,000}$.

jusqu'au plateau verdoyant où il croise la ligne de Paris, près du village de Folligny. Ce plateau est comme un dôme écrasé, d'où descendent, vers tous les points de l'horizon, des ruisselets qui vont former ou grossir les petits fleuves côtiers. L'un d'eux, le Boscq, offrirait jusqu'à Granville sa vallée à la voie ferrée, s'il ne fuyait si rapidement par une pente rapide. Aussi la ligne s'est-elle maintenue sur le plateau pour atteindre, non la ville, mais la colline qui la domine à près de 50 mètres de hauteur ; la déclivité n'en est pas moins très grande, et les trains semblent glisser plus qu'ils ne roulent à travers cette campagne grasse et herbue, où les villages sont tellement menus qu'on n'a pas cru devoir les doter d'un arrêt. La seule station entre Folligny et Granville est à plusieurs kilomètres du bourg de Saint-Planchers, dont elle porte le nom.

Enfin voici Granville annoncée par les villas des falaises de Donville, ses hautes casernes et la flèche de Notre-Dame, noircie par les embruns. La saison des bains est déjà dans son plein, la cour de la gare est remplie de véhicules, omnibus d'hôtels pour Granville et Saint-Pair, fiacres et tapissières ; les pisteurs et les pisteuses se précipitent sur les voyageurs pour leur offrir des appartements garnis. On charge les bagages et bientôt c'est une bruyante course d'équipages par une longue et large rue descendant rapidement jusqu'au bord du Boscq, le « fleuve » granvillais, ici encore ruisseau insignifiant, relevé par un barrage près duquel s'ouvrent toutes les artères de la curieuse cité.

En cette saison, avec ses baigneurs aux costumes éclatants ou bizarres, ses voitures, son ciel pur, Granville est fort gai, mais ce n'est point le pittoresque port qu'on peut voir en hiver, quand l'arrière-bassin est rempli de goélettes revenues de la pêche à Terre-Neuve, et qu'un peuple de marins basanés se prépare à une campagne nouvelle contre la morue[1].

Seule la vieille ville, le Granville primitif, a conservé son aspect. On dirait que la vie active d'en bas ne saurait pénétrer dans ces rues silencieuses, bordées de demeures qui durent être somptueuses jadis. A peine, de temps en temps,

---

1. En 1894, le nombre des navires entrés à Granville a été de 514, jaugeant 60,336 tonneaux; à la sortie 527 navires jaugeant 61,029 tonneaux.

37 navires montés par 835 hommes ont armé pour la pêche à Saint-Pierre et Miquelon (Terre-Neuve). 9, montés par 78 hommes, ont armé pour la pêche à Islande. Ils ont rapporté de Saint-Pierre 1,116,940 kilogr. de morues, 102,391 kilogr. d'huile, 3,970 kilogr. de rogue (appât), 40,350 kilogr. d'autres poissons et issues.

D'Islande : 921,640 kilogr. de morues, 76,978 kilogr. d'huile; 19,573 kilogr. de rogue, 46,633 kilogr. d'autres poissons et issues. Mais le produit de la pêche par navires granvillais est bien plus considérable, la plupart des navires allant débarquer à Bordeaux, marché principal pour la morue. Les chiffres qu'on vient de lire comprennent seulement les quantités débarquées à Granville.

La pêche côtière occupe à Granville 58 bateaux montés par 249 hommes. En outre un grand nombre de bateaux pêcheurs de Cancale débarquent leur poisson à Granville, pour profiter des facilités d'expédition données par le chemin de fer.

un pas furtif de femme ; sur les perrons des maisons dorment des chats, rares sont les enfants L'église est basse, trapue, comme pour mieux résister aux vents qui soufflent sans cesse sur ce roc élevé et entouré par les flots. Le monument est saisissant par sa patine sombre et ses proportions écrasées qui contrastent si fort avec le style flamboyant de la plus grande partie de l'édifice. La lumière parvient à peine dans le vaisseau bas, aux lignes mystérieuses, accentuées par le relief des nervures.

Notre-Dame confine à la ville militaire : hauts bâtiments de granit, magasins, poudrières, champ de manœuvres occupent tout le roc jusqu'au cap Lihou, vers le phare et le sémaphore. Malgré l'insuffisance de ses défenses en présence de l'artillerie moderne, Granville n'en a pas moins, de nos jours encore, une grande valeur stratégique : aux mains d'un ennemi, ce serait une incomparable base d'opérations, grâce au voisinage de Jersey. Mais la cité des corsaires ne reverra sans doute plus ses heures de gloire.

Le sémaphore et le phare ont remplacé la vigie qui, si souvent, annonça les prises des hardis marins granvillais. De là, on contemple un des plus grandioses paysages maritimes du littoral normand. Voici Avranches sur sa montagne ; par delà la pointe de Carolles apparaît nettement la superbe pyramide du mont Saint-Michel ; plus loin c'est le mont Dol et la côte de Cancale ; au nord, nébuleux, le cap Carteret, fièrement projeté en face de Jersey. Enfin, au large, la mer se couvre d'un rideau de roches semé de deux ou trois taches blanches ; ce sont les îles Chausey où je puis me rendre aujourd'hui, grâce au bateau baliseur des ponts et chaussées ; celui-ci va aux Minquiers pour placer une bouée et l'on veut bien m'y accueillir.

Il faut attendre le flot pour sortir du bassin ; aussi, à deux heures seulement, l'*Éclaireur* peut écluser, en même temps qu'une goélette venant de Terre-Neuve pour apporter la première pêche et toucher la prime donnée au premier bateau arrivé. Aussitôt dans l'avant-port, on prend à la remorque la bouée des Minquiers, nous doublons presque immédiatement le musoir et nous voici en route, le cap sur une des taches blanches émergeant des Chausey : le toit du sémaphore, dans la Grande-Ile.

La mer est bien belle ici, animée par les voiles qui entrent au port ou prennent le large. Nous traversons cette flottille et bientôt, devant nous, grandissent les roches des Chausey ; on les voit en quelque sorte surgir du flot, les plus basses se soulevant lentement, les plus hautes prenant des aspects bizarres : buttes, obélisques, ruines de forteresses ; les unes vertes, d'autres de teintes fauves, plusieurs portant une balise au sommet. Sur la principale, la tour carrée du phare commande tout l'archipel.

A mesure qu'on avance, les îles, de loin soudées en apparence, se séparent ; on les reconnaît facilement. Voici, très verte, l'île d'Anneret, l'île d'Ancre de la carte, entourée d'un essaim de roches ternes aux formes massives. La Grande-Ile se montre entièrement, depuis son phare trapu jusqu'aux bâtisses blanches du sémaphore. Entre elle et des flots sans nombre, s'ouvre un long chenal appelé le Sound, piqueté de balises formant une perspective fuyante ; en arrière du phare s'alignent des talus réguliers, c'est le fort, sous lequel croissent quelques pins et les arbres des jardinets créés par les gardiens.

L'*Éclaireur* avance lentement dans le Sound, jusqu'à sa balise d'amarrage, près d'une autre amarre destinée à l'aviso-torpilleur *Sainte-Barbe*, dont ce chenal est un des séjours. Une embarcation vient se ranger le long du bord ; quelques instants après, nous mettons pied à terre, mon fils Jacques et moi, sur la Grande-Ile. L'enfant n'a jamais foulé le sol d'une île, aussi sa joie est-elle vive et plus vif encore son étonnement à la vue de ce paysage.

La surprise se comprend. L'île est si bizarre avec sa chapelle juchée sur un rocher, ses maisons basses placées sur le sol, sans jardinet, sans verdure, sans rien qui rappelle la vie ordinaire à la campagne. Pas un poulet, pas un pigeon, pas une cabane à lapins, pas même le chou familier croissant à l'abri du vent. Sur les pelouses montueuses, au milieu desquelles le granit surgit en grandes masses, une herbe courte, où fleurissent de petites scilles. Les parties les plus sauvages ont des ronces, des fougères, des touffes de tanaisie. Sur l'un des rochers la chapelle seigneuriale — j'emploie ce mot à dessein ; — en face, au pied du fort, sur les terrains militaires, une grande bâtisse accroupie sur le sol, c'est l'église communale ; le curé occupe auprès une humble maison adjacente à l'école, le desservant remplissant en même temps les fonctions d'instituteur.

Entre les rochers un sentier s'achemine jusqu'à une petite baie bordée de maisons et de cahutes. Les maisons sont bien construites, l'une d'elles a des allures de villa, les autres sont la cantine et une auberge. Les cahutes sont posées sur les rochers, parfois entre deux blocs, misérables demeures faites de grosses pierres et de boue, de débris de navires et de mottes de gazon, recouvertes de pierres plates ; le tout déjeté et sordide. A l'intérieur, ayant à peine deux ou trois mètres carrés, des coffres remplis de foin ou de varech servent de couche, un foyer entre deux pierres dont la fumée monte par un trou dans la toiture, quelques instruments de cuisine pour faire la soupe au poisson et c'est tout. Il y a comme cela une quinzaine de tanières.

Ne nous hâtons pas de plaindre les habitants de ces taudis, ils y habitent l'été seulement. Ce sont des pêcheurs du continent, venus des communes de Bainville et d'Agon. On les appelle les *Bainvillais*; la plupart ont sur la côte maison et terre, où ils résident l'hiver ; l'été, ils viennent aux Chausey pêcher la crevette-bouquet, principal produit de l'archipel. Ils arrivent à la fin de février et repartent en novembre.

Nous reverrons tout à l'heure cette population singulière. Il faut profiter du reste de jour pour parcourir l'île, demain, à la première heure, nous lèverons l'ancre pour aller aux Minquiers.

En route donc : la première visite sera pour le Gros-Mont, triple mamelon dont un sommet porte le sémaphore. Le chemin suit une chaussée d'é-

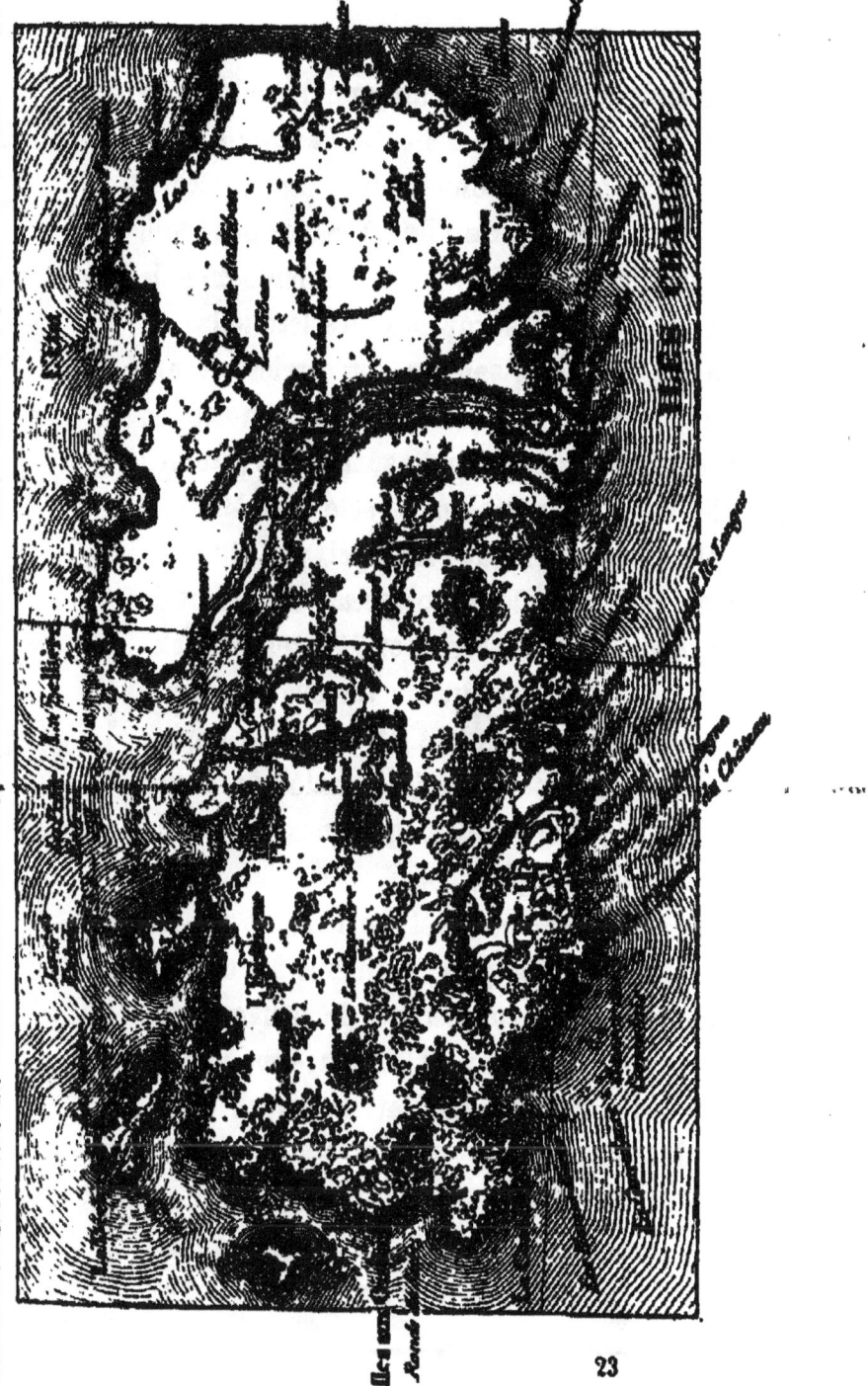

tang abandonné et longe un grand enclos verdoyant, dans lequel paissent des vaches ; à côté, un champ de blé moissonné ; on charge la récolte sur l'unique charrette de l'île. Après ce petit coin de civilisation on arrive dans un microcosme de désert : des roches abruptes entre lesquelles on trouve avec peine le sentier, des carrières abandonnées s'ouvrant au flanc du coteau. Au-dessus, toute blanche, la maison du sémaphore ; un peu au delà, un autre mamelon, c'est le Gros-Mont.

D'ici on découvre tout l'archipel, une cinquantaine de roches en tout, surgissant au-dessus de la mer, mais le flot descend et tous ces îlots s'agrandissent par des platins de varechs qui, peu à peu, s'étendent, se soudent et prennent l'apparence d'une immense prairie bosselée de buttes rocheuses ; à peine çà et là quelques flaques ou chenaux encore remplis.

Cette transformation est rapide ; en peu de temps elle s'est accomplie ; vienne le flot et l'immense prairie sera submergée de nouveau, les îles sembleront flotter et les chaloupes vogueront où, tout à l'heure, on cueillait le varech et ramassait les coquillages.

Au pied du Gros-Mont, dans une anse, deux goélettes sont échouées, elles chargent les blocs de granit fournis par une carrière où l'activité est grande. Froissement des fleurets trouant la roche, bruit des pics et des marteaux, roulement des wagonnets sur un petit chemin de fer m'ont attiré. On extrait des blocs de toutes les dimensions. Les plus puissants attendent un acheteur, les autres sont débités sur place en dalles, en bordures de trottoirs, en marches, en montant de portes et de fenêtres. C'est tout ce qui reste de l'énorme exploitation de jadis. Il y a une trentaine d'années seulement, plus de 400 ouvriers travaillaient dans les carrières des Chausey, celles-ci fournissaient notamment les blocs pour la digue de Cherbourg. Il n'y a plus qu'un exploitant et 20 ouvriers. La constitution de la propriété dans les îles est évidemment pour beaucoup dans ce déclin. Les carriers se sont répandus en Normandie et en Bretagne, à l'île Grande surtout[1].

Du Gros-Mont on gagne des plages en pente rapide, faites de gros sable ; à mer basse on peut atteindre l'îlot verdoyant de la Genêtaie, absolument désert. D'autres récifs plus sinistres se dressent en mer ; sur l'île un gros morne isolé fait face à des ruines qui ont fort grand caractère, grâce à une carrière creusée au-dessous du rempart.

---

[1]. Voir pages 68 et suivantes.

C'est le vieux château de Chausey, mi-castel, mi-couvent, car il a été construit pour les moines du mont Saint-Michel, seigneurs des îles. Ils avaient voulu en faire une défense contre les Anglais. Le château primitif présente encore un angle arrondi, avec une guette pittoresque. A cette construction sont venues s'en ajouter d'autres, plus vastes, percées de meurtrières et faites de blocs cyclopéens. Du côté qui regarde l'île il y a eu des préoccupations monumentales, la pierre est taillée en pointe de diamant. La cour était vaste, on a pu y construire des maisons basses, elles ont sans doute été des logements pour les carriers, toutes s'en vont maintenant en ruines ou servent d'étables.

Ce château a eu des destinées bien curieuses : les moines du mont Saint-Michel le cédèrent aux Franciscains, ceux-ci le vendirent ensuite à la famille de Matignon, tige des princes actuels de Monaco, dont le séjour habituel était à Torigni. Après le mariage d'un duc de Matignon avec l'héritière des Grimaldi, les Chausey revinrent à la couronne, Louis XV en fit don à l'abbé Nicole, en lui donnant même la possession de toute la partie découvrant à mer basse, ce qui est aujourd'hui contraire à notre Droit, puisque les laisses de basse mer sont la propriété de l'État.

L'abbé Nicole se dégoûta promptement de sa seigneurie ; après avoir essayé de l'exploiter, il la vendit à un sieur Hédouin dont les descendants possèdent encore toutes les îles, sauf les étroites parcelles expropriées pour élever le phare, le fort et le sémaphore.

De là est venue la singulière organisation de ces îles et cette absence de bien-être et de confort qui frappe le visiteur. La famille Hédouin n'a jamais voulu aliéner la moindre parcelle de ses rochers, elle n'a jamais laissé construire autre chose que des cahutes ; les constructions sérieuses lui appartiennent, elle les loue, mais se refuse absolument à affermer la moindre parcelle de terrain pour jardinage. Les petites maisons à un simple rez-de-chaussée d'une ou deux pièces valent 12 fr. par mois. Quant aux légumes, au lard, à la boisson, il faut les acheter à la cantine banale. On n'a pas le droit d'avoir des poules ou des lapins, ni de cultiver un brin de persil ; la ferme fournit tout, contre paiement, bien entendu.

Il ne faut donc pas s'étonner si la population est descendue aujourd'hui à 90 habitants et si tant d'îlots présentent des ruines d'habitations. Les carrières sont fermées, la récolte et l'incinération du varech ont cessé depuis que le Chili fournit des soudes minérales[1] (on vendait le varech un franc le tonneau de jauge) ; la population n'a plus d'autres ressources que la pêche et celle-ci est bien difficile l'hiver.

Les habitants peuvent faire venir directement la viande de boucherie du continent, car on tue à peine un veau par an ; mais rares sont-ils ceux qui s'offrent un tel luxe.

Telle est la singulière constitution économique des Chausey ; cependant cette population ne se plaint pas, la pêche du homard, celle de la crevette surtout sont d'un bon revenu. La crevette vaut parfois 4 fr. le kilogramme, la moins belle vaut 3 fr. Un pêcheur m'a dit en avoir pris 12 kilogrammes dans une grande marée. Les femmes ramassent sur les grèves un petit coquillage jaune appelé vignot, elles le vendent 40 ou 50 centimes le pot (deux litres). Le vignot, dit-on, va en Angleterre, où l'on en tire du vernis.

La ferme, située au cœur de l'île, suffit aux besoins des habitants, en lait, légumes et pommes de terre. Cette ferme est une merveille par la richesse de la végétation. Le grand jardin situé aux abords de la maison possède des figuiers énormes dont on a dû soutenir les rameaux par des étais ;

---

[1]. Voir page 12, au chapitre sur l'Aber Vrac'h.

une allée est bordée de myrtes géants ; une autre possède des oliviers ; dans un massif voici un chêne-liège ; à côté sont des noyers, des néfliers, des poiriers couverts d'innombrables fruits. Tous les légumes, même ceux du Midi, croissent en pleine terre. Les fleurs sont d'un coloris étonnant, nulle part on ne verrait plus éblouissant parterre.

Ce jardin enchanté fut longtemps hospitalier ; les visiteurs, les Anglais surtout, ont obligé les propriétaires à choisir parmi les touristes. Les Anglais coupaient les branches, mordaient à même les fruits ; ceux-ci semblaient-ils bons, on les emportait. Dans les bosquets, des arbres superbes sont tailladés à coups de couteau, d'aucuns y ont creusé leurs initiales. On comprend donc la mesure qui rend difficile l'accès du domaine. Grâce à l'aimable régisseur j'ai pu cependant le parcourir.

Un coin de l'île reste en dehors de la propriété : c'est, aux abords du fort, l'église, la cure et l'école où le curé enseigne à lire et à écrire à une douzaine d'enfants. Les gardiens du phare, l'ancien gardien du fort, qui a demandé à rester là, et leurs familles forment en quelque sorte un territoire indépendant. Cette petite colonie est d'origine récente, le fort, déjà déclassé, porte, à son entrée, la date de 1866.

Ce petit monde est exigu, cependant la nuit arrive, et nous n'avons vu que la grande île. Déjà le phare de Granville et, à la pointe de Cancale, celui de Herpin sont allumés. Nous allons coucher à l'auberge, où les chambres, avec leurs alcôves de pitch-pin, ont l'air de cabines de navire. Par les fenêtres, l'immense plateau découvert envoie une pénétrante odeur de varech.

Demain nous irons aux Minquiers.

Hélas ! le temps s'est gâté ; quand, à cinq heures, je descends sur le rivage, un vent violent souffle ; les nuées apportent la pluie ; un matelot de l'*Éclaireur* me dit qu'on ne pourra aller placer la bouée aux Minquiers si le vent continue de la sorte, la mer étant toujours très forte en ces parages. Si, à huit heures, le vent n'a pas tourné, le voyage sera impossible, car la mer sera trop basse.

Loin de s'apaiser, le vent s'accroît encore, les vagues fusent sur les rochers, leur bruit sourd emplit l'île de murmures. Sur les collines où je monte, des oiseaux alourdis s'envolent à chaque instant sous mes pieds. Dans un chemin couvert, aboutissant à la seule fontaine de l'île, sous les trembles argentés à l'épaisse ramure, voici les vaches revenant de l'abreuvoir, c'est un beau bétail de pure race, au poil lustré, admirablement

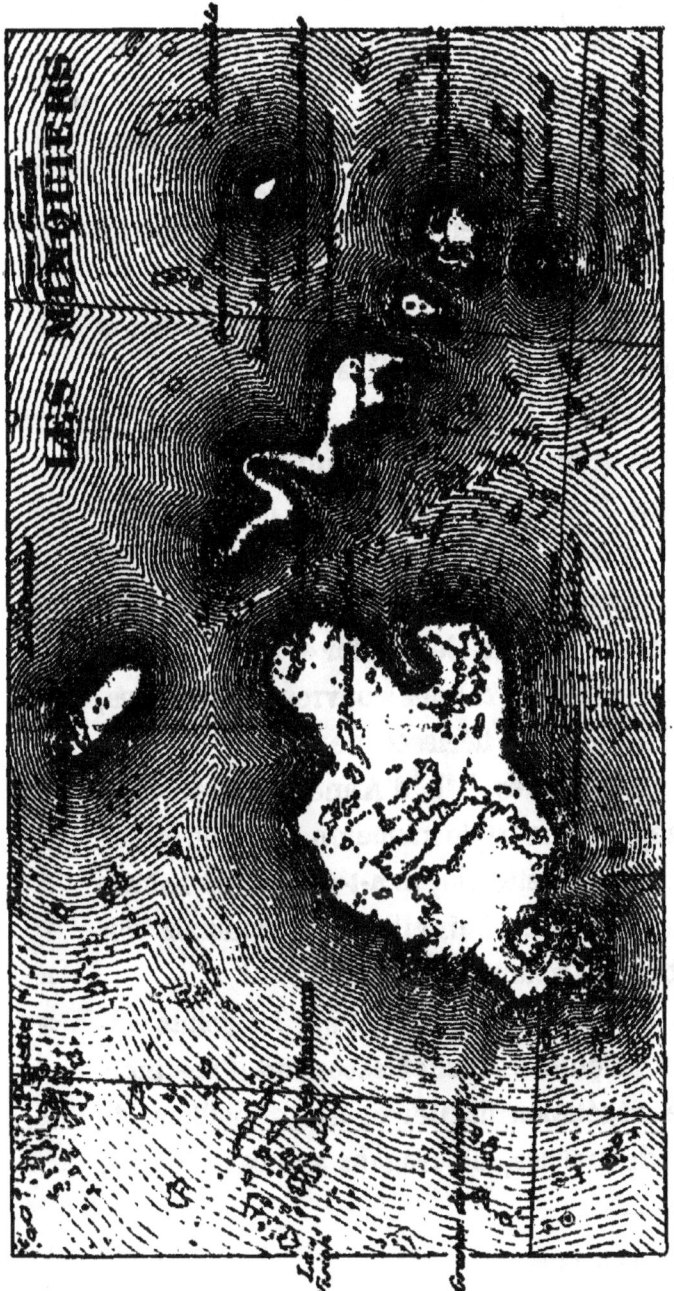

soigné. Plus loin, dans une lande rase, paissent quelques chevaux.

Huit heures : le vent n'a pas fraîchi davantage, mais la mer est toujours houleuse. On ne pourra relever la vieille bouée des Minquiers, ni *marier* la nouvelle à sa chaîne ; en repartant pour Granville maintenant, nous arriverions à basse mer et l'entrée du port sera impossible. Il faut rester aux Chausey.

Je puis trouver un batelier qui me fera visiter les autres îles. La marée a déjà beaucoup descendu, on voit affleurer les roches, recouvertes d'une flottante draperie de varechs d'un vert bronzé. Nous passons entre le Colombier et la Longue-Ile, des baies et des lacs calmes s'ouvrent devant nous, leurs rivages sont hérissés de roches. La plus grande de ces terres, l'île d'Anneret[1], se présente sous l'aspect d'un triple mamelon, celui du milieu est fort aigu. Cette île, m'a-t-on dit, est habitée par une équipe de Bainvillais ; je voudrais voir ces Robinsons volontaires.

L'île est une belle prairie ; sur les points culminants affleure le rocher recouvert d'une inextricable végétation de lierre, de pruneliers, de ronces, de troënes, de fragons aux baies rouges,

---

1. Ancre de la carte.

de chèvrefeuilles et de fougères. Dans la prairie, la centaurée, les scilles et de grandes marguerites mettent un peu de gaîté.

Sur le piton le plus élevé, une pyramide en pierre sèche a été construite pour un levé topographique, de là on a une vue extraordinaire sur le plateau des Chausey, les îles, les passages. Le mouillage de Beauchamp, où peuvent ancrer des navires de guerre, et le chenal qui coupe les Chausey en deux, où l'escadre a pu passer récemment, vus d'ici, paraissent un fleuve.

Au sud de l'île, devant une jolie anse remplie de coquillages, au pied d'une petite falaise, voici le « village » d'Anneret, c'est-à-dire une hutte basse semblable à celle de la Grande-Ile, mais plus propre. Elle est déserte, seuls un chien et un chat dorment au soleil, ils se réveillent et viennent à nous, comme pour nous faire les honneurs de l'îlot. Le chat nous suit sur le rivage, autour de la maison, mais quand il juge la politesse suffisante, il retourne à son rêve. Le chien, au contraire, prend les devants, nous mène dans toute l'île, nous fait voir le creux de roche où suinte un peu d'eau suffisant pour la petite colonie. Un moment il aboie avec colère, et, tirant Jacques par son manteau, cherche à le ramener en arrière, c'est que nous nous sommes fourvoyés dans des ronces d'où aucun sentier ne permet de sortir. Enfin, fier de son rôle, il nous accompagne à notre barque et salue notre départ d'un aboiement joyeux.

Maintenant, nous allons d'îlots en îlots, profitant des derniers courants laissés encore par la mer descendante. La plupart de ces rochers sont des pelouses où ne vit pas même un mouton ; au printemps l'herbe en est fauchée et fanée pour être transportée dans la Grande-Ile. Beaucoup ont à peine quelques mètres de superficie, ils sont couverts par les lignes noires des cormorans qui, graves et immobiles, nous regardent passer. Sur plusieurs îles des ruines informes se dressent près de carrières abandonnées ou de petits plateaux jadis utilisés pour l'incinération des plantes marines. Ces débris semblent très vieux, cependant il y a quinze ans encore c'étaient des maisons habitées, il y avait des toits et la fumée des foyers montait partout, pendant que les feux de varechs, répandant de noires nuées, donnaient au paysage l'aspect infernal qu'ont encore les archipels des Glénans et d'Ouessant[1].

Les noms de plusieurs îles, pour les pêcheurs, ne sont pas ceux des cartes. Aucun d'entre eux

---

1. Voir la quatrième série du *Voyage en France*.

ne connaît l'île d'Ancre sous ce nom, c'est l'île d'Anneret; ils ne disent pas Ile Longue, mais Longue-Ile; l'Ile Plate des cartes est la Plate-Ile.

On débarque rarement sur ces rochers, dont quelques-unes sont cependant assez verts, où les pêcheurs auraient certainement créé de petites colonies si les redevances à payer au propriétaire de l'archipel n'étaient pas aussi élevées. Seuls les oiseaux de mer animent ces solitudes profondes.

La barque nous a conduits par delà les Corniquets et la Roche des Guernésiais jusqu'à Plate-Ile, d'où nous faisons le tour du Grand Romont et du Colombier. Nous rejoignons le Sound, l'*Éclaireur* est encore amarré, nous n'irons décidément pas aux Minquiers.

Faut-il le regretter? Les gardiens du phare m'assurent que ces îles sont sans intérêt, ils n'y sont jamais allés du reste. Du haut de leur lanterne, ils découvrent ces minces îlots comme une colline à peine perceptible surgissant d'une mer presque toujours agitée. A cause de cet isolement, de cette sauvagerie même, je voudrais être là-bas. Ces rochers perdus où l'on retrouve ces curieux oiseaux des Sept Iles appelés calculaux, ne sont-ils pas d'ailleurs l'objet de discussions entre la France et l'Angleterre ? En dépit de leur situation, nos insatiables voisins ne prétendent-ils pas que les Minquiers sont anglaises parce qu'elles sont proches de Jersey et habitées par des pêcheurs jersiais qui font un exode estival semblable à celui des Bainvillais aux Chausey ? D'ailleurs les Anglais n'ont-ils pas aussi revendiqué jadis les Chausey !

Les jurisconsultes ont toujours assuré que les Minquiers sont terres françaises ; la France, d'ailleurs, entretient les bouées lumineuses et flottantes, celle que nous venions placer en est une preuve. Il est vrai que le petit débarcadère de la Maîtresse-Ile est entretenu par les Jersiais, ceux-ci ont accaparé la police sur les pêcheurs installés aux Minquiers. Le meilleur moyen d'empêcher les contestations soulevées par les Anglais serait de construire un phare sur la Maîtresse-Ile, il rendrait de grands services en éclairant les abords du plateau sous-marin des Minquiers, en partie émergé aux grandes marées. Les gardiens du phare seraient la marque vivante de notre souveraineté sur les restes de cette énorme fraction du continent emporté par la mer, il y a moins de sept cents ans, et dont les Minquiers, les Chausey et le mont Saint-Michel sont les témoins.

La sirène de l'*Éclatreur* se fait entendre, en nous appelle pour le départ ; encore un coup d'œil sur ce paysage extraordinaire d'îlots rocheux semés en désordre dans la mer, sur la lointaine Maîtresse-Ile des Minquiers et nous rejoignons le bord. Dans moins de deux heures nous serons à Granville.

Cette 5ᵉ série du *Voyage en France* devait comprendre, non seulement Granville, mais encore le reste du Cotentin ; l'étendue déjà considérable de ce volume a fait renvoyer à une autre série les chapitres consacrés aux régions de Coutances, d'Avranches, de Saint-Lô, de Cherbourg, de la Hougue et de la Hague.

Ces chapitres feront donc partie de la 6ᵉ série qui comprendra en outre diverses autres régions normandes : la campagne de Caen, le pays d'Auge, la Seine maritime, le pays de Caux et le pays de Bray.

Ce volume formera la 6ᵉ série, mais paraîtra après la 7ᵉ, actuellement sous presse et consacrée à la région de Lyon et au cours du Rhône.

TABLE DES MATIÈRES

I. — ILES DE L'ABER-VRAC'H.

Pages.

Les îles du Finistère : Segal, Melon, le Four, Ioch, Carn, Garro, Trévors et Guennoc. — L'Aber-Vrac'h. — De Brest à Lannilis. — Le port de l'Aber-Vrac'h. — Ile et fort Cezon. — Ile d'Erch. — Ile Vrac'h. — De Loch h'Vens. — Ile Stagadon. — Ile Vatan. — Ile Venan. — Ile Vierge. — Pen Enès et Enès Bihan. — Le port du Corréjou. — La récolte du goémon. — Comment on extrait l'iode, la potasse et le brome. 1

II. — L'ILE DE SIEC.

Saint-Pol-de-Léon. — Pempoul. — L'Ile Sainte-Anne. — Les champs d'artichauts et de choux-fleurs. — L'Ile de Siec. — La ferme. — Le village. — Les pêcheurs de goémon. — Au milieu des primeurs. — Santec. — Richesse et saleté. — L'Ile Verte. — Roscoff. . . 17

III. — L'ILE DE BATZ.

L'Ile de Batz il y a quarante ans. — Le chenal de Batz. — Du haut du phare. — A travers l'Ile de Batz. 29

IV. — MORLAIX ET SON ARCHIPEL.

Départ de Roscoff. — Le Caillou de l'Arche. — Iles de Vengle, des Cordonniers, des Poirous, les Grandes-Fourches, les Cochons-Noirs, la Vieille. — L'Ile de Callot, sa chapelle et son pardon. — L'Ile Verte. — La pêche des crustacés et des coquillages. — L'Ile de Sable. — L'Ile aux Dames. — L'Ile Stereo. — L'Ile Louët. — Le château du Taureau. — L'Ile Noire. — Locquénolé. — La rivière de Morlaix. — Morlaix et son viaduc 40

V. — Les Sept-Iles.

Lannion. — Saint-Quay et l'île Thomé. — Perros-Guirec et ses rochers. — *Les Sept-Iles* : Ile aux Moines; Ile de Bono; Ile de Malban; Ile Rouzic; Ile Plate; Ile du Cerf; Ile Droite. — Ploumanac'h et ses rochers. — Saint-Guirec. — Ile Rennotte. — Ile Lain Bras. — Ile Dhu. — Ile de Seigle. — Ile de Biwic. — Le charnier de Trégastel. — Ce qu'on voit du Calvaire 53

VI. — L'Ile Grande (Enès-Meur) et son archipel.

De Trégastel à Ploumeur. — Saint-Samson rend les hommes forts. — Ploumeur. — Saint-Dusec et son menhir. — L'île d'Aval. — L'île d'Erch. — Entrée dans l'Ile Grande. — Kervégan. — La fontaine et l'église de Saint-Sauveur. — Ile de Millo. — Ile de Molène. — Ile Fougère. — Ile de Toinot. — Ile Losquet. — Ile à Canton. — Ile du Renard. — Excursion dans l'Ile Grande. — Les carriers. — Le manoir. — Agriculture. — Le menhir. — Ile Corbeau. — Ile Morville. — Le lichen. — La vie à l'Ile Grande. 69

VII. — Archipel de Saint-Gildas.

Les îles du Lannionnais. — Lannion pendant la foire aux chevaux. — De Lannion à Port-Blanc. — Les pêcheurs du Lannionnais. — Les goëmonniers. — L'île des Femmes. — L'île de Saint-Gildas. — L'île des Levrettes. — Bugnellès. — Les Iles Plates. — Ile du Milieu. — Les gens de Bugnellès. — Iles des Genêts, Ausa, Bilo, Instant, Nini, des Angles, Korganet, Bihan, Marquer. — L'île Illec et la villa d'Ambroise Thomas. 91

VIII. — Les Iles d'Er.

Du Port-Blanc au Tréguier. — La Roche jaune. — Saint Gonano. — En route sur l'estuaire. — Ile Ribolen. — Ile de Loaven. — La légende de saint Gonéré et de sainte Eliboubanna. — Les rochers du Trieux. — La Petite-Ile. — L'île d'Er. — Existence d'une famille insulaire. — Le patriarche Le Roux. 111

IX. — Archipel de Bréhat.

Tréguier. — Lézardrieux. — Paimpol. — La pêche à la morue. — Les Mâts de Goëllo. — L'île Saint-Rion. — L'île de Bréhat et ses satellites : Îles Raguenez, de la Chèvre, Biniguet, Lagadec, Lavrec, Bébêres, Ar Morbil, Modez, Trouezen, Verte, à Bois, Coalin, Vierge, Blanche. — Le sillon de Talbert. — Excursion à travers Bréhat. — Les Épées de Tréguier. — Le Paon. . . . 126

X. — Le Goëllo et le Penthièvre.

Les Mâts de Goëllo. — Triste aventure d'un troupeau. — Le comté de Goëllo. — La flottille de Paimpol. — Pêche de la morue. — Méfaits de l'alcool. — La vallée du Trieux. — Le pays de Guingamp. — Saint-Brieuc et sa campagne. — Le port du Légué. — Le duché de Penthièvre. — Lamballe et ses terrassiers 147

XI. — Au berceau de la Tour d'Auvergne.

Guingamp et le guingan. — En route pour les monts d'Arrée. — La vallée d'Hyère. — Carhaix. — La Tour d'Auvergne et ses origines. — Les mines de Poullaouen et d'Huelgoat. — Ce qu'elles furent jadis. — Le vallon de Pont-Pierre et ses merveilles. — Le gouffre. — Huelgoat. — La Roche Tremblante et la cuisine de la Vierge. — Saint-Herbot. — Le pèlerinage des queues de vaches. — Le château de Rusquec. — Saut de Saint-Herbot. — Dans les monts d'Arrée. 160

XII. — En Cornouailles.

Le dragon de Merlin. — Musée monumental du Léonnais. — Landernau. — Une ville calomniée. — La vallée de l'Elorn. — Le Folgoët. — Lesneven. — Le premier marché du Finistère. — Plougastel, ses mariages et ses fraises. — Croson et Morgat. — La rivière d'Aune. — Port-Launay. — Châteaulin et ses ardoises. — La vallée du Steir. — Arrivée à Quimper. 187

XIII. — Au pays de Brizeux.

Quimper-Corentin. — L'Athènes armoricaine. — Quimperlé. — L'Isole et l'Ellé. — La Laïta. — Arsano et les bords du Scorff. — Lorient. — Hennebont. — La fabrication des boîtes de sardines. — La rivière d'Étel 209

XIV. — Bretagne celtique. — Bretagne française.

Plouharnel. — Carnac et ses monuments druidiques. — Auray et sa rivière. — Sainte-Anne d'Auray et son pèlerinage. — La vallée du Loch. — Le champ de bataille et le champ des martyrs. — Redon. — La vallée de la Vilaine. — Rennes et les beurres de Prévalaye 253

XV. — Mi-Voie et Brocéliande.

De Saint-Brieuc à Loudéac. — Quintin. — Le château et la forêt de Lorges. — Loudéac et les toiles de Bretagne. — Pontivy. — Excursion à Rohan. — La vallée du Blavet. — Ploërmel. — Mi-Voie et le combat des Trente. — Josselin. — L'Étang au Duc. — La fontaine de Baranton et la forêt de Brocéliande 254

XVI. — De Vitré au mont Saint-Michel.

La vallée de la Vilaine. — Le Château des Rochers. — Souvenirs de Mme de Sévigné. — Le pays de Vendelais. — Légende de Roland. — Fougères et son château. — Huit mille cordonniers. — Comment l'industrie naquit à Fougères. — Le pays de Coglès. — Pontorson et le mont Saint-Michel 279

XVII. — La Hollande de Normandie.

La digue du mont Saint-Michel. — A-t-elle gâté le paysage ? — L'ancienne forêt de Scissey. — Cataclysme de l'an 709. — Reconquête du sol. — Fleuves domptés. — Les polders de l'ouest. — Dol, le mont Dol et les marais. — Cancale et ses huîtrières. — La pointe du Groin et l'île des Landes. — De Rothéneuf à Saint-Malo 300

TABLE DES MATIÈRES.

XVIII. — Saint-Malo, la Rance et Dinan.

Pages.

L'Île Césembre. — Embargo du génie. — Saint-Malo et son archipel. — Sur la Rance. — Dinan et son paysage. — Le plateau de Corseul. — Plancoët. — La vallée de l'Arguenon. — Extraction de la tangue. — Saint-Jacut-de-la-Mer. — L'Île des Ebihens. — Château du Guildo. — L'agriculture dans les Côtes-du-Nord . . 325

XIX. — Granville, les Chausey et les Minquiers.

De Coutances à Granville. — Granville. — En route pour les Chausey. — La Grande-Île. — Les carrières. — Le vieux Château. — Jardin de Provence. — Vie des habitants. — Dans l'archipel. — Les Robinsons de l'île d'Anneret. — Les îles Minquiers. 341

Nancy. — Impr. Berger-Levrault et Cie.

www.ingramcontent.com/pod-product-compliance
Lightning Source LLC
Chambersburg PA
CBHW050536170426
43201CB00011B/1449